Eine ganze Milchstraße
von Einfällen

zur Erinnerung an
den Sommer mit
dem Gipsbein,
1. 11. 76
Ihre Brigitte

Eine ganze Milchstraße von Einfällen

Aphorismen von Lichtenberg bis Raabe

Herausgegeben
von Dietrich Simon

Carl Hanser Verlag
München

1. Auflage 1975
Hanser Verlag München

Printed in the German Democratic Republic
Gesamtherstellung: Offizin Andersen Nexö, Leipzig, DDR
Schutzumschlag und Einbandgestaltung: Lothar Reher
ISBN 3-446-11983-3

Aphorismen über Aphorismen

Eine ganze Milchstraße von Einfällen. *Lichtenberg*

Schmierbuchmethode bestens zu empfehlen. Keine Wendung, keinen Ausdruck unaufgeschrieben zu lassen. Reichtum erwirbt man sich auch durch Ersparung der Pfennigswahrheiten. *Lichtenberg*

Witzige Einfälle sind die Sprüchwörter der gebildeten Menschen. *Friedrich Schlegel*

Manche witzige Einfälle sind wie das überraschende Wiedersehen zwei befreundeter Gedanken nach einer langen Trennung. *Friedrich Schlegel*

Ein Fragment muß gleich einem kleinen Kunstwerke von der umgebenden Welt ganz abgesondert und in sich selbst vollendet sein wie ein Igel. *Friedrich Schlegel*

Die Kunst, Bücher zu schreiben, ist noch nicht erfunden. Sie ist aber auf dem Punkt, erfunden zu werden. Fragmente dieser Art sind literarische Sämereien. Es mag freilich manches taube Körnchen darunter sein: indessen, wenn nur einiges aufgeht! *Novalis*

Bei Erweiterung des Wissens macht sich von Zeit zu Zeit eine Umordnung nötig; sie geschieht meistens nach neueren Maximen, bleibt aber immer provisorisch. *Goethe*

Eine Sammlung von Anekdoten und Maximen ist für den Weltmann der größte Schatz, wenn er die ersten an schicklichen Orten ins Gespräch einzustreuen, der letzten im treffenden Falle sich zu erinnern weiß. *Goethe*

Alles wahre Aperçu kommt aus einer Folge und bringt Folge. Es ist ein Mittelglied einer großen, produktiv aufsteigenden Kette. *Goethe*

Ein bedeutendes Faktum, ein geniales Aperçu beschäftigt eine sehr große Anzahl Menschen, erst nur um es zu kennen, dann um es zu erkennen, dann es zu bearbeiten und weiterzuführen. *Goethe*

Was ich mit allen diesen Betrachtungen und Gedanken, in deutscher Sprache, zu dieser Zeit will? – *Kraft erwecken!* Gelänge mir dieses, so wirkte ich ein größeres Wunder als Moses, da er Wasser aus dem Felsen schlug; doch die Juden waren durstig. Indessen erhalte ich durch diese Gedanken meine Kraft wach und mutig; und so ist hier der Autor selbst Zweck seines Buchs. Ich schreibe also hier nur Bündnisse mit meinem eignen Geiste nieder, und er selbst drückt den Talisman darauf. *Klinger*

Apokryphen nenne ich Dinge, aus denen man so eigentlich nicht recht weiß, was man zu machen hat. Es ist also alles in uns und um uns sehr apokryphisch, und man dürfte vielleicht sagen: die ganze Welt ist eine große Apokryphe. Mir ist es sehr lieb, wenn sie andern verständlicher ist als mir. *Seume*

Alle solche spitze Gedanken sind nur Versuche, sich der Wahrheit zu bemächtigen. Oft blinkt das reine Gold heran, aber das Netz zerreißt unter seiner Last, es ist nur für Goldfische gemacht! O Gehirn! O Herz! *Hebbel*

Ein Aphorismus ist der letzte Ring einer langen Gedankenkette. *Ebner-Eschenbach*

Georg Christoph Lichtenberg

Der große Kunstgriff, kleine Abweichungen von der Wahrheit für die Wahrheit selbst zu halten, worauf die ganze Differentialrechnung gebaut ist, ist auch zugleich der Grund unsrer witzigen Gedanken, wo oft das Ganze hinfallen würde, wenn wir die Abweichungen in einer philosophischen Strenge nehmen würden.

Es ist eine Frage, ob in den Wissenschaften und Künsten ein *Bestes* möglich sei, über welches unser Verstand nicht gehen kann. Vielleicht ist dieser Punkt unendlich weit entfernt, ohnerachtet bei jeder Näherung wir weniger vor uns haben.

Die größten Dinge in der Welt werden durch andere zuwege gebracht, die wir nichts achten, kleine Ursachen, die wir übersehen und die sich endlich häufen.

Aus den Träumen der Menschen, wenn sie dieselben genau anzeigten, ließe sich vielleicht vieles auf ihren Charakter schließen. Es gehörte aber dazu nicht etwa einer, sondern eine ziemliche Menge.

Heftigen Ehrgeiz und Mißtrauen habe ich noch allemal beisammen gesehen.

Die Vorurteile sind, so zu reden, die Kunsttriebe der Menschen, sie tun dadurch vieles, das ihnen zu schwer werden würde, bis zum Entschluß durchzudenken, ohne alle Mühe.

Eine Sprache, die allemal die Verwandtschaft der Dinge zugleich ausdrückte, wäre für den Staat nützlicher als Leibnizens Charakteristik. Ich meine solche, wie zum Exempel Seelsorger statt Prediger, Dummkopf statt Stutzer, Wassertrinker statt anakreontischer Dichter.

Unser Leben hängt so genau in der Mitte zwischen Vergnügen und Schmerz, daß uns schon zuweilen Dinge schädlich werden können, die uns zu unserm Unterhalt dienen, wie ganz natürlich veränderte Luft, da wir doch in die Luft geschaffen sind. Allein, wer weiß, ob nicht vieles von unserm Vergnügen von diesem Balancement abhängt, diese Empfindlichkeit ist vielleicht ein wichtiges Stück von dem, was unsern Vorzug vor den Tieren ausmacht.

Bei einem Verbrechen ist das, was die Welt das Verbrechen nennt, selten das, was die Strafe verdient, sondern da ist es, wo unter der langen Reihe von Handlungen, womit es sich gleichsam als mit Wurzeln in unser Leben hinein erstreckt, diejenige ist, die am meisten von unserm Willen dependierte und die wir am allerleichtesten hätten nicht tun können.

Das Maß des Wunderbaren sind wir, wenn wir ein allgemeines Maß suchten, so würde das Wunderbare wegfallen und würden alle Dinge gleich groß sein.

Das Leben kann als eine Linie angesehen werden, die mit verschiednen Krümmungen über einer Graden (der Grenze des Lebens) hinläuft. Der plötzliche Tod ist ein perpendikulärer Lauf nach dieser Linie, Krankheit auf Parallelen mit derselben.

Ein Narr, der sich einbildet, ein Fürst zu sein, ist von dem Fürsten, der es in der Tat ist, durch nichts unterschieden, als daß jener ein negativer Fürst und dieser ein negativer Narr ist, ohne Zeichen betrachtet sind sie gleich.

Träume führen uns oft in Umstände und Begebenheiten hinein, in die wir wachend nicht leicht hätten können verwickelt werden, oder lassen uns Unbequemlichkeiten fühlen, welche wir vielleicht als klein in der Ferne verachtet hätten und eben dadurch mit der Zeit in dieselben verwickelt worden wären. Ein Traum ändert daher oft unsern Entschluß, sichert unsern moralischen Fond besser als alle Lehren, die durch einen Umweg ins Herz gehen.

Weiser werden heißt immer mehr und mehr die Fehler kennenlernen, denen dieses Instrument, womit wir empfinden und urteilen, unterworfen sein kann. Vorsichtigkeit im Urteilen ist, was heutzutage allen und jedem zu empfehlen ist. Gewönnen wir alle 10 Jahre nur *eine* unstreitige Wahrheit von jedem philosophischen Schriftsteller, so wäre unsere Ernte immer reich genug.

Den Männern in der Welt haben wir soviel seltsame Erfindungen in der Dichtkunst zu danken, die alle ihren Grund in dem

Erzeugungstrieb haben, alle die Ideale von Mädchen und dergleichen. Es ist schade, daß die feurigen Mädchen nicht von den schönen Jünglingen schreiben dürfen, wie sie wohl könnten, wenn es erlaubt wäre. So ist die männliche Schönheit noch nicht von denjenigen Händen gezeichnet, die sie allein recht mit Feuer zeichnen könnten. Es ist wahrscheinlich, daß das Geistige, was ein paar bezauberte Augen in einem Körper erblicken, der sie bezaubert hat, ganz von einer andern Art sich den Mädchen in männlichen Körpern zeigt, als es sich dem Jüngling in weiblichen Körpern entdeckt.

Diese Frau war mit einer Zunge schon eine Fama, was würde sie erst getan haben, wenn sie tausendzüngig gewesen wäre.

Es sind sehr wenige Dinge, von denen wir uns durch alle 5 Sinne Begriffe erwerben können.

Gott schuf den Weibern die Haare lang und um die Schultern hängend, aber ein Perückenmacher fand für gut, dieses zu ändern und sie hinaufzukämmen.

Billingsgate – der Ort, wo die Fischweiber in London sitzen und wo viel feiner Witz verschwendet wird.

Er pflegte seine obern [und] untern Seelenkräfte das Ober- und Unterhaus zu nennen, und sehr oft ließ das erstere eine Bill passieren, die das letztere verwarf.

Wir können gar nichts von der Seele sehen, wenn sie nicht in den Mienen sitzt, die Gesichter einer großen Versammlung von Menschen könnte man eine Geschichte der menschlichen Seele nennen, mit einer Art von chinesischen Zeichen geschrieben. Die Seele legt, so wie der Magnet den Feilstaub, so das Gesicht um sich herum, und die Verschiedenheit der Lage dieser Teile bestimmt die Verschiedenheit dessen, das sie ihnen gegeben hat. Je länger man Gesichter beobachtet, desto mehr wird man an den sogenannten nichtsbedeutenden Gesichtern Dinge wahrnehmen, die sie individuell machen.

Jeder Mensch hat auch seine moralische backside, die er nicht ohne Not zeigt und die er solange als möglich mit den Hosen des guten Anstandes zudeckt.

Der Mensch kommt unter allen Tieren in der Welt dem Affen am nächsten.

Das Ding, von dessen Augen und Ohren wir nichts und von dessen Nase und Kopf wir nur sehr wenig sehen, kurz, unser Körper.

Er hatte seine Bibliothek verwachsen, so wie man eine Weste verwächst. Bibliotheken können überhaupt der Seele zu enge und zu weit werden.

Das Nachahmen ist allezeit, wie mich dünkt, eine sehr kützlige Sache, denn entweder zeigt meine Denkungsart nach Norden und mein Original auch, gut, so kommen wir etwas geschwinder dahin, wo wir allein vielleicht später hingekommen wären, oder ich nach Osten und das Original nach Nord, da wird das ganze Ding, das wir zusammen herausbringen, ein unkardinalisches nordöstliches Mittelding, oder ich zeige nach Süden und mein Original nach Nord, ja lieber Gott, da stehen wir wohl gar still und kommen nicht vom Fleck.

Bei dem Frauenzimmer fällt der Sitz des Point d'honneurs mit dem Schwerpunkt zusammen, bei den Mannspersonen liegt er etwas höher, in der Brust, um das Zwerchfell herum. Daher bei Mannspersonen die elastische Fülle in jener Gegend bei Unternehmung prächtiger Taten und eben daher das schlappe Leere daselbst bei der Unternehmung kleiner.

Ich gehe zuweilen in 8 Tagen nicht aus dem Hause und lebe sehr vergnügt, ein ebenso langer Hausarrest auf Befehl würde mich in eine Krankheit werfen. Wo Freiheit zu denken ist, da bewegt man sich mit einer Leichtigkeit in seinem Zirkel, wo Gedankenzwang ist, da kommen auch die erlaubten mit einer scheuen Miene hervor.

Ein gewisser Mensch bleibt allezeit in den Augen des Weltweisen einerlei, er mag Perückenmacher oder Minister sein, so wie der Marmor derselbe bleibt, die Statue mag einen Kapuziner oder den Apollo vorstellen, Bronze oder Sandstein wird er aber nicht.

Taten, die, zum Schaden der Täter, allein zum Vorteil anderer eben deswegen gereichten, hat man, weil sie ihrer Natur nach keine bare Bezahlung zuließen, mit Lob zu bezahlen gesucht, und Ehrengedächtnisse sind Wechsel, die man auf die Nachwelt stellen muß, weil sie oft die lebende Welt mit Protest würde zurückgehen lassen.

Die Barbarei ist eine Sintflut über die Wissenschaften gewesen, welche der witzelnde Frevel einiger römischen beaux esprits über dieselben gebracht hat, sie ist in beinah 2000 Jahren noch nicht ganz vertrocknet, selbst in Deutschland stehen hier und da noch starke Pfützen, wie Seen, wo gewiß keine Taube ein Ölblatt finden würde.

Witz und Laune müssen, wie alle korrosive Sachen, mit Sorgfalt gebraucht werden.

Er bewegte sich so langsam als wie ein Stundenzeiger unter einem Haufen von Sekundenzeigern.

Bei unsrem frühzeitigen und oft gar zu häufigen Lesen, wodurch wir so viele Materialien erhalten, ohne sie zu verbauen, wodurch unser Gedächtnis gewöhnt wird, die Haushaltung für Empfindung und Geschmack zu führen, da bedarf es oft einer tiefen Philosophie, unserm Gefühl den ersten Stand der Unschuld wiederzugeben, *sich* aus dem Schutt fremder Dinge herauszufinden, *selbst* anfangen zu fühlen und *selbst* zu sprechen und, ich möchte fast sagen, auch einmal selbst zu existieren.

Die Hypothesen einiger Neuern laufen noch nicht gegen die Erfahrung, aber ich fürchte, die Erfahrungen werden einmal gegen *sie* laufen.

So vortrefflich die gesunde Vernunft sich überall anläßt, so abscheulich links stellt sich die ungesunde bei jeder Gelegenheit.

Wenn die wilden Schweine dem armen Manne seine Felder verderben, so rechnet man es ihm unter dem Namen Wildschaden für göttliche Schickung an.

Es ist eine Frage, welches schwerer ist, zu denken oder nicht zu denken. Der Mensch denkt aus Trieb, und wer weiß nicht, wie schwer es ist, einen Trieb zu unterdrücken. Die kleinen Geister verdienen also würklich die Verachtung nicht, mit der man [ihnen] nun in allen Landen zu begegnen anfängt.

Hätte die Natur nicht gewollt, daß der Kopf den Forderungen des Unterleibes Gehör geben sollte, was hätte sie nötig gehabt, den Kopf an einen Unterleib anzuschließen. Dieser hätte sich, ohne eigentlich dasjenige zu tun, was man Sünde nennt, satt essen und sich satt paaren und jener ohne diesen Systeme schmieden, abstrahieren und ohne Wein und Liebe von platonischen Räuschen und platonischen Entzückungen reden und singen und schwatzen können. Küsse vergiften ist noch weit ärger von der Natur gehandelt als das Vergiften der Pfeile der Feinde im Krieg.

Der liebe Gott muß uns doch recht lieb haben, daß er immer in so schlechtem Wetter zu uns kommt.

Sie glauben oft, um ein schöner Geist zu sein, müsse man etwas liederlich leben und gleichsam das Genie mit verdorbenen Sitten fett machen.

Es kann nicht alles ganz richtig sein in der Welt, weil die Menschen noch mit Betrügereien regiert werden müssen.

Vorschlag zu einer Gesellschaft zu Beförderung des Romanschreibens: schickt Leute aus, die Charaktere sammeln sollen, sie schicken Redensarten ein, Charaktere, Flüche.

Ich warf allerlei Gedanken im Kopf herum, bis endlich folgender obenhin zu liegen kam.

Fein war er eigentlich nicht, allein er verstand doch die Kunst, wenn er es bedurfte, zuweilen auf seinen Nebenmenschen zu reiten.

Ein Mann, der gut schreiben will, soll, soviel er kann, außer allem medio resistente schreiben und bloß sich durch die Natur der Sache leiten lassen.

Ich sehe nicht ein, warum nur derjenige Mann bekannt werden soll, dessen Fähigkeiten durch viel Lärmen und Schimmer hörbar und sichtbar werden, der nicht ihr eigen ist. Alexanders

Genie war ein Funke, der in ein Pulvermagazin fiel, das aufflog und Asien beben machte, unser Funke fiel neben vorbei ins Feuchte, ich sage nur, was hätte das für eine Erschütterung geben können, wenn er auf das Pulver gefallen wäre.

Man muß sich die Menschen nach ihrer Art verbindlich machen, nicht nach der unserigen.

Alles gelernt, nicht um es zu zeigen, sondern um es zu nutzen.

Erst die natürlichen Betrachtungen gemacht, ehe die subtilen kommen, und immer vor allen Dingen erst versucht, ob etwas ganz simpel und natürlich erklärt werden könne.

Man soll öfters dasjenige untersuchen, was von den Menschen meist vergessen wird, wo sie nicht hinsehen und was so sehr als bekannt angenommen wird, daß es keiner Untersuchung mehr wert geachtet wird.

Die Kunst, alle Dinge recht tief unten anzufangen und eine Frage in tausend untergeordnete zu zerfällen.

1772–1775

Die eine Schwester ergriff den Schleier und die andere den Hosenschlitz.

Ein Dreigroschenstück ist immer besser als eine Träne.

Ihr, die ihr so empfindsam von der Seele eurer Mädchen sprechen könnt, ich gönne euch diese Freude, glaubt aber ja nicht, daß ihr so was Erhabenes tut oder sagt, oder dünkt euch nicht edler als der Pöbel, der gewiß so gar unrecht nicht hat, sich hauptsächlich an den Körper zu halten. Was doch ein junger Rezensionenleser für eine Idee von einem so feinen Sentiment hat! Der Bauernknecht schielt nach dem Unterrockschlitz und sucht den Himmel dort, den du in den Augen suchst. Wer hat recht? Ich wäge keine Gründe in dieser Frage, und noch viel weniger entscheide ich sie, aber raten will [ich] es aus treuem Herzen allen empfindsamen Kandidaten, daß sie sich mit dem

Bauern setzen, es könnte sonst auf verdrießliche Weitläufigkeiten hinauslaufen.

Ja, die Nonnen haben nicht allein ein strenges Gelübde der Keuschheit getan, sondern haben auch noch starke Gitter vor ihren Fenstern.
A: Oh, durch das Gelübde wollten wir wohl kommen, wenn wir nur durch die Gitter wären.

Er kann sich einen ganzen Tag in einer warmen Vorstellung sonnen.

Die Mädchen hören euch vielleicht gerne zu, wenn ihr auf euren Lauten eure Phantasien vorklimpert, wenn es ihnen aber zu tun ist, zwischen Geist und Fleisch Friede zu stiften, so werdet ihr nie zum Kongreß gelassen.

Was einem das Liegen auf dem rechten Ellenbogen ist, nachdem man eine Stunde auf dem linken gelegen.

Es gibt 100 Witzige gegen einen, der Verstand hat, ist ein wahrer Satz, womit sich mancher witzlose Dummkopf beruhigt, der bedenken sollte, wenn das nicht zuviel von einem Dummkopf gefordert heißt, daß es wieder 100 Leute, die weder Witz noch Verstand haben, gegen einen gebe, der Witz hat.

Gib meinen guten Entschlüssen Kraft, ist eine Bitte, die im Vaterunser stehen könnte.

Er führte erst den Degen fürs Vaterland mit nicht sonderlichem Glück, und nun fing er an, die Meßkette für dasselbe zu führen.

Es gibt eine Art Vögelchen, die in die dicksten hohlen Bäume Löcher hacken, sie trauen ihren Schnäbeln so viel Kraft zu, daß sie allemal nach jedem Hieb auf die entgegengesetzte Seite des Baumes gehen sollen, um zu sehen, ob der Streich nicht durch und durch gegangen sei.

Wer hört Entschuldigungen, wenn er Handlungen hören kann?

Dieses ist dem Menschen so natürlich als das Denken oder das Werfen mit Schneebällen.

Die Mönche zu Lodeve in Gascogne erklärten eine Maus für heilig, die eine geweihte Hostie gefressen hatte.

Bei einem Brief an einen guten Freund, der gut geschrieben sein soll, muß immer hauptsächlich der eine Gedanke durch das Ganze hervorsehen: *Sie hatten nicht nötig gehabt, sich zu bedanken.* Im Jetzigen muß das Künftige schon verborgen liegen. Das heißt Plan. Ohne dieses ist nichts in der Welt gut.

Er mäanderte wohl dreimal um die Stelle herum.

Die Katholiken bedenken nicht, daß der Glauben der Menschen sich auch ändert, wie überhaupt die Zeiten und Kenntnisse der Menschen. Hier zunehmen und dort stillestehn ist den Menschen unmöglich.

Selbst die Wahrheit bedarf zu andern Zeiten wieder einer andern Einkleidung, um gefällig zu sein.

Zwei auf einem Pferd bei einer Prügelei, ein schönes Sinnbild für eine Staatsverfassung.

Dieses haben unsere Vorfahren aus gutem Grunde so geordnet, und wir stellen es aus gutem Grunde nun wieder ab.

Ob nicht eine stehende Macht von Rezensenten gut wäre, die die Streitigkeiten der übrigen Gelehrten führten und die Gerechtsamen und Vorzüge der Nationen dartäten? Diese Leute müßten ebensoviel Gelehrsamkeit und Beredsamkeit besitzen als die Soldaten Tapferkeit.

Zeit urbar machen.

Ist denn kein Unterschied zwischen Gerechtigkeit und Schinderei?

Wir können beim Anblick einer Sache uns nicht enthalten, wenigstens etwas von der Sache zu urteilen, auch dieses tun wir bei Menschen, darauf hat einer eine Physiognomik gebaut.

Die Vergnügen der Einbildung sind gleichsam nur Zeichnungen und Modelle, womit die armen Leute spielen, die sich die andern nicht anschaffen können.

Wie leicht Eigenliebe, ohne daß wir es merken, die Triebfeder mancher uns von derselben ganz independent scheinenden Handlung sei, können wir daraus sehen, daß Leute das *Geld* lieben können als Geld, ob sie gleich nie Gebrauch davon *machen.*

Man könnte ihn den Zaunkönig der Schriftsteller nennen.

Eine Hauptregel für Schriftsteller, zumal solche, die ihre eigne Empfindungen beschreiben wollen, ist: Ja nicht zu glauben, daß weil sie solches tun, dieses bei ihnen eine besondere Anlage der Natur dazu anzeige. Andere können dieses vielleicht ebensogut als du. Sie machen nur kein Geschäfte daraus, weil es ihnen einfältig vorkommt, solche Dinge bekanntzumachen.

Beim Disputieren ist ein sehr feiner und bitterer Griff, erst die Gründe des Gegners noch viel stärker vorzustellen, als er sie selbst vorzustellen imstand war (hierbei ist allenfalls Sophisterei verzeihlich), und dann alles mit triftigen Gründen zusammen aus dem Wege zu räumen. Dieses läßt sich bei der Satire gebrauchen.

Der kühnste Flug des faselnden Menschen.

Es gibt Menschen, die nicht sowohl schön schreiben, als vielmehr jedem decennio und saeculo das Modegesicht ablernen können, daß der Teufel selbst glauben sollte, sie schrieben von Natur so. Es mag stürmen, wie es will, so schwimmen verzwickte Bälge immer oben. Ich mag immer den Mann lieber, der so schreibt, daß es Mode werden kann, als den, der so schreibt, wie es Mode ist.

Sie tun die Taten, und wir übersetzen die Erzählungen davon ins Deutsche.

Nicht Größe des Geistes, sondern des Windes hat ihn zu dem Manne gemacht.

An einem Ort, der Schwätzlar heißt, stritten sie, wie die Pole sollten verrückt werden.

Die Menschen können nicht sagen, wie sich eine Sache zugetragen, sondern nur, wie sie meinen, daß sie sich zugetragen hätte.

Warum gefällt eigentlich Witz so sehr?

Da die Richtigkeit unsers Urteils sich nicht sowohl auf eine Kenntnis der Meinungen anderer als auf Erfahrung oder Erkenntnis von Faktis gründet, so wäre die Frage, was uns am sichersten zu einem Reichtum an solchen Faktis, die gleichsam die Punkte sind, von welchen unser Urteil ausgeht, führen könne. Ist die Geschichte das Mittel oder bringt uns nicht ein geringer Umgang mit der Welt schon dahin?

Schwachheiten schaden uns nicht mehr, sobald wir sie kennen.

Manches an unserm Körper würde uns nicht so säuisch und unzüchtig vorkommen, wenn uns nicht der Adel im Kopf steckte.

Allzeit: Wie kann dieses besser gemacht werden?

Eine Fledermaus könnte als eine nach Ovids Art verwandelte Maus angesehen werden, die, von einer unzüchtigen Maus verfolgt, die Götter um Flügel bittet, die ihr auch gewährt werden.

Das ist wahr, meine Schuh kann ich mir nicht selbst machen, aber, ihr Herrn, meine Philosophie laß ich mir nicht zuschreiben. Meine Schuh will ich mir allenfalls machen lassen, das kann ich selbst nicht.

Ein Mitarbeiter von der Gelehrtenbank.

Was heißt «schwätzen»? «Schwätzen» heißt, mit einer unbeschreiblichen Geschäftigkeit von den gemeinsten Dingen, die entweder schon jedermann weiß oder nicht wissen will, so weitläufig sprechen, daß darüber niemand zum Wort kommen kann und jedermann Zeit und Weile lang wird. Die deutsche Sprache ist sehr arm an Wörtern für Handlungen, die sich so zu andern Handlungen des vernünftigen Mannes verhalten wie Geschwätz zur zweckmäßigen vernünftigen Unterredung. So fehlt es uns an einem solchen Wort für rechnen.

Auch ich bin erwacht, Freund, und zu dem Grad der philosophischen Besonnenheit gekommen, wo Liebe zur Wahrheit die einzige Führerin ist, wo ich allem, was ich für Irrtum halte, mit dem mir verliehenen Licht entgegengehe, ohne grade laut zu sagen, das halte ich für Irrtum, und noch weniger, das ist Irrtum.

Der Gedanke hat in dem Ausdruck noch zuviel Spielraum, ich habe mit dem Stockknopf hingewiesen, wo ich mit der Nadelspitze hätte hinweisen sollen.

Eine Vorrede könnte Fliegenwedel betitult werden und eine Dedikation Klingelbeutel.

Die Zeitungsschreiber haben sich ein hölzernes Kapellchen erbaut, das sie auch den Tempel des Ruhms nennen, worin sie den ganzen Tag Porträte anschlagen und abnehmen und ein Gehämmer machen, daß man sein eignes Wort nicht hört.

Die erste Satire wurde gewiß aus Rache gemacht. Sie zu Besserung seines Nebenmenschen gegen die Laster und nicht gegen den Lasterhaften zu gebrauchen, ist schon ein geleckter abgekühlter zahm gemachter Gedanke.

Ein Grab ist doch immer die beste Befestigung wider die Stürme des Schicksals.

Der Mensch ist vielleicht halb Geist und halb Materie, so wie der Polype halb Pflanze und halb Tier. Auf der Grenze liegen immer die seltsamsten Geschöpfe.

Sich in einen Ochsen verwandeln ist noch kein Selbstmord.

Die Attraktion scheint bei der leblosen Materie das zu sein, was die Selbstliebe bei der lebendigen ist.

Wie weit erstreckt sich die Wirkung hiervon?

Gott schuf den Menschen nach seinem Bilde, das heißt vermutlich, der Mensch schuf Gott nach dem seinigen.

Heutzutage haben wir schon Bücher von Büchern und Beschreibungen von Beschreibungen.

Die Genies brechen die Bahnen, und die schönen Geister ebnen und verschönern sie. Eine Wegverbesserung in den Wissenschaften wäre anzuraten, um desto besser von einer zu den andern kommen zu können.

Was rührt hierbei aus Ursachen und was vom Zufall her?

Der gesunde Gelehrte, der Mann, bei dem Nachdenken keine Krankheit ist.

Was auf shakespearisch in der Welt zu tun war, hat Shakespeare größtenteils getan.

Das ist eine Arbeit, wobei sich, glaube ich, die Geduld selbst die Haare ausrisse.

Es wäre kein Wunder fürwahr, wenn die Zeit einem solchen Schurken das Stundenglas ins Gesicht schmisse.

Wenn ich sage, halte deine Zähne rein und spüle den Mund alle Morgen aus, das wird nicht so leicht gehalten, als wenn ich sage, nehme die beiden Mittelfinger dazu, und zwar über das Kreuz. Des Menschen Hang zum Mystischen. Man nütze ihn.

Den richtigen Begriff von der Vollkommenheit einer Sache festgesetzt, so kann man hernach sicher sein, daß man der Absicht der Natur gemäß handelt, wenn man nach dem großen Endzweck, wachse und mache wachsen, in der Natur handelt. Ich bin sicher von der Allgemeinheit dieses Gesetzes überzeugt.

Wenn man über dieses anfängt zu sprechen, so wird es plausibel, denkt man aber daran, so findet man, daß es falsch ist. Der erste Blick, den ich im Geist auf eine Sache tue, ist sehr wichtig. Unser Geist übersieht die Sache dunkel von allen Seiten, welches oft mehr wert ist als eine deutliche Vorstellung von einer einzigen.

Sobald ich einen Satz behauptet habe: Wo findet man noch mehr Exempel?

Die Bauernmädchen gehen barfuß und die vornehmen barbrust.

Man muß keinem Werk, hauptsächlich keiner Schrift die Mühe ansehen, die sie gekostet hat. Ein Schriftsteller, der noch von der Nachwelt gelesen sein will, muß es sich nicht verdrüßen lassen, Winke zu ganzen Büchern, Gedanken zu Disputationen in irgendeinen Winkel eines Kapitels hinzuwerfen, daß man glauben muß, er habe sie zu Tausenden wegzuschmeißen.

Unsere Welt wird noch so fein werden, daß es so lächerlich sein wird, einen Gott zu glauben, als heutzutage Gespenster.

Daß der Mensch das edelste Geschöpf sei, läßt sich auch schon daraus abnehmen, daß es ihm noch kein anderes Geschöpf widersprochen hat.

Die Täfelchen von Schokolade und Arsenik, worauf die Gesetze geschrieben sind.

Es muß untersucht werden, ob es überhaupt möglich, etwas zu tun, ohne sein eignes Bestes immer dabei vor Augen zu haben.

Man kann eine Sache wieder so sagen, wie sie schon ist gesagt worden, sie vom Menschenverstand weiter abbringen oder sie ihm nähern, das erste tut der seichte Kopf, das zweite der Enthusiast, das dritte der eigentliche Weltweise.

Der oft unüberlegten Hochachtung gegen alte Gesetze, alte Gebräuche und alte Religion hat man alles Übel in der Welt zu danken.

Die Bewegungsgründe, woraus man etwas tut, könnten so wie die 32 Winde geordnet werden und die Namen auf ähnliche Art formiert werden. Brotbrotruhm oder Ruhmruhmbrot, Furcht, Lust.

Wenn ein Buch und ein Kopf zusammenstoßen, und es klingt hohl, ist das allemal im Buch?

Die Welt muß noch nicht sehr alt sein, weil die Menschen noch nicht fliegen können.

So wird uns der Vetter Engel und der Vetter Affe auslachen.

Rom, London, Karthago sind nur dauerhaftere Wolken, sie verändern sich und vergehen endlich alle. Wie oft hält der Mensch

Dinge für wesentlich unterschieden, die es nur durch plus und minus sind.

Bemühe dich, nicht unter deiner Zeit zu sein.

Es gibt Leute, die zuweilen ihre Offenherzigkeit rühmen, sie sollten aber bedenken, daß die Offenherzigkeit aus dem Charakter fließen muß, sonst muß sie selbst der als eine Grobheit ansehen, der sie sonst, wenn sie echt ist, hochschätzt.

Ich kann nicht leugnen, daß mir, als ich zum erstenmal sah, daß man nun in meinem Vaterland anfange zu wissen, was Wurzelzeichen sind, die klaren Freudentränen in die Augen gedrungen sind.

Wie werden einmal unsere Namen hinter den Erfindern des Fliegens und dergleichen vergessen werden.

Der Herbst, der der Erde die Blätter wieder zuzählt, die sie dem Sommer geliehen hat.

Das waren die Wachslichterzeiten, aber jetzt brennen wir Talglichter.

In England sind jetzt die sogenannten Papiermachéverzierungen so eingerissen, daß man, glaube ich, endlich Denkmäler in Westministerabtei davon machen wird. Überhaupt wäre der Gedanke nicht übel, wenn mancher Gelehrter sein verfertigtes Makulatur stampfen und daraus seine Büste wollte verfertigen lassen.

Da sie sahen, daß sie ihm keinen katholischen Kopf aufsetzen konnten, so schlugen sie ihm wenigstens seinen protestantischen ab.

Grade das Gegenteil tun, heißt auch nachahmen, es heißt nämlich, das Gegenteil nachahmen.

Das Land, in welchem *ehrliche Haut* und *unschuldiger Tropf* Schimpfwörter sind und *anführen* soviel als *betrügen.*

Man kann, was einer erfindet, immer ansehen, als hätte er es verloren, es ist nur, so zu reden, verlegt in seinem Kopf, wer nichts in seinem Kopf verloren hat, kann nichts finden.

Leib und Seele – ein Pferd neben einen Ochsen gespannt.

Die sogenannten gesitteten Menschen, die, unter uns zu reden, die allerungesittetsten sind.

1775–1779

Arschwische mit Mottos.

Der Mann hat recht, sollte man sagen, aber nicht nach den Gesetzen, die man sich in der Welt einstimmig auferlegt hat.

Man [kann] die Gespenster in antike und moderne abteilen, die letzteren sind meistens nachgemachtes Zeug. Überhaupt, in den alten Zeiten geschah und [die] neuere erdichtet, die Alten taten und wir schwätzen.

Es ist ein großer Unterschied zwischen: etwas *noch* glauben, und: es *wieder* glauben. *Noch* glauben, daß der Mond auf die Pflanzen würke, verrät Dummheit und Aberglaube, aber es *wieder* glauben, zeigt von Philosophie und Nachdenken.

Nichts kann mehr zu einer Seelenruhe beitragen, als wenn man gar keine Meinung hat.

Oden, wenn man sie liest, so gehen einem, mit Respekt zu sagen, Nasenlöcher und Zehen auseinander.

Wir ziehen unsere Köpfe in Treibhäusern.

Kurz, man mag sagen oder brummen, was man will, so ist nicht zu leugnen, daß die sogenannten launigten und empfindsamen Werke der Deutschen den Schwaden der Musen dampfen und einen Geist atmen, den man nur in der sanften Gegend des Malstroms und unter dem jonischen Himmel von Nova Zemla antrifft.

Seit wann ist dann schlecht und recht und recht schlecht einerlei?

Es hatte die Würkung, die gemeiniglich gute Bücher haben. Es machte die Einfältigen einfältiger, die Klugen klüger, und die übrigen Tausende blieben ungeändert.

Schwätzt doch nicht. Was wollt ihr denn? Wenn die Fixsterne nicht einmal fix sind, wie könnt ihr denn sagen, daß alles Wahre wahr ist?

Sie schreiben aus Vaterlandsliebe Zeug, worüber man unser liebes Vaterland auslacht.

Frei? Wie? Vogelfrei vielleicht?

Hüte dich, daß du nicht durch Zufälle in eine Stelle kommst, der du nicht gewachsen bist, damit du nicht scheinen mußt, was du nicht bist, nichts ist gefährlicher und stört alle innere Ruhe mehr, ja ist aller Rechtschaffenheit mehr nachteilig als dieses und endigt gemeiniglich mit einem gänzlichen Verlust des Kredits.

Ihr wünscht uns einen Kopf, und ich wünsche, daß ihr zwei hättet und säßet in Spiritus bis über die vier Ohren.

Die Wahrheit hat tausend Hindernisse zu überwinden, um unbeschädigt zu Papier zu kommen und von Papier wieder zu Kopf. Die Lügner sind ihre schwächsten Feinde. Der enthusiastische Schriftsteller, der von allen Dingen spricht und alle Dinge ansieht wie andere ehrliche Leute, wenn sie einen Hieb haben, ferner der superfeine erkünstelte Menschenkenner, der in jeder Handlung eines Mannes, wie Engel in einer Monade, sein ganzes Leben sich abspiegeln sieht und sehen will, der gute fromme Mann, der überall aus Respekt glaubt, nichts untersucht, was er vor dem 15. Jahr gelernt hat, und sein bißchen Untersuchtes auf [un]untersuchten Grund baut, dieses sind Feinde der Wahrheit.

Unser Leben kann man mit einem Wintertag vergleichen, wir werden zwischen 12 und 1 des Nachts geboren, es wird 8 Uhr, ehe es Tag wird, und vor 4 des Nachmittages wird es wieder dunkel, und um 12 sterben [wir].

Wenn die Menschen plötzlich tugendhaft würden, so müßten viele Tausende verhungern.

Ein Buch ist ein Spiegel, wenn ein Affe hineinguckt, so kann freilich kein Apostel heraussehen. Wir haben keine Worte, mit dem Dummen von Weisheit zu sprechen. Der ist schon weise, der den Weisen versteht.

Die Natur hat die Menschen durch die Brust verbunden, und die Professores hätten sie gerne mit dem Kopf zusammen.

Wir sollten deutsche Charaktere auf die Bühne bringen, vortrefflich, und die deutschen Charaktere uns dafür ans Halseisen. Nicht wahr?

Eine schädliche Folge des allzu vielen Lesens ist, daß sich die Bedeutung der Wörter abnutzt, die Gedanken werden nur so ohngefähr ausgedrückt. Der Ausdruck sitzt dem Gedanken nur los an. Ist das wahr?

In einem Städtchen, wo sich immer ein Gesicht aufs andere reimt.

Der Mensch denkt wunder, wer er wäre, wenn er die Milbe einen Elefanten und die Sonne einen Funken nennt.

Schreibt man denn Bücher bloß zum Lesen? oder nicht auch zum Unterlegen in die Haushaltung? Gegen eins, das durchgelesen wird, werden Tausende durchgeblättert, andere Tausend liegen stille, andere werden auf Mauslöcher gepreßt, nach Ratzen geworfen, auf andern wird gestanden, gesessen, getrommelt, Pfefferkuchen gebacken, mit andern werden Pfeifen angesteckt, hinter dem Fenster damit gestanden.

Sagt, ist noch ein Land außer Deutschland, wo man die Nase eher rümpfen lernt als putzen?

Ist denn Besinnen etwas anders als Nachschlagen und Erfinden mehr als Umformen?

Es geht ihnen durch die Köpfe, wie die magnetische Materie durch Gold: ohne ihm die geringste Richtung zu geben.

Ein guter Ausdruck ist soviel wert als ein guter Gedanke, weil es fast unmöglich ist, sich gut auszudrücken, ohne das Ausgedrückte von einer guten Seite zu zeigen.

«Wie geht's», sagte ein Blinder zu einem Lahmen. «Wie Sie sehen», antwortete der Lahme.

Spottet nicht über die Originalköpfe, ihr meint gewiß, es wären ihrer etwa nur drei.

Wenn ich die Genealogie der Dame Wissenschaft recht kenne, so ist die Unwissenheit ihre ältere Schwester, und [ist] denn das etwas so Himmelschreiendes, die ältere Schwester zu nehmen, wenn einem die jüngere auch zu Befehl steht? Von allen denen, die sie gekannt haben, habe ich gehört, daß die älteste ihre eigne Reize habe, daß sie ein fettes, gutes Mädchen sei, die eben deswegen, weil sie mehr schläft als wacht, eine vortreffliche Gattin abgibt.

Mit der Feder in der Hand habe ich, mit gutem Erfolg, Schanzen erstiegen, von denen andere, mit Schwert und Bannstrahl bewaffnet, zurückgeschlagen worden sind.

Das Wort Teufel, das in meinem Werkchen öfters vorkommt, brauche ich nicht in dem Verstand, in welchem es die gemeinen Leute nehmen, sondern wie die neuern Philosophen, um Friede mit allen Sekten zu halten, so ist es mehr mit x, y, z der Algebraisten zu vergleichen und eine unbekannte Größe.

Wenn wir die Mütter bilden, das heißt, die Kinder in Mutterleibe erziehen.

Lesen heißt borgen, daraus erfinden abtragen.

Die unterhaltendste Fläche auf der Erde für uns ist die vom menschlichen Gesicht.

Es regnete so stark, daß alle Schweine rein und alle Menschen dreckig wurden.

Wenn einmal ein negativ elektrischer Weltkörper unserer Erde, wenn sie positiv elektrisch ist, nahe käme, so könnte ein Blitz entstehen, der die Erde gänzlich umkehrte, dieses könnte der Fall mit einem Kometen sein.

In unsern Zeiten, wo Insekten Insekten sammeln und Schmetterlinge von Schmetterlingen schwatzen.

Beim Gehirn kommt es nicht allein auf die Größe, sondern auch auf die Feinheit und spezifische Schwere an.

So wie man den Heiligen eine Nulle über den Kopf malt.

Warum die Menschen sowenig behalten können, was sie lesen, ist, daß sie sowenig selbst denken, wo ein Mensch, was andre gesagt haben, gut zu wiederholen weiß, hat er gewöhnlich selbst viel nachgedacht, wenn sein Kopf anders nicht ein bloßer Schrittzähler ist, und dergleichen sind manche Köpfe, die des Gedächtnisses wegen Aufsehen machen.

Die letzte Hand an sein Werk legen, das heißt, [es] verbrennen.

Eine einzige Seele war für seinen Leib zu wenig, er hätte zwoen zu tun genug geben können.

Wenn sich unsere jungen Leute gewöhnten, gegen 3 Gedichtchen für das Herz nur eins für den Kopf zu machen, so hätten wir Hoffnung, einmal im Alter einen Mann zu sehen, der Herz und Kopf hätte, die seltenste Erscheinung. Die meisten haben selten mehr Licht im Kopf, als grade nötig ist, zu sehen, daß sie nichts darin haben.

Wenn man sich an einem Tage nicht von seinem Zweck ableiten läßt, ist auch ein Mittel, die Zeit zu verlängern, und ein sehr sicheres, aber schwer zu gebrauchen.

Nichts erklärt Lesen und Studieren besser als Essen und Verdauen. Der philosophische eigentliche Leser häuft nicht bloß in seinem Gedächtnis an wie der Fresser im Magen, dahingegen der Gedächtniskopf mehr einen vollen Magen als einen starken und gesunden Körper bekömmt, bei jenem wird alles, was er liest und brauchbar findet, dem System und dem inneren Körper, wenn ich so sagen darf, zugeführt, dieses hierhin und das andere dorthin, und das Ganze bekommt Stärke.

Die Wege werden immer breiter und schöner, je näher man dieser Hölle kommt (London).

Empfindsam zu schreiben, dazu ist mehr nötig als Tränen und Mondschein.

Wenn einmal eine Schwäche in den Nerven so weit gediehen ist, daß ein Entschluß, etwas zu seiner eigenen Besserung anzufangen, unmöglich wird, so ist der Mensch verloren.

Es ist gar übel, wenn man alles aus Überlegung tun muß und zu nichts früh gewöhnt ist.

Ich sehe nicht ein, warum manche Teile des menschlichen Körpers mit Haaren bewachsen sind, als damit beim Baden sich das Wasser länger darin hält und durch seine Kühlung jene Teile stärkt und kühlt, weil sie es am meisten vonnöten haben.

Man kann die Fehler eines großen Mannes tadeln, aber man muß nur nicht den Mann deswegen tadeln. Der Mann muß zusammengefaßt werden.

Die Welt ist immer in ihren Urteilen zu gütig oder unbillig.

Erfahrung, nicht lesen und hören ist die Sache. Es ist nicht einerlei, ob eine Idee durch das Auge oder das Ohr in die Seele kommt.

Eine solche Tugend, solche Sanftmut – Gott! Die Metzger haben bei ihrem Tode geweint und die Schmarotzer, wie sie's gehört haben.

Busen bedeutete anfangs bloß eine Falte, dann die Falte an der Brust, die Brust selbst, das Herz in der Brust und endlich den ganzen Menschen. Assoziation.

Wenn eine andere Generation den Menschen aus unsern empfindsamen Schriften restituieren sollte, so werden sie glauben, es sei ein Herz mit Testikeln gewesen. Ein Herz mit einem Hodensack.

Man lasse nur einströmen, ohne Vorurteil, in unsern sinnlichen Werkzeugen liegt der Fehler nicht, wenn wir superklug oder Gecken sind, sondern in unserm Lesen und Vorurteilen.

Wenn die Seele einfach ist, wozu der Bau des Gehirns so fein? Der Körper ist eine Maschine und muß also aus Maschinenmaterialien bestehen. Es ist ein Beweis, daß sich das Mechanische in uns sehr weit erstreckt, da selbst noch die innern Teile des Gehirns mit einer Kunst geformt sind, wovon wir wahrscheinlicherweise nicht den hundertsten Teil verstehen.

Krankheiten der Seele können den Tod nach sich ziehen, und das kann Selbstmord werden.

Wer seine Talente nicht zur Belehrung und Besserung anderer anwendet, ist entweder ein schlechter Mann oder äußerst eingeschränkter Kopf. Eines von beiden muß der Verfasser des leidenden Werthers sein.

Es sind zuverlässig in Deutschland mehr Schriftsteller, als alle vier Weltteile überhaupt zu ihrer Wohlfahrt nötig haben.

Der Mensch kann sich Fertigkeiten erwerben und kann ein Tier werden, wo er will. Gott macht die Tiere, der Mensch macht sich selber.

Zweifel muß nichts weiter sein als Wachsamkeit, sonst kann er gefährlich werden.

Ich bin überzeugt, man liebt sich nicht bloß in andern, sondern haßt sich auch in andern.

Alles ist sich gleich, ein jeder Teil repräsentiert das Ganze. Ich habe zuweilen mein ganzes Leben in einer Stunde gesehen.

Es ist, als wenn unsere Sprachen verwirrt wären; wenn wir einen Gedanken haben wollen, so bringen sie uns ein Wort, wenn wir ein Wort fordern, einen Strich, und wo wir einen Strich erwarteten, steht eine Zote.

Die schönste Stelle im Werther ist die, wo er den Hasenfuß erschießt.

Aus dem Blöken des Kindes ist Sprache so geworden, wie aus dem Feigenblatt ein französisches Galakleid.

Ein kluges Kind, das mit einem närrischen erzogen wird, kann närrisch werden. Der Mensch ist so perfektibel und korruptibel, daß er aus Vernunft ein Narr werden kann.

Vorstellungen sind auch ein Leben und eine Welt.

Nicht die Lügen, sondern die sehr feinen *falschen* Bemerkungen sind es, die [die] Läuterung der Wahrheit aufhalten.

Mit dem Band, das ihre Herzen binden sollte, haben sie ihren Frieden stranguliert.

In diesem schön gemalten und glasierten Porzellanalter der Welt.

Alle Unparteilichkeit ist artifiziell. Der Mensch ist immer parteiisch und tut sehr recht daran. Selbst Unparteilichkeit ist parteiisch. Er war von der Partei der Unparteiischen.

Es gibt Schwärmer ohne Fähigkeit, und dann sind sie würklich gefährliche Leute.

Schlankheit gefällt wegen des bessern Anschlusses im Beischlaf und der Mannigfaltigkeit der Bewegung.

Es gibt keine wichtigere Lebensregel in der Welt als die: halte dich, soviel du kannst, zu Leuten, die geschickter sind als du, aber doch nicht so sehr unterschieden sind, daß du sie nicht begreifst. Das Erheben wird deinem Ehrgeiz durch Instinkt leichter werden als dem Allzugroßen das Herablassen aus kalter Entschließung.

Wenn wir die Aufmerksamkeit auf schwache Empfindungen vermehren lernen, so können sie uns den Dienst von starken tun.

Scharfsinn ist ein Vergrößerungsglas, Witz ein Verkleinerungsglas. Das letztere leitet doch auf das Allgemeine.

Und was ist Kränklichkeit (nicht Krankheit) anderes als innere Verzerrung?

Von dem, was der Mensch sein sollte, wissen auch die besten nicht viel Zuverlässiges, von dem, was er ist, kann man aus jedem etwas lernen.

Wir sehen ein jeder nicht bloß einen andern Regenbogen, sondern ein jeder einen andern Gegenstand und jeder einen andern Satz als der andere.

Krankheit ist das größte Gebrechen des Menschen.

Was einem das Absolute in dem Schönen der griechischen Gesichtsbildung immer verdächtig macht, ist, daß es eine Art von Gelehrsamkeit ist, es zu erkennen.

Alle die seichten großen Schriftsteller unserer Zeit.

Der Maler, der ein Gesicht mit wenigen Strichen in der Geschwindigkeit trifft, muß unstreitig in dem Gesicht mehr sehen als ich, ob er gleich, wenn er es mir erklären will, weil er nur Worte gebrauchen kann, die alle schon gestempelt sind, weiter nichts sagt als ich auch.

Eine von den Hauptkonvenienzen der Ehe ist die, einen Besuch, den man nicht ausstehen kann, zu seiner Frau zu weisen.

Ich glaube grade das Gegenteil, daß nämlich das meiste Gute in der Welt durch Menschen getan wird, die ihrer schönen Bildung wegen nicht in Betrachtung kommen. Oder das meiste Unheil in der Welt hat die Schönheit gestiftet. Ob sie gleich das Glück oder vielmehr die Wollust einzelner mag befördert haben.

Kleine Fehler zu entdecken, ist seit jeher die Eigenschaft solcher Köpfe gewesen, die wenig oder gar nicht über die mittelmäßigen erhaben waren, die merklich erhabenen schweigen still oder sagen nur etwas gegen das Ganze, und die großen Geister schaffen nur, ohne zu tadeln.

In einer so zusammengesetzten Maschine, als diese Welt, spielen wir, dünkt mich, aller unsrer kleinen Mitwirkung ungeachtet, was die Hauptsache betrifft, immer in einer Lotterie.

Das Hutabnehmen ist eine Abkürzung unsres Körpers, ein Kleinermachen.

Zu untersuchen und zu lehren, inwieweit Gott aus der Welt erkannt werden kann. Sehr wenig, es könnte ein Stümper sein.

Starke Empfindung, deren sich so viele rühmen, ist nur allzuoft die Folge eines Verfalls der Verstandeskräfte. Ich bin nicht sehr hartherzig, allein das Mitleid, das ich in meinen Träumen oft empfinde, ist mit dem bei wachendem Kopf nicht zu vergleichen, das erstere ist in mir ein nah an Schmerz grenzendes Vergnügen.

Ich kann nicht leugnen, mein Mißtrauen gegen den Geschmack unserer Zeit ist bei mir vielleicht zu einer tadelnswürdigen Höhe gestiegen. Täglich zu sehen, wie Leute zum Namen Genie kommen wie die Kelleresel zum Namen Tausendfuß, nicht weil sie so viele Füße haben, sondern weil die meisten nicht bis auf 14 zählen wollen, hat gemacht, daß ich keinem mehr ohne Prüfung glaube.

Wie wir noch ein halbes Jahr jünger waren, da war's ganz anders.

Bei manchem Werk eines berühmten Mannes möchte ich lieber lesen, was er weggestrichen hat, als was er hat stehenlassen.

Belehrung findet man öfter in der Welt als Trost.

Alles tun in *eln* ist nicht viel wert, weder *witzeln* noch *schwärmeln.*

An den Köpfen der großen Griechen und Römer muß man nicht Regeln für die sichtbare Form des Genies abstrahieren wollen, solange man nicht griechische Dummköpfe ihnen entgegenstellen kann.

Der Trieb, unser Geschlecht fortzupflanzen, hat noch eine Menge anderes Zeug fortgepflanzt.

Wenn es uns im Dunkeln beißt, so können wir gemeiniglich mit einer Nadelspitze die Stelle finden, was für einen genauen Plan muß die Seele von ihrem Körper haben?

Das viele Lesen hat uns eine gelehrte Barbarei zugezogen.

Außer seiner geistlichen Herde, welcher er, wo er konnte, etwas abnahm, hatte er noch 200 Stück auf der Weide gehen, die er regelmäßig schor.

Große Dinge gesehen zu haben, als einen großen Sturm, muß ohnstreitig dem ganzen Gehirn eine andre Stimmung geben, und man kann sich daher nicht genug in solche Lagen bringen, man sammelt auf diese Art, ohne zu wissen.

Ziererei, ein sehr gutes Wort, wenn einer etwas nicht gestehn will, was er doch gern von sich glaubt.

Es sind wenig Menschen, die nicht manche Dinge glauben sollten, die sie bei genauer Überlegung nicht verstehen würden. Sie tun es bloß auf das Wort mancher Leute oder denken, daß ihnen die Hülfskenntnisse fehlen, mit deren Erwerbung alle Zweifel würden gehoben werden. So ist es möglich, daß ein Satz allgemein geglaubt werden kann, dessen Wahrheit noch kein Mensch geprüft hat.

Wenn eine Betschwester einen Betbruder heiratet, so gibt das nicht allemal ein betendes Ehepaar.

Die Kinder werden so schlecht gemacht, man meint, die Leute lernten es aus dem Zeichenbuch.

In die Welt zu gehen ist deswegen für einen Schriftsteller nötig, nicht sowohl damit er viele Situationen sehe, sondern selbst in viele komme.

Es sind gewiß wenig Pflichten in der Welt so wichtig als die, die Fortdauer des Menschengeschlechts zu befördern und sich selbst zu erhalten, denn zu keiner werden wir durch so reizende Mittel gezogen als zu diesen beiden.

1779–1789

Die Augen eines Frauenzimmers sind bei mir ein so wesentliches Stück, ich sehe oft darnach, denke mir so vielerlei dabei, daß, wenn ich nur ein bloßer Kopf wäre, die Mädchen meinetwegen nichts als Auge sein könnten.

Meine Hypochondrie ist eigentlich eine Fertigkeit, aus jedem Vorfalle des Lebens, er mag Namen haben wie er will, die größtmögliche Quantität Gift zu eigenem Gebrauch auszusaugen.

Was bei anderen Ehen im Ernst geschieht, das ahmen wir (ich und meine Frau) aus Scherz nach. Wir zanken uns förmlich im Scherz, wo dann jeder soviel Witz zeigt, als er auftreiben kann. Dieses tun wir, um der Ehe ihr Recht zu lassen. Wir feuern blind, um, wenn einer von uns sich je wieder verheiraten sollte, nicht aus der Übung zu kommen.

Es ist ein großer Unterschied zwischen etwas glauben und das Gegenteil nicht glauben können. Ich kann sehr oft etwas glauben, ohne es beweisen zu können, so wie ich etwas nicht glaube, ohne es widerlegen zu können. Die Seite, die ich nehme, wird nicht durch strikten Beweis, sondern durch das Übergewicht bestimmt.

Man irrt sich, wenn man glaubt, daß alles unser Neues bloß der Mode zugehörte, es ist etwas Festes darunter. Fortgang der Menschheit muß nicht verkannt werden.

Für den Geist des Menschen ist nicht minder gesorgt als für den Leib der Tiere; was hier Trieb und Kunsttrieb heißt, ist dort gesunder Menschenverstand. Beide sind einer Erstickung fähig, nur mit dem Unterschiede, daß das Tier diese nur von außen, der Mensch auch von innen erhalten kann. Das Tier ist für sich immer Subjekt, der Mensch ist sich auch Objekt.

Die vernünftigen Freigeister sind leichte fliegende Korps, immer voraus und die die Gegenden rekognoszieren, wohin das gravitätische geschlossene Korps der Orthodoxen am Ende doch auch kommt.

So wie das höchste Recht das höchste Unrecht ist, so ist auch umgekehrt nicht selten das höchste Unrecht das höchste Recht.

Wo damals die Grenzen der Wissenschaft waren, da ist jetzt die Mitte.

Die sichere Überzeugung, daß man könnte, wenn man wollte, ist Ursache an manches guten Kopfes Untätigkeit, und das nicht ohne Grund.

Es gibt eine gewisse Jungfernschaft der Seele bei den Mädchen und eine moralische Entjungferung; diese findet bei vielen schon sehr frühzeitig statt.

In jedes Menschen Charakter sitzt etwas, das sich nicht brechen läßt: das Knochengebäude des Charakters; und dieses ändern wollen heißt immer ein Schaf das Apportieren lehren.

Wo Mäßigung ein Fehler ist, da ist Gleichgültigkeit ein Verbrechen.

Wenn die Menschen sagen, sie wollen nichts geschenkt haben, so ist es gemeiniglich ein Zeichen, daß sie etwas geschenkt haben wollen.

Wie glücklich würde mancher leben, wenn er sich um anderer Leute Sachen so wenig bekümmerte als um seine eigenen.

Es ist wahr, alle Menschen schieben auf und bereuen den Aufschub. Ich glaube aber, auch der Tätigste findet soviel zu bereuen als der Faulste; denn wer mehr tut, sieht auch mehr und deutlicher, was hätte getan werden können.

Es gibt Leute, die können alles glauben, was sie wollen; das sind glückliche Geschöpfe!

Es ist ja doch nun einmal nicht anders: Die meisten Menschen leben mehr nach der Mode als nach der Vernunft.

Die edle Einfalt in den Werken der Natur hat nur gar zu oft ihren Grund in der edlen Kurzsichtigkeit dessen, der sie beobachtet.

Irren ist auch insofern menschlich, als die Tiere wenig oder gar nicht irren, wenigstens nur die klügsten unter ihnen.

Die Geistlichen machen einen Lärm, wenn sie einen Mann sehen, der frei denkt, wie Hennen, die unter ihren Jungen ein Entchen haben, welches in das Wasser geht. Sie bedenken nicht, daß Leute in diesem Elemente ebenso sicher leben als sie im Trocknen.

Es ist zum Erstaunen, wie weit ein gesunder Menschenverstand reicht. Es ist auch hier wie im gemeinen Leben, der gemeine Mann geht hin, wohin der Vornehme mit Sechsen fährt.

Ein großes Genie wird selten seine Entdeckungen auf der Bahn anderer machen. Wenn es Sachen entdeckt, so entdeckt es auch gewöhnlich die Mittel dazu.

Ein Mädchen, die sich ihrem Freund nach Leib und Seele entdeckt, entdeckt die Heimlichkeiten des ganzen weiblichen Geschlechts; ein jedes Mädchen ist die Verwalterin der weiblichen Mysterien. Es gibt Stellen, wo Bauernmädchen aussehen wie die Königinnen, das gilt von Leib und Seele.

Es gibt wirklich sehr viele Menschen, die bloß lesen, damit sie nicht denken dürfen.

Es gibt wenig Menschen, die ein gescheutes Gesicht machen können, wenn sie nach der Sonne sehen.

Es gibt Gesichter in der Welt, wider die man schlechterdings nicht du sagen kann.

Es ist in der Tat verkehrt, wenn man unsern Kindern alles mit Liebe beibringen will, da in dem höheren Leben, wenn wir älter werden, uns das wenigste zu Gefallen geht und wir uns immer unter einen Plan demütigen müssen, den wir nicht übersehen. Also je eher, je lieber zu jenem künftigen Leben gewöhnt!

Es war ein vortrefflicher Junge; als er kaum sechs Jahr alt war, konnte er schon das Vaterunser rückwärts herbeten.

Wenn Heiraten Frieden stiften können, so sollte man den Großen die Vielweiberei erlauben.

Die an den Untertanen meistern wollen, wollen die Fixsterne um die Erde drehen, bloß damit die Erde ruhe.

Es wäre gewiß sehr nützlich, der Welt die Schriftsteller anzuzeigen, die mit Kenntnis anderer, die vor ihnen gewesen sind, aus sich selbst allein geschöpft haben. Durch diese allein lernt man, und es sind ihrer gewiß sehr wenige, die also jedermann leicht lesen könnte. Die andern prägen nach und sind im eigentlichen Verstande Falschmünzer.

Der Gemeinspruch, daß das Leben eines Gelehrten in seinen Schriften bestehe, verdient sehr eingeschränkt zu werden.

Die simple Schreibart ist schon deshalb zu empfehlen, weil kein rechtschaffener Mann an seinen Ausdrücken künstelt und klügelt.

Ist es nicht sonderbar, daß eine wörtliche Übersetzung fast immer eine schlechte ist? Und doch läßt sich alles gut übersetzen. Man sieht hieraus, wieviel es sagen will, eine Sprache ganz verstehen; es heißt das Volk ganz kennen, das sie spricht.

Es ist ein großer Rednerkunstgriff, die Leute zuweilen bloß zu überreden, wo man sie überzeugen könnte; sie halten sich alsdann oft dafür überzeugt, wo man sie bloß überreden kann.

Die Künste üben die Empfindung und Phantasie und verfeinern sie. Diese Fähigkeiten aber und ihre Vervollkommnung sind zur Erreichung des Zwecks menschlicher Natur unentbehrlich, wir mögen nun diese in die Glückseligkeit oder in die Ausübung der Tugend setzen.

Die Nachtigallen singen und wissen wohl dabei nicht, was für Lärm die Verliebten und Dichter aus ihren Gesängen machen und daß es eine Gesellschaft höherer Wesen gibt, die sich ganz mit Philomelen und ihren Klagen unterhalten. Vielleicht hält ein höheres Geschlecht von Geistern unsere Dichter wie wir die Nachtigallen und Kanarienvögel; ihr Gesang gefällt ihnen eben deswegen, weil sie keinen Verstand darin finden.

Das Buch, das in der Welt am ersten verboten zu werden verdiente, wäre ein Catalogus von verbotenen Büchern.

Von einem, der nur immer auf das Gegenwärtige denkt, könnte man sagen, er hat die Unsterblichkeit der Seele nicht erfunden.

In einem Lande, wo den Leuten, wenn sie verliebt sind, die Augen im Dunkeln leuchteten, brauchte man des Abends keine Laternen.

Weil er seine eigenen Pflichten immer vernachlässigte, so behielt er Zeit genug übrig, zu sehen, wer von seinen Mitbürgern seine Pflichten vernachlässigte, und es der Obrigkeit anzuzeigen.

Dieser Mann arbeitete an einem System der Naturgeschichte, worin er die Tiere nach der Form der Exkremente geordnet hatte. Er hatte drei Klassen gemacht: die zylindrischen, sphärischen und kuchenförmigen.

Die menschliche Haut ist ein Boden, worauf Haare wachsen; mich wundert's, daß man noch kein Mittel ausfindig gemacht hat, ihn mit Wolle zu besäen, um die Leute zu scheren.

Unter die größten Entdeckungen, auf die der menschliche Verstand in den neuesten Zeiten gefallen ist, gehört meiner Meinung nach wohl die Kunst, Bücher zu beurteilen, ohne sie gelesen zu haben.

Die schönen Weiber werden heutzutage mit unter die Talente ihrer Männer gerechnet.

Während man über geheime Sünden öffentlich schreibt, habe ich mir vorgenommen, über öffentliche Sünden heimlich zu schreiben.

Er verschluckte viel Weisheit, es war aber, als wenn ihm alles in die unrechte Kehle gekommen sei.

Das Faustrecht ist heutzutage verschwunden bis auf die Freiheit, jedem eine Faust in der Tasche zu machen.

Er exzerpierte beständig, und alles, was er las, ging aus einem Buche neben dem Kopfe vorbei in ein anderes.

Er hatte sich wenigstens seit sechs Wochen nur in Gedanken gewaschen.

Einer zeugt den Gedanken, der andere hebt ihn aus der Taufe, der dritte zeugt Kinder mit ihm, der vierte besucht ihn am Sterbebette, und der fünfte begräbt ihn.

Wir fressen einander nicht, wir schlachten uns bloß.

Kirchtürme: umgekehrte Trichter, das Gebet in den Himmel zu leiten.

Er hielt sehr viel vom Lernen auf der Stube und war also gänzlich für die gelehrte Stallfütterung.

Die Gesundheit sieht es lieber, wenn der Körper tanzt, als wenn er schreibt.

Laß dich deine Lektüre nicht beherrschen, sondern herrsche über sie.

Ängstlich zu sinnen und zu denken, was man hätte tun können, ist das Übelste, was man tun kann.

Jeden Augenblick des Lebens, er falle, aus welcher Hand des Schicksals er wolle, uns zu, den günstigen so wie den ungünstigen, zum bestmöglichen zu machen, darin besteht die Kunst des Lebens und das eigentliche Vorrecht eines vernünftigen Wesens.

Nicht eher an die Ausarbeitung zu gehen, als bis man mit der ganzen Anlage zufrieden ist, das gibt Mut und erleichtert die Arbeit.

Ich kann mir eine Zeit denken, welcher unsere religiösen Begriffe so sonderbar vorkommen werden als der unsrigen der Rittergeist.

Ist es nicht sonderbar, daß die Beherrscher des menschlichen Geschlechts den Lehrern desselben sosehr an Rang überlegen sind? Hieraus sieht man, was für ein sklavisches Tier der Mensch ist.

Es war eine Zeit in Rom, da man die Fische besser erzog als die Kinder. Wir erziehen die Pferde besser. Es ist doch seltsam genug, daß der Mann, der am Hofe die Pferde zureitet, Tausende von Talern zur Besoldung hat und die, die demselben die Untertanen zureiten, die Schulmeister, hungern müssen.

Wenn jemand alle glücklichen Einfälle seines Lebens dicht zusammensammelte, so würde ein gutes Werk daraus werden.

Jedermann ist wenigstens des Jahrs einmal ein Genie. Die eigentlich sogenannten Genies haben nur die guten Einfälle dichter. Man sieht also, wieviel darauf ankommt, alles aufzuschreiben.

1789–1793

Zu Aufweckung des in jedem Menschen schlafenden Systems ist das Schreiben vortrefflich, und jeder, der je geschrieben hat, wird gefunden haben, daß Schreiben immer etwas erweckt, was man vorher nicht deutlich erkannte, ob es gleich in uns lag.

Die Kantische Philosophie mag ein Reich aufrichten, was für eines sie will, so wird sie doch, wenn sie nicht zu alten, bekannten Lappereien herabsinken will, zugeben müssen, daß unseren Vorstellungen etwas in der Welt korrespondiert.

Wenn bei kleinen Personen alles Innere stark und gut ist, so sind sie gewöhnlich lebhafter als andere Menschen, weil bei gleicher Bluterzeugung weniger Masse zu versorgen ist. Zwerge und Riesen sind gemeiniglich gleich dumm, weil bei erstern die Kräfte fehlen und bei letzteren zuviel zu bestreiten ist. Vielleicht kömmt es noch dahin, daß man die Menschen verstümmelt, so wie die Bäume, um desto bessere Früchte des Geistes zu tragen. Das Kastrieren zum Singen gehört schon hieher. Die Frage ist, ob sich nicht Maler und Poeten ebenso schneiden ließen.

Der schwächste aller Menschen ist der Wollüstling, der nach dem Leibe sowohl als der nach dem Geist, ich meine der Hurer und der Betbruder, der, der mit Mädchen und der mit Religion hurt. Gott bewahre alle Menschen vor einem so hurenden Könige und Minister. Und Gott behüte einen solchen König und Minister vor vernünftigen Untertanen.

Verhunzdeutschen. Er hat es verhunzdeutscht.

Es ist eine schöne Ehre, die die Frauenzimmer haben, die einen halben Zoll vom Arsch abliegt!

Warum hat Gott soviel Angenehmes in das Doppelte gelegt? Mann und Frau, das *Zwei* verdient Aufmerksamkeit. Ist es vielleicht mit Leib und Seele ebenso?

Es ist wohl ausgemacht, daß nächst dem Wasser das Leben das Beste ist, was der Mensch hat.

Ein Not- und Hülfsbüchlein für Schriftsteller könnte gut werden.

Das Buch muß erst ausgedroschen werden.

Es gibt in Rücksicht auf den Körper gewiß wo nicht mehr doch ebenso viele Kranke in der Einbildung als würklich Kranke, in Rücksicht auf den Verstand ebenso viel, wo nicht sehr viel mehr Gesunde in der Einbildung als würklich Gesunde.

Er hieß dieses: mit stilltätiger Geduld abwarten. Dieses ist eine große Regel. Die Menschen ändern sich von selbst, wenn man sie nicht ausdrücklich ändern *will*, sondern ihnen nur unmerklich die Gelegenheit macht, zu sehen und zu hören. Viele Unternehmungen mißlingen bloß, weil man die Früchte davon noch gerne erleben wollte.

Wenn auch das Gehen auf 2 Beinen dem Menschen nicht natürlich ist, so ist es doch gewiß eine Erfindung, die ihm Ehre macht.

Aufklärung in allen Ständen besteht eigentlich in *richtigen Begriffen von unsern wesentlichen Bedürfnissen.*

Die Superklugheit ist eine der verächtlichsten Arten von Unklugheit.

Vorstellung, bezogen aufs Subjekt, ist Empfindung, aufs *unmittelbare* Objekt – Anschauung.

Unsere Theologen wollen mit Gewalt aus der Bibel ein Buch machen, worin kein *Menschen*verstand ist.

Sich der unvermuteten Vorfälle im Leben so zu seinem Vorteil zu bedienen wissen, daß die Leute glauben, man habe sie vorhergesehen und gewüscht, heißt oft Glück und macht den Mann in der Welt. Ja, diese Regel bloß zu wissen und immer im Geist zu haben, ist schon eine Stärkung. Nach La Rochefoucaults Urteil soll der Kardinal de Retz diese Eigenschaft in einem hohen Grade besessen haben.

Die Steckenpferde sind schlechte Kutschpferde. Steckenpferde dienen nicht zum Pflügen.

Wenn wir würklich die freien Wesen wären, die man uns zu sein glauben machen will, so müßten unsere Gedanken mehr zurückwürken können. Wir müßten Donnerwetter durch ernstliches Wollen aufhalten können, so aber wird unser sogenannter Geist durch die Umstände determiniert, er selbst aber kann nicht zurückwürken, sondern er determiniert bloß leidend wieder den Körper pp.

Verbrannte Bücher lasse ich wohl gelten, aber verbrannte Braten!!

Übe, übe deine Kräfte, was dich jetzt Mühe kostet, wird endlich maschinenmäßig werden.

Ich glaube nicht, daß es ganz unmöglich wäre, daß ein Mensch ewig leben könne, denn immer abnehmen schließt den Begriff von Aufhören nicht notwendig in sich.

Die Wörterwelt.

Es gibt zwar viele rechtschaffene Christlichen, das ist gar keine Frage, so wie es überall und in allen Ständen gute Menschen gibt, allein soviel ist gewiß, in corpore und was sie als solches unternommen haben, ist nie viel wert gewesen.

Wenn es noch ein Tier gäbe, dem Menschen an Kräften überlegen, das sich zuweilen ein Vergnügen machte, mit ihm zu spielen, wie die Kinder mit Maikäfern, oder sie in Kabinetten aufspießte wie Schmetterlinge. Ein solches Tier würde wohl am Ende ausgerottet werden, zumal wenn es nicht an Geisteskräften dem Menschen sehr weit überlegen wäre. Es würde ihm unmöglich sein, sich gegen die Menschen zu halten. Es müßte ihn dann verhindern, seine Kräfte im mindesten zu üben. Ein solches Tier ist aber würklich der Despotismus, und doch hält er sich noch an so vielen Orten. Bei der Geschichte des Tieres muß aber auch angenommen werden, daß das Tier den Menschen nicht wohl entbehren kann.

Das Wahrheitsgefühl.

Wenn man viel selbst denkt, so findet man viele Weisheit in die Sprache eingetragen. Es ist wohl nicht wahrscheinlich, daß man alles selbst hineinträgt, sondern es liegt würklich viel Weisheit darin, so wie in den Sprüchwörtern.

Menschenfreundlichkeit: Wenn ich jemanden in der Ferne oder heimlich etwas knicken sehe, so muß ich immer so lange glauben, es sei ein Floh gewesen, bis ich mir apodiktisch demonstrieren kann, daß es eine Laus war.

Solche gestempelte Konventionsköpfe.

Er urteilt nach dem jedesmaligen Aggregatzustand seiner Empfindungen.

Ich habe den Weg zur Wissenschaft gemacht wie Hunde, die mit ihren Herren spazierengehen, hundertmal dasselbe vorwärts und rückwärts, und als ich ankam, war ich müde.

Anderer Leute Wein auf Bouteillen ziehen und sich dabei ein bißchen benebeln, daß man glaubt, er gehöre ihm. So etwas tun die meisten deutschen Schriftsteller.

Er hatte von seiner Frau ein Kind, welches einige für apokryphisch halten wollten.

Man kann würklich nicht wissen, ob man nicht jetzt im Tollhaus sitzt.

Nichts beweist mir so deutlich, wie es in der gelehrten Welt hergeht, als der Umstand, daß man den Spinoza so lange für einen bösen nichtswürdigen Menschen und seine Meinungen für gefährlich gehalten hat; so geht es ebenfalls mit dem Ruhm so vieler andern.

Mir tut es allemal weh, wenn ein Mann von Talent stirbt, denn die Welt hat dergleichen nötiger als der Himmel.

Es ist kein tückischeres und boshafteres Geschöpf unter der Sonne als eine Hure, da [wahrscheinlich: «da sie» oder «die»] sich alterswegen genötigt sieht, eine Betschwester zu werden.

Das, was man wahr empfindet, auch wahr auszudrücken, daheißt mit jenen kleinen Beglaubigungszügen der Selbstempfinsdung, macht eigentlich den großen Schriftsteller, die gemeinen bedienen sich immer der Redensarten, das immer Kleider vom Trödelmarkt sind.

Die Vorstellung, die wir uns von einer Seele machen, hat viel Ähnliches mit der von einem Magneten in der Erde. Es ist bloß Bild. Es ist ein dem Menschen angebornes Erfindungsmittel, sich alles unter diesen Formen zu denken.

Der Gang der Jahrzeiten ist ein Uhrwerk, wo ein Guguk ruft, wenn es Frühling ist.

Reich *gewesen*, schön *gewesen*, alles *gewesen*.

Ich glaube, man würde immer blühen wie die Jugend, wenn man immer so sorglos sein könnte, oder macht, umgekehrt, die Blüte sorglos?

Er war in der Zeugungsgegend ein wahrer Presbyt und wünschte oft herzlich, daß man auch für jenen Sinn Brillen schleifen könnte.

Jedermann ist sehr bereitwillig, durch Schaden klug zu werden, wenn nur der erste Schade, der dieses lehrt, wieder ersetzt wäre.

Das «pro rege» mit dem «pro grege» zu vereinigen wissen.

Die Dinge außer uns sind nichts anderes, als wir sie sehen, für uns wenigstens nicht, denn wir können bloß Relationen bemerken, weil die beobachtende Substanz ja beständig in das Mittel tritt. Gott selbst sieht in den Dingen nur sich.

Sehr viele und vielleicht die meisten Menschen müssen, um etwas zu finden, erst wissen, daß es da ist.

Es gibt große Krankheiten, an denen man sterben kann; es gibt ferner welche, die [man], ob man gleich nicht eben daran stirbt, doch ohne viel Studium bemerkt und fühlt; endlich gibt es aber auch welche, die man ohne Mikroskop kaum erkennt, dadurch nehmen sie sich aber auch recht abscheulich aus, und dieses Mikroskop ist Hypochondrie. Ich glaube, wenn sich die Menschen recht darauf legen wollten, die mikroskopischen Krankheiten zu studieren, sie würden die Satisfaktion haben, alle Tage krank zu sein.

Die Christen begießen das Pflänzchen, und die Juden beschneiden es.

Die Kosmographen werden freilich keine nordwestliche Durchfahrt finden, aber die Pelzhändler, man würde selbst in philosophischen Dingen sehr viel weiter sein, wenn man die Untersuchungen so einrichten könnte, daß der Gewürz- oder Pelzhandel dadurch befördert würde.

Wir haben eigentlich nur Ableger von Romanen und Komödien. Aus dem Samen werden wenige gezogen.

Auf die Blüte folgt die unreife Frucht, die Blüte ist in sich eine Vollkommenheit. Ebenso ist es mit dem Menschen. Der Jüngling wird für vollkommener gehalten als der Mann von 30, 40 Jahren, und dann kömmt erst wieder ein vollendeter Zustand, die Reife.

«Es gibt sehr viele Menschen, die unglücklicher sind als du», gewährt zwar kein Dach, darunter zu wohnen, allein, sich bei einem Schauer darunter zu retirieren, ist das Sätzchen gut genug.

Die Kinder und die Narren reden die Wahrheit, sagt man; ich wünsche, daß jeder gute Kopf, der Neigung zur Satire bei sich verspürt, bedenken möchte, daß der beste Satiriker immer etwas von beiden enthält.

Vom Wahrsagen läßt sich's wohl leben in der Welt, aber nicht vom Wahrheit-Sagen.

Wir wissen mit weit mehr Deutlichkeit, daß unser Wille frei ist, als daß alles, was geschieht, eine Ursache haben müsse. Könnte man also nicht einmal das Argument umkehren und sagen: Unsre Begriffe von Ursache und Wirkung müssen sehr unrichtig sein, weil unser Wille nicht frei sein könnte, wenn die Vorstellung richtig wäre?

Der Januarius ist der Monat, da man seinen guten Freunden Wünsche darbringt, die übrigen die, worin sie nicht erfüllt werden.

Die Menschen, die erst die Vergebung der Sünden durch lateinische Formeln erfunden haben, sind an dem größten Verderben in der Welt schuld.

Ich sehe die Rezensionen als eine Art von Kinderkrankheit an, die die neugebornen Bücher mehr oder weniger befällt. Man hat Exempel, daß die gesündesten daran sterben und die schwächlichen oft durchkommen. Manche bekommen sie gar nicht. Man hat häufig versucht, ihnen durch Amulette von Vorrede und Dedikation vorzubeugen oder sie gar durch eigene Urteile zu inokulieren, es hilft aber nicht immer.

Da gnade Gott denen von Gottes Gnaden.

Außer der *Zeit* gibt es noch ein anderes Mittel, große Veränderungen hervorzubringen, und das ist die – *Gewalt.* Wenn die eine zu langsam geht, so tut die andere öfters die Sache vorher.

Wenn man Mitleid fühlt, so fragt man nicht erst andere Leute, ob man es fühlen soll.

Eine intolerante Bestie von einem Hund kam herausgeschossen.

Die Welt jenseits der geschliffenen Gläser ist wichtiger als die jenseits der Meere und wird vielleicht nur von der jenseits des Grabes übertroffen.

Es ist doch fürwahr zum Erstaunen, daß man auf die dunkeln Vorstellungen von Ursachen den Glauben an einen Gott gebaut hat, von dem wir nichts wissen und nichts wissen können, denn alles Schließen auf einen Urheber der Welt ist immer Anthropomorphismus.

Es geht freilich sonderbar zu unter uns Erdreichern.

Man liest jetzt so viele Abhandlungen über das Genie, daß jeder glaubt, er sei eines. Der Mensch ist verloren, der sich früh für Genie hält.

Ich möchte zum Zeichen für Aufklärung das bekannte Zeichen des Feuers (Δ) vorschlagen. Es gibt Licht und Wärme, es [ist] zum Wachstum und Fortschreiten alles dessen, was lebt, unentbehrlich, allein – unvorsichtig behandelt brennt es auch und zerstört auch.

Darf ein Volk seine Staatsverfassung ändern, wenn es will? Über diese Frage ist sehr viel Gutes und Schlechtes gesagt worden. Ich glaube, die beste Antwort darauf ist: Wer will es ihm wehren, wenn es entschlossen ist? Allgemein gewordenen Grundsätzen gemäß handeln ist natürlich, der Versuch kann falsch ausfallen, allein, es ist nun einmal zum Versuch gekommen. Diesem Versuche vorzubeugen, müßten die Weisesten die Oberhand haben, und diese Weisesten müßten eine Menge der Weisesten oder der Unweisesten, gleichviel, kommandieren können, um die Vernunft der Besseren und den Gehorsam der Schlechtern immer nach derselben Seite zu lenken.

Ich habe das Register der Krankheiten angesehn und habe die Sorgen und traurige Vorstellungen nicht darunter gefunden, das ist sehr unrecht.

Das Verdienst von Raffineuren von Zucker, den andere Nationen gepflanzt und gesotten haben, ist das Verdienst der meisten berühmten deutschen Schriftsteller.

Es ist schlimm genug, daß heutzutage die Wahrheit ihre Sache durch Fiktion, Romane und Fabeln führen lassen muß.

Es ist für des Menschen Rechtfertigung hinreichend, wenn er so gelebt hat, daß er seiner Tugenden wegen Vergebung für seine Fehler verdient.

Die Allmacht Gottes im Donnerwetter wird nur bewundert entweder zur Zeit, da keines ist, oder hintendrein beim Abzuge.

Die Natur hat die Frauenzimmer so geschaffen, daß [sie] nicht nach Prinzipien, sondern nach Empfindung handeln sollen.

Daß Gott oder was es ist durch das Vergnügen im Beischlaf den Menschen zur Fortpflanzung gezogen hat, ist doch bei Kants höchstem Prinzip der Moral auch zu bedenken.

Wenn der Schlaf ein Stiefbruder des Todes ist, so ist der Tod ein Stiefbruder des Teufels.

Im Namen des Herrn sengen, im Namen des Herrn brennen, morden und dem Teufel übergeben, alles im Namen des Herrn.

Es gibt manche Leute, die nicht eher hören, bis man ihnen die Ohren abschneidet.

Baco, ein Magazin von Licht.

Die Luft, ein Magazin von Licht, Feuer und Wasser.

Das ist auch einer von denen, die glauben, der Mensch wäre schon fertig und der Jüngste Tag könnte nun anfangen.

Eigentlich kein Philosoph, sondern er tat Frachtfuhren für die Philosophen in der Messe.

Die Kultur der Seelen, wozu auch das Branntweintrinken mit gehört, hat viele Spuren ausgelöscht, dereinst zu finden, was der Mensch ursprünglich war und sein sollte.

Was doch eigentlich den Armen den Himmel so angenehm macht, ist der Gedanke an die dortige größere Gleichheit der Stände.

Man schreibt wider den Selbstmord mit Gründen, die unsere Vernunft in dem kritischen Augenblick bewegen sollen. Dieses ist aber alles vergeblich, solange man sich diese Gründe nicht *selbst* gefunden hat, das heißt, sobald sie nicht die Früchte, das Resultat unsrer ganzen Erkenntnis und unsres erworbenen Wesens sind. Also alles ruft uns zu, bemühe dich täglich um Wahrheit, lerne die Welt kennen, befleißige dich des Umgangs mit rechtschaffnen Menschen, so wirst du jederzeit handeln, wie dir's am zuträglichsten ist, und findest du dereinst den Selbstmord für zuträglich, das heißt, sind alle deine Gründe nicht hinreichend, dich abzuhalten, so ist er dir auch – erlaubt.

Eine Wirkung völlig zu hindern, dazu gehört eine Kraft, die der Ursache von jener gleich ist, aber ihr eine andere Richtung zu geben, bedarf es öfters nur einer Kleinigkeit.

Die Dogmatik, die fruchtbare und gütige Mutter der Polemik.

Ordnung führet zu allen Tugenden! aber was führet zur Ordnung?

Ist denn etwa die Lage so selten, in der einem Philosophie das Philosophieren versagt?

Dinge zu bezweifeln, die ganz ohne weitere Untersuchung jetzt geglaubt werden, das ist die Hauptsache überall.

Die Lehre von der Seele ist wie die vom Phlogiston.

An jeder Sache etwas zu sehen suchen, was noch niemand gesehen und woran noch niemand gedacht hat.

Nichts setzt dem Fortgang der Wissenschaft mehr Hindernis entgegen, als wenn man zu wissen glaubt, was man noch nicht weiß. In diesen Fehler fallen gewöhnlich die schwärmerischen Erfinder von Hypothesen.

Ein Meisterstück der Schöpfung ist der Mensch auch schon deswegen, daß er bei allem Determinismus glaubt, er agiere als freies Wesen.

Das Wort «Schwierigkeit» muß gar nicht für einen Menschen von Geist als existent gedacht werden. Weg damit!

Durch das planlose Umherstreifen, durch die planlosen Streifzüge der Phantasie wird nicht selten das Wild aufgejagt, das die planvolle Philosophie in ihrer wohlgeordneten Haushaltung gebrauchen kann.

Der Mensch ist ein ursachensuchendes Wesen, der Ursachensucher würde er im System der Geister genannt werden können. Andere Geister denken sich vielleicht die Dinge unter andern uns unbegreiflichen Verhältnissen.

Der Eierstock der Zukunft.

Hermeneutische Billigkeit kann jeder Schriftsteller von seinem Leser verlangen, denn diese ihm versagen ist eigentlich Schikane.

Man muß in der Welt und im Reich der Wahrheit frei untersuchen, es koste, was es wolle, und sich nicht darum bekümmern, ob der Satz in eine Familie gehört, worunter einige Glieder gefährlich werden können. Die Kraft, die dazu gehört, kann sonstwo nützen.

Wir sehen in der Natur nicht Wörter, sondern immer nur Anfangsbuchstaben von Wörtern, und wenn wir alsdann lesen wollen, so finden wir, daß die neuen sogenannten Wörter wiederum bloß Anfangsbuchstaben von andern sind.

1793–1796

Die besten Gesetze kann man bloß respektieren und fürchten, aber nicht lieben. Gute Regenten respektiert man, fürchtet man und liebt man. Was für mächtige Quellen von Glück für ein Volk!

Ich bin außerordentlich empfindlich gegen alles Getöse, allein es verliert ganz seinen widrigen Eindruck, sobald es mit einem vernünftigen Zwecke verbunden ist.

Ich bin mehrmal wegen begangener Fehler getadelt worden, die mein Tadler nicht Kraft oder Witz genug hatte zu begehen.

Wenn ich zuweilen in einem meiner alten Gedankenbücher einen guten Gedanken von mir lese, so wundere ich mich, wie er mir und meinem System so fremd hat werden können, und freue mich nun so darüber, wie über einen Gedanken eines meiner Vorfahren.

Wenn auch meine Philosophie nicht hinreicht, etwas Neues auszufinden, so hat sie doch Herz genug, das längst Geglaubte für unausgemacht zu halten.

Nichts macht schneller alt als der immer vorschwebende Gedanke, daß man älter wird. Ich verspüre dieses recht an mir; es gehört mir zum Giftsaugen.

Es geht mir mit meiner Gesundheit wie den Müllern zuweilen mit dem Wasser; ich muß immer, wenigstens zwei Tage in der

Woche, im Freien sammeln, um die übrigen fünfe mahlen zu können.

Das größte Glück in der Welt, um welches ich den Himmel täglich anflehe, ist, daß nur verständige und tugendhafte Menschen mir an Kräften und Kenntnissen überlegen sein mögen.

Was sehr seltsam ist, bleibt selten lange unerklärt. Das Unerklärliche ist gewöhnlich nicht mehr seltsam, und ist es vielleicht nie gewesen.

Wenn man die Natur als Lehrerin und die armen Menschen als Zuhörer betrachtet, so ist man geneigt, einer ganz sonderbaren Idee vom menschlichen Geschlechte Raum zu geben. Wir sitzen allesamt in einem Kollegio, haben die Prinzipien, die nötig sind, es zu verstehen und zu fassen, horchen aber immer mehr auf die Plaudereien unserer Mitschüler als auf den Vortrag der Lehrerin. Oder wenn ja einer neben uns etwas nachschreibt, so spicken wir von ihm, stehlen, was er selbst vielleicht undeutlich hörte, und vermehren es mit unsern eigenen orthographischen und Meinungsfehlern.

Es gibt Wahrheiten, die so ziemlich herausgeputzt einhergehen, daß man sie für Lügen halten sollte, und die nichtsdestoweniger reine Wahrheiten sind.

Um vergnügt oder vielmehr lustig in der Welt zu sein, wird nur erfordert, daß man alles nur flüchtig ansieht; so wie man nachdenkender wird, wird man auch ernsthafter.

Wovon das Herz nicht voll ist, davon geht der Mund über, habe ich öfters wahr gefunden als den entgegengesetzten Satz.

Ich bin überzeugt, daß es Brillen für die Seelenkräfte gibt so gut wie für die Augen. Es wäre sonderbar, wenn so etwas nicht sollte möglich sein. Wenn der Witz mit dem Alter schwach wird, so kann oft das Lesen von Wortregistern Vergleichungen bewirken, die ohne dieses unmöglich wären.

Es ist gewiß besser, eine Sache gar nicht studiert zu haben als oberflächlich. Denn der bloße gesunde Menschenverstand, wenn er eine Sache beurteilen will, schießt nicht so sehr fehl als die halbe Gelehrsamkeit.

Ein Gelübde zu tun ist eine größere Sünde, als es zu brechen.

Ehe man tadelt, sollte man immer erst versuchen, ob man nicht entschuldigen kann.

Wenn man selbst anfängt, alt zu werden, so hält man andere von gleichem Alter für jünger, als man in früheren Jahren Leute von eben dem Alter hielt. So halte ich z.B. den Goldschmied K., den ich schon vor 30 Jahren gekannt habe, für einen jungen Mann, ob er gleich gewiß schon einige Jahre älter ist, als sein Vater war, da ich ihn zum erstenmal sah, den ich damals gewiß für keinen jungen Mann mehr hielt. Mit andern Worten, wir halten uns selbst und andere noch in denen Jahren für jung, in welchen wir, als wir noch jünger waren, andere schon für alt hielten.

Ich habe durch mein ganzes Leben gefunden, daß sich der Charakter eines Menschen aus nichts so sicher erkennen läßt, wenn alle Mittel fehlen, als aus einem Scherz, den er übelnimmt.

Man muß nie den Menschen nach dem beurteilen, was er geschrieben hat, sondern nach dem, was er in Gesellschaft von Männern, die ihm gewachsen sind, spricht.

Daß die Menschen so oft falsche Urteile fällen, rührt gewiß nicht allein aus einem Mangel an Einsicht und Ideen, sondern hauptsächlich davon her, daß sie nicht jeden Punkt im Satze unter das Mikroskop bringen und bedenken.

Die Leute, die niemals Zeit haben, tun am wenigsten.

Die Könige glauben oft, das, was ihre Generale und Admirale tun, sei Patriotismus und Eifer für ihre eigne Ehre. Öfters ist die ganze Triebfeder großer Taten ein Mädchen, welches die Zeitung liest.

Das Traurigste, was die Französische Revolution für uns bewirkt hat, ist unstreitig das, daß man jede vernünftige und von Gott und Rechts wegen zu verlangende Forderung als einen Keim von Empörung ansehen wird.

Es kommt nicht darauf an, ob die Sonne in eines Monarchen Staaten nicht untergeht, wie sich Spanien ehedem rühmte, sondern was sie während ihres Laufes in diesen Staaten zu sehen bekommt.

Eine Gleichheit und Freiheit festsetzen, so wie sie sich jetzt viele Menschen gedenken, das hieße ein elftes Gebot geben, wodurch die übrigen zehn aufgehoben würden.

Es ist, glaube ich, keine Frage, daß, bei aller Ungleichheit der Stände, die Menschen alle gleich glücklich sein können; man suche nur jeden so glücklich als möglich zu machen.

Ich möchte was darum geben, genau zu wissen, für wen eigentlich die Taten getan worden sind, von denen man öffentlich sagt, sie wären für das Vaterland getan worden.

Eine Republik zu bauen aus den Materialien einer niedergerissenen Monarchie ist freilich ein schweres Problem. Es geht nicht, ohne bis erst jeder Stein anders gehauen ist, und dazu gehört Zeit.

Eine seltsamere Ware als Bücher gibt es wohl schwerlich in der Welt. Von Leuten gedruckt, die sie nicht verstehen, von Leuten verkauft, die sie nicht verstehen; gebunden, rezensiert und gelesen von Leuten, die sie nicht verstehen, und nun gar geschrieben von Leuten, die sie nicht verstehen.

Ist es nicht sonderbar, daß man das Publikum, das uns lobt, immer für einen kompetenten Richter hält, aber sobald es uns tadelt, es für unfähig erklärt, über Werke des Geistes zu urteilen?

Es ist schade, daß man bei Schriftstellern die gelehrten Eingeweide nicht sehen kann, um zu erforschen, was sie gegessen haben.

Es war vor einiger Zeit Mode und ist es vielleicht noch, auf die Titel der Romane zu setzen: «Eine wahre Geschichte». Das ist nun eine kleine unschuldige Betrügerei, aber daß man auf manchen neueren Geschichtsbüchern die Worte «Ein Roman» wegläßt, das ist keine so unschuldige.

Die Menschen versprechen sich jetzt so viel von Amerika und dessen politischem Zustand, daß man sagen könnte, die Wünsche, wenigstens die heimlichen, aller aufgeklärten Europäer ten eine westliche Abweichung wie unsere Magnetnadeln.

Er kann die Tinte nicht halten, und wenn es ihm ankommt, jemand zu besudeln, so besudelt er sich gemeiniglich am meisten.

Er war nicht sowohl Eigentümer als Pächter der Wissenschaften, die er vortrug. Denn es gehörte ihm nicht ein Fleckchen davon.

Es gibt heutzutage so viele Genies, daß man recht froh sein soll, wenn einem einmal der Himmel ein Kind beschert, das keines ist.

Wäre es nicht gut, die Theologie etwa mit dem Jahre 1800 für geschlossen anzunehmen und den Theologen zu verbieten, fernere Entdeckungen zu machen?

Er handelte mit anderer Leute Meinungen. Er war Professor der Philosophie.

Ein Mädchen, kaum 12 Moden alt.

Wir sind auf dem Wege zur Untersuchung der Natur in ein so tiefes Geleise hineingeraten, daß wir immer andern nachfahren. Wir müssen suchen herauszukommen.

In jeder Fakultät sollte wenigstens ein recht tüchtiger Mann sein. Wenn die Scharniere von gutem Metall sind, so kann das übrige von Holz sein.

Wenn die Fische stumm sind, so sind dafür ihre Verkäuferinnen desto beredter.

Wir leben in einer Welt, worin ein Narr viele Narren, aber ein weiser Mann nur wenige Weise macht.

Die geschnitzten Heiligen haben in der Welt mehr ausgerichtet als die lebendigen.

Es ist sehr weise, daß die Fische stumm sind, denn da das Wasser den Schall so außerordentlich fortpflanzt, so würden sie ihr eigenes Wort nicht hören. Ich glaube, eines der größten Unglücke, das die Welt befallen könnte, wäre dieses, daß die Luft den Schall ungeschwächt zwanzig Meilen weit fortpflanzte.

Wer eine Wissenschaft noch nicht so innehat, daß er jeden Verstoß dagegen fühlt wie einen grammatikalischen Fehler in seiner Muttersprache, der hat noch viel zu lernen.

Die Neigung der Menschen, kleine Dinge für wichtig zu halten, hat sehr viel Großes hervorgebracht.

Soviel ist ausgemacht, die christliche Religion wird mehr von solchen Leuten verfochten, die ihr Brot von ihr haben, als solchen, die von ihrer Wahrheit überzeugt sind. Man muß hier nicht auf gedruckte Bücher sehen, das ist das wenigste, die bekommen Tausende nicht zu lesen, sondern auf die Personen, die täglich an ihrer Aufrechterhaltung schnitzeln und stümpern und auf Universitäten vom Freitische an dazu erzogen und verzogen werden.

1796–1799

Die geheiligten Schnitzer der Konzilien.

Daß in den Kirchen gepredigt wird, macht deswegen die Blitzableiter auf ihnen nicht unnötig.

Der liebe Gott mit seinen Vasallen. Statt einer Monarchie Gottes haben wir nun Feudalsystem.

Wenn es doch in Sachen des Geschmacks oder der Kritik überhaupt ein Oberappellationsgericht gäbe!!

Glaubt ihr denn, daß der liebe Gott katholisch ist?

Die Geehrten und die Gelehrten.

Ob das Elend in Deutschland zugenommen hat, weiß ich nicht, die Interjektionszeichen haben gewiß zugenommen. Wo man sonst bloß! setzte, da steht jetzt !!!

Ehemals taufte man die Glocken, jetzt sollte man die Druckerpressen taufen.

Eine verfängliche Frage fast wie die: ob Zwillinge Stiefgeschwister sein können.

Es wäre wohl der Mühe wert, ein Leben doppelt oder dreifach zu beschreiben, einmal wie ein allzu warmer Freund, dann wie es [ein] Feind und dann wie es die Wahrheit selbst schreiben würde.

Die Emigranten Laokoon und Apollo in Belvedere. Apollo hat Rom verlassen.

Ist es nicht sonderbar, daß man zu den höchsten Ehrenstellen in der Welt (König) ohne Examen gelangt, das man von jedem Stadtphysikus fordert?

Es geht im einzelnen wie bei der Menge, an welche Anreden gehalten werden. Es hören es nur die Nahestehenden, allein, die Entfernten schreien mit, wenn es zum Beifall geht. So darf nur bei mancher Überlegung eine Leidenschaft Beifall geben, so rufen alle übrige und selbst Vernunft mit in den Haufen.

Der Mensch als Naturprodukt; als Produkt seines Geschlechtes (der Gesellschaft); das Produkt seiner selbst, der gebildete, gesittete, wissende Mensch.

Keine Erfindung ist wohl dem Menschen leichter geworden als die eines Himmels.

Was die wahre Freundschaft und noch mehr das glückliche Band der Ehe so entzückend macht, ist die Erweiterung seines *Ichs*, und zwar über ein Feld hinaus, das sich im einzelnen Menschen durch keine Kunst in der Welt schaffen läßt. Zwei Seelen, die sich vereinigen, vereinigen sich dennoch nie ganz so, daß nicht immer noch der beiden so vorteilhafte Unterschied bliebe, der die *Mitteilung* so angenehm macht. Wer sich sein eigenes Leiden klagt, klagt es sicherlich vergeblich, wer es der Frau klagt, [klagt] es einem Selbst, das helfen kann und schon durch die Teilnahme hilft. Ebenso, wer gern sein Verdienst gerühmt hört, findet ebenfalls in ihr ein Publikum, gegen welches er sich rühmen kann, ohne Gefahr sich lächerlich zu machen.

Experimentalpolitik, die Französische Revolution.

Es ist ein Glück, daß die Gedankenleerheit keine solche Folge hat wie die Luftleerheit, sonst würden manche Köpfe, die sich an die Lesung von Werken wagen, die sie nicht verstehen, zusammengedrückt werden.

Das Populärmachen sollte immer so getrieben werden, daß man die Menschen damit heraufzöge. Wenn man sich herabläßt, so sollte man immer daran denken, auch die Menschen, zu denen man sich herabgelassen hat, ein wenig zu heben.

Was die wahre Freiheit und den wahren Gebrauch derselben am deutlichsten charakterisiert, ist der Mißbrauch derselben.

Die Linien der Humanität und Urbanität fallen nicht zusammen.

Man spricht viel von Aufklärung und wünscht mehr Licht. Mein Gott, was hilft aber alles Licht, wenn die Leute entweder keine Augen haben oder die, die sie haben, vorsätzlich verschließen?

Im ganzen Zirkel von Liebe zur Veränderung, die das weibliche Geschlecht besitzt, ist wohl die zur Veränderung des Namens die vorzüglichste.

Es ist in vielen Dingen eine schlimme Sache um die Gewohnheit. Sie macht, daß man Unrecht für Recht und Irrtum für Wahrheit hält.

Die Buchdruckerkunst ist doch fürwahr eine Art von Messias unter den Erfindungen.

Ist es nicht sonderbar, daß die Menschen so gerne für die Religion *fechten* und so ungerne nach ihren Vorschriften leben?

Sind *wir* nicht auch ein Weltgebäude, so gut als der Sternenhimmel, und eines, das wir besser kennen sollten und besser kennen könnten, sollte man denken, als das dort oben?

Ist denn wohl unser Begriff von Gott etwas weiter als personifizierte Unbegreiflichkeit?

Ich glaube, der Mensch ist am Ende ein so freies Wesen, daß ihm das Recht, *zu sein*, was er glaubt zu sein, nicht streitig gemacht werden kann.

Johann Jakob Wilhelm
Heinse

Stärke des Menschen. Moralische Stärke entsteht durch Widerspruch, durch Umgang mit allerlei Leuten. Wer sich bloß zu denen hält, wo er sich gefällt oder die ihm gütlich tun, wird ein Weib.

Phantasie. Dazu gehören drei Stücke: feine Sinnlichkeit, Gedächtnis und Erfindungsgeist.

Jeder Mensch ist Despot: und keiner hilft dem andern so sehr, wenn er nicht muß, daß er ihn von sich unabhängig macht.

Wer nicht sagt, was er für wahr hält, ist entweder ein Heuchler oder ein Feiger oder ein gebrechlicher Mensch. Wer den Star stechen will, muß können sehend machen und den Leuten beweisen, daß Sehen besser sei als Blindsein.

Leben und Tod; daraus ist alles zusammengesetzt. Das Leben ist immer in Bewegung, und der Tod das, woran sich das Leben hält. Licht ist dünnes Leben in der schnellsten Bewegung, volles Leben in der schnellsten Bewegung Feuer. Das allgemeine Leben ist Gott oder die Natur, wie du's nennen willst. Das Leben zehrt den Tod auf, und nicht der Tod das Leben.

Man kann ein Ding mit nicht mehr Kraft an sich ziehen, als es fassen kann: deswegen bleiben so viel Dinge an einer Stecknadel hängen. Ebenso kann man im Gegenteil ein Ding mit nicht mehr Kraft halten, als man hat: daraus zerrüttete Liebe und Freundschaft.

Der Mensch ist allen Gesetzen unterworfen, die in der Natur sind.

Gewalt geht vor Recht.

Ein Zwerg auf den Schultern eines Riesen kann weiter sehn als der Riese.

Alle Art von Tanz mit einem Weibe hat die Idee von Wollust zum Grunde. Aus was für einer andern unbekannten Ursache sollten Mann und Weib Freudenschritte und Freudenschwünge und Sprünge miteinander machen? Die Theologen haben eine Ahndung von dieser Wahrheit und verstehen unter der schon wirklichen Bewegung nur die Gelegenheit dazu. Der Tanz ist die Morgenröte vom wollüstigsten Beischlaf. Eine große Tänzerin kann nicht anders als eine fürtreffliche Beischläferin sein, wenn sie schön ist; so wie ein Tänzer gesund und schön und stark ein guter Held bei Weibern sein muß. Durch die Bewegung im Beischlaf unterscheidet sich ein Alcibiades vom Bauer. Erfindung verschiedener ist verschiedener Tanz. Bei jeder gibt's Anfang und Vollkommenheit.

Sagst du, es muß ein Gott sein, denn sonst könnte nichts da sein. Ist es nicht ebenso unbegreiflich, als wenn ich sage: es ist alles von selbst da? Durch Kraft in sich und aus sich? Aber die Harmonie, die Schönheit, der Verstand in allem? Hast du mehr bei Gott als Kraft in sich und aus sich? Aber endlich das große Ganze, das alles in sich faßt, alles Einzelne wirkt? Nun da kommen wir zusammen in Gott und Natur. Es ist ein Wesen, das sich selbst bewegt und woraus alles sich selbst zu bewegen scheint, das ewig lebt, keinen Anfang und kein Ende hat, alles Körperliche zu einem Ganzen rollt und es in sich und durch sich wieder trennt. Alles ist Erscheinung und besteht aus Tod und Leben. Das Leben verschwindet, und der Tod erwacht und geht auf in neuem Leben.

Gott ist für diejenigen, die an ihn glauben, weiter nichts, als ihnen alle unbekannte Ursachen.

Alles in der Welt entsteht erst von Natur; und nur hernach kann die Kunst oder der menschliche Verstand daran pflegen und bilden. Wo die Kunst alles tun oder vorgehen will, das hat keinen Halt. Und folglich auch die philosophischen Republiken.

Die Menschen unterscheiden sich hauptsächlich dadurch, daß die einen für das Vergangne leben, die andern für die Gegenwart und noch andre für die Zukunft. Wer am meisten für die Gegenwart lebt, bleibt immer der Größte, denn diese ist das eigentliche Leben. Das Vergangne ist dunkel, das Zukünftige ungewiß. Und doch kann einer ohne feines Gefühl für Gegenwart nicht einmal abstrakter Philosoph oder Dichter sein.

Die Beständigkeit ist die Frucht von langer und vieler Erfahrung.

Das kleinste lebendige Ganze hat die Grundgesetze des größten.

Ein Dichter muß täuschen. Darstellen muß jeder. Der gute Philosoph stellt Wahrheit dar. Der Dichter Leben. Das sind die Grenzen, wo sie sich voneinander absondern. Das sind die Grenzen der Poesie und Prosa.

Der beste Rat bleibt immer Stück- oder Flickwerk: wer sich selbst nicht raten kann, dem ist nicht zu helfen.

Der Mann kann sich bloß durch Furcht und Liebe in Achtung erhalten, das Weib vielleicht allein durch Liebe.

Der Mensch ist am größten, der am meisten Leben und am meisten Erfahrung hat. Und so steigen und sinken die Menschen nach Proportion von Leben und Erfahrung.

Der Glaube der meisten Menschen ist Befangenheit ohne alle Klarheit.

Das Lesen bleibt immer Unnatur, und der Mensch kann nur mit Gewalt oder durch Langeweile dazu gebracht werden. Es wird nie einer anfänglich viel Lust dazu gehabt haben.

Schaffen ist Überfluß von sich selbst. Ist Leben, das sich zu einem Ganzen macht.

Die *Eigenliebe* ist eine der größten Krankheiten, die wir mit auf die Welt bringen. Sie ist blind wie die Liebe (zu einem schönen Weibe). Wer sie nicht mäßigt, kann kein großer Mann werden. Der Unwissende scheint sich dadurch klug und begeht tausend unvermeidliche Fehler.

Der Mensch hat drei große Bedürfnisse: Essen, Trinken, Beischlaf, die er notwendig befriedigen muß. Bei der Annäherung des dritten fühlt er einen Anfall von einem hitzigen Fieber, das ihn außer sich selbst bringt und ihn aufs heftigste brennt.

Die gute Erziehung ist, dem Körper und der Seele alle Schönheit und Vollkommenheit zu geben, deren sie fähig sind.

Wenn ich alles das Stärke nennen will, wodurch einer König werden kann; so ist keine Schandtat, Schurkheit und Feigheit in der Welt, die nicht den Namen der Stärke verdient.

Der Besitz allein gibt kein Recht. Warum soll man nicht untersuchen, woher es einer hat, und ihm's wieder abnehmen, wenn er es durch Zwang, Verräterei und Gift sich angemaßt? wenn er es gemißbraucht?

Die Begierde ist die Ursache der Bewegung im Lebendigen. Der Wille ist Begierde, von Vernunft geleitet. Am Ende läuft alles auf Sinn und Lust und Schmerz hinaus.

Sympathie ist der Zug, daß man nur der Teil von einem Ganzen ist.

Jeder einzelne Mensch ist größer, als er ist, in einer Gesellschaft, wovon er ein Glied ausmacht, und wird auch für größer gehalten.

Wissenschaft ist eine Sammlung klarer Begriffe aus vielen lebhaften Erfahrungen über eine Sache.

Ein Weib ist weiter nichts als ein leerer Raum, wohin der Mann mit seiner Elastizität sich drängt; an eine Seelenverbindung ist da nicht zu denken.

Über Ursachen, die er nicht weiß, oder auch, die kein Mensch nicht wissen kann, läßt sich der gescheiteste Mann leicht etwas weismachen; geschweige einer, der noch über keine Ursache recht nachgedacht hat.

Der Verstand zeigt sich unter den Menschen unendlich mehr bei Unglück als Glück.

Bei jeder Tat nur die Wirkung im Sinn haben, macht den großen Menschen.

Freundschaft besteht mehr in Tat als in freier Entdeckung seines ganzen Herzens und aller seiner Schwachheiten, die ein Freund wohl wissen kann, dem man sie aber nicht zu sagen braucht. Ein Weib ist bloß zur Liebe gemacht und nicht zur Freundschaft; sie gehört ganz dem Manne und soll nichts für ihn tun, sondern bloß von ihm für sich tun lassen.

Such in jedem Kunstwerk zuerst die Natur und hernach die Kunst, wenn du davon richtig urteilen willst. Wer anders tut, sucht die Quellen vom Strom bergab und schwatzt davon wie ein Narr.

Die sind des Lobes wert, die durch ihre Taten der Menschen Glauben überschreiten.

Form ohne Leben ist nichts. Leben ohne Form ist etwas und bleibt, obgleich verloren, immer gut und schön und göttlich.

Der Mensch ist ein kleines Ding, man hat ihn bald auswendig gelernt, wenn man mit ihm vertraut wird.

Der Mensch ist freiwillig bloß dem unterworfen, was er für wahr hält; alles andre ist Zwang oder Interesse, das sich alle Augenblick ändert. Wer wenig für wahr hält, ist ein schlechter Kerl.

Das Glück bedeckt und verbirgt die Mängel des Menschen, aber es stoße ihm ein Unglück zu, so werden sich alle seine Schlechtigkeiten zeigen.

Wenn man immer für sich lebt, so gleicht man den abgebrochenen Blumen und Früchten, die man ins Wasser steckt. Das Lesen ist das Wasser.

Kunst ist weiter nichts als hinzugetane Vollkommenheit der Natur.

Die meisten Gelehrten wollen ihren Ruhm erschleichen und nie recht ins Helle rücken mit dem, was den Menschen eigentlich interessiert. Aber dafür ist's auch nur ein nebelner Ruhm, der keine Sonne verträgt.

Der Mann ist seiner Natur nach weit veränderlicher als das Weib; aber der Mann ist nichtsdestoweniger unendlich stärker und lebendiger.

Schönheiten, an die man nicht mit seinem Verstand oder seiner Empfindung reicht, sieht man fast immer für Fehler an.

Des Menschen Wille ist sein Himmelreich.

Wenn der Mensch einmal so weit gekommen ist, daß er sich nichts mehr weismachen läßt: dann ist er klug, aber dann hat er natürlicherweise auch keinen Glauben mehr.

Alle Regeln, alle Art zu arbeiten beruht auf Zweck. Ein Werk bloß für die Kunst machen, heißt ein Ziel in der freien Luft treffen wollen.

Der Künstler hat von einem Kunstwerk in gewisser Rücksicht den wenigsten Genuß; denn er hat den geringsten Grad der Täuschung. Aber wenn er Verstand hat, genießt er auch bloß Kern, wo die andern Schale mitfressen.

Täuschung ist das erste Gesetz der Kunst. Mit Fülle von Leben kann man den Tod selbst lebendig machen und Steine in Menschen verwandeln.

Die Religion ist weiter nichts als eine Heiligung der gesellschaftlichen Pflichten. Der Verständige bedarf keiner solchen Heiligung; folglich ist eine vernünftige Religion unnütz, außerdem daß die Vernunft nichts Gewisses von Gott weiß.

Der Mensch gehorcht dem mehr, was er für wahr erkennt aus hellen Begriffen, als was er glaubt. Wahrheiten sind die Gesetze der Natur; und wer sie erkennt und versteht, wird sie nicht leicht übertreten.

Die Liebe ist desto stärker, an je mehr sie hängt. Der größte Mensch kann am stärksten geliebt werden und auch wieder lieben, nachdem der Gegenstand ist. Alle Liebe geht aber von Fleischeslust aus; das ist die Grundwurzel.

Es gehört große Freiheit und viel Erfahrung dazu, etwas beim ersten Blick recht fassen zu können.

Der Mensch im Stande der Natur weiß nichts von Religion; höchstens hat er so viele Götter als unbekannte Ursachen.

Der Magen ist der König im Schachspiel des menschlichen Lebens.

Die unmerklichste Veränderung fühlen, das ist das sicherste Zeichen von gutem Geschmack, philosophischem Geist und Genie; kurz, die sicherste Probe von dem lebendigsten Leben.

Das Zufällige entsteht durch Verbindung des Notwendigen. Alles Zufällige ist zusammengesetzt, alles Notwendige einfach.

Wer den Schaden hat, darf für den Spott nicht sorgen.

Ohne Freiheit kein Genie. Das Element des Geistes ist die Freiheit. Ohne Wasser kein Fisch, ohne Freiheit kein Genie.

Wer seine Leidenschaften nicht bändigen kann, ist doch ein kleiner Mensch, weiter nichts als ein Reiter, mit dem das Pferd, groß oder klein, stolz oder ungelenk, durchgeht.

Eitelkeit kann die schlechtesten Streiche unternehmen, um irgendeinen Prunk zu erhalten; wahre Selbstliebe weicht nie vom Adel.

Neid und Eifersucht sind die Dornen im Rosengarten der Liebe.

Die Sinnen geben uns nur Schein, der Verstand die Ursachen. Und wer Schein und Ursache nicht zusammen erkennt, weiß nichts.

Ohne Genuß, ohne innere Vereinigung keine Erkenntnis.

Schwache Menschen bedürfen des Trostes. Starke haben dessen nie bedurft; sie wissen von sich selbst, ob ein Unglück vollkommen ist oder nicht, und schmiegen sich unter die Notwendigkeit.

Wer lauter große Dinge sehen will, muß sich zu einer Mücke wünschen.

Der Zustand der Ruhe ist Zustand der Kälte, des Todes. Leben, Bewegung, Feuer, neue Jugend, einerlei.

Der Mensch besitzt nichts als den gegenwärtigen Augenblick, auch der reichste. Und wer sich diesen von der Vergangenheit oder Zukunft wegschwatzen läßt, hat ihn verloren. Das ist, er hat eine Pause in sein Leben gemacht.

Es ist alles in der Welt nur wie wir. Glaubt nicht, daß sie's oben in den Planeten oder der Sonne und den Fixsternen besser haben. Das höchste Glück jedes Wesens ist reiner klarer Genuß seines Daseins, mit Momenten von Entzücken, wo die Zeit auf ihrem Fluge einzuhalten scheint und der Geist losgelassen mitten in der Ewigkeit sich befindet.

Der Mensch ist im Grund ein gutes Geschöpf, nur Vergnügen will es haben. Mit Freude kann man einen Nero zur guten Hutzel machen. Drum tadelt mir ja keinen Dichter, der dem Menschen die Fröhlichkeit vorsingt und ins Herz phantasiert. Die Freude ist das Salz im menschlichen Leben. Ohne Freude ist alles abgeschmackt. Aber man darf es damit auch nicht versalzen, wie unsre Vornehmen.

Idee ist das Ding mit allem dem, was zwischen mir und ihm ist.

Die Verhältnisse zwischen den Ideen sind genau dieselben wie unter den Dingen.

Alles was ist, ist ein Wesen. Alle Wesen zusammen haben Verhältnisse miteinander. Jedes Wesen mit uns hat Verhältnisse mit uns. Ein Wesen kann seine Verhältnisse einem andern Wesen nicht offenbaren als durch seine Wirkung auf das Wesen. Ein Wesen kann keine Kenntnis von einem andern Wesen haben als durch die Verhältnisse, die es mit ihm hat; und diese Kenntnis ist eingeschränkt auf die Verhältnisse, die sich entweder durch eine unmittelbare Handlung offenbaren oder durch eine Handlung auf die Organe oder andre *Media*.

Es ist eine verzweifelte Wahrheit bei der griechischen Schönheit; und ohne Wahrheit gibt's keine Schönheit.

1780–1783

Mann und Weib sind zwei vereinzelte Hälften, keine kann für sich allein bestehen, jede sucht die ihrige zu finden und sich mit ihr zu vereinigen, und selten sind sie so glücklich.

Jeder Mensch ist nur das und kann nur das sein, wozu ihn die Umstände machen; und kann nicht darüber hinaus, und wenn er Cäsar und Alexander geboren wäre.

Die Menschen von der Furcht des Todes zu befreien ist eine der größten Glückseligkeiten, die man ihnen gewähren kann. Der Mensch wird dann erst recht frei; und tun können, was man will, ist dann Gottheit.

Die Künste sind das Wallen des Meers nach einem Sturm, wenn keine Winde mehr brausen. Wenn die Kraft im höchsten Leben sich geäußert hat, gewirkt hat und ohne wirklichen Gegenstand sich vom neuen äußert: das ist Kunst. Deswegen blühten die Künste allezeit nach großen Kriegen. Es braucht nicht gerad derselbe Mensch zu sein, der Mensch ist ein Affe, er fühlt nach und macht sich mit dem andern zu einem Ganzen.

Die beste Tätigkeit der Kräfte ist, wo Seele und Körper zugleich wirkt. Das ist die menschlichste; der zweite Punkt fehlt den Gelehrten, wenn sie nicht reisen.

Der ganze Mensch in der bürgerlichen Gesellschaft ist der, der im kleinen seinen ganzen Staat vorstellt.

Ich habe noch niemand über Kunst elender sprechen hören als gerade Künstler; was der eine himmelhoch erhob, das verwarf der andre hinunter in die Hölle: und beide machten erträgliche und zuweilen gute Arbeit; aber eben deswegen betrachteten sie auch alles einseitig.

Alles Leben hat keinen Stillestand; und das schönste ist das schnellste.

Was nicht in die Bedürfnisse, das Leben der Menschen selbst einschlägt, kann nie großen Effekt machen. Essen und Trinken, Vögeln, Kleidung, Wohnung, Freiheit.

Groß ist, was über das gewöhnliche Maß geht. Wer also etwas groß nennt, muß das Maß angeben, das das Gewöhnliche bei ihm hält. Vom Menschen überhaupt ist derjenige groß, der ein freies völliges Erkenntnisvermögen mit gesundem reinem Sinn hat; denn gewöhnlich ist seine Seele schon mit Vorurteilen verdorben.

Einsamkeit ist weiter nichts als eine Verdauung des Gefühls oder ein Schlaf des Lebens. Nun ist es gewiß schändlich, immer der Verdauung obzuliegen oder zu schlafen.

1786

Mich dünkt, in der Natur ist alles göttlich; nichts dringt durch das andre, sondern vereinigt sich nur oder scheidet sich, nach uns unbekannten, wenigstens unerklärlichen Gesetzen; denn Vergnügen, Liebe, Haß sind Wörter, die weiter nichts sagen, nichts Reelles.

Religion ist das System über die Welt eines großen Haufens, wo selten Vernunft und gesunder Menschenverstand den Vorsitz bei Errichtung und Einführung gehabt hat.

Ruhe und Bewegung! wer davon die eigentlichen Ursachen entdeckte, würde den Kapitalschlüssel zum Palast der Wahrheit und ihrem heiligsten Kabinette finden. Ich habe schon lange so etwas von einem Systeme der Berührung gewittert, dem allgemeinsten von allen. Bewegung ist Streben nach Genuß, und Ruhe wirkliche Berührung.

Form und Wesen und Wesen und Form! Das sind die zwei Pole des Weltalls, um welche sich alles herumdreht und die noch niemand erklärt hatte.

Der Mensch ist nicht bloß ein passives Wesen, er hat das Vermögen, selbst sich zu bewegen und zu handeln; und darin besteht seine Freiheit. Das System der moralischen Notwendigkeit kann also nicht stattfinden. Freude und Leid gibt nur Gelegenheit zu handeln, determiniert aber nicht. Und diese absolute Indepedenz ist Freiheit.

Jeder Mensch handelt erst für sich und ordnet seinen Kopf nach seinem Standpunkt in der Welt. Alsdann handelt er für das, was ihm am nächsten angeht, seine Geliebte, seine Kinder, seine Freunde. Dann für seine Nachbarschaft, seinen Staat; dann für seine Nation, für das menschliche Geschlecht endlich. Erde und Himmel kömmt auf die Letzt.

Die Geschichte ist eine göttliche Sache, wenn sie recht wahr ist; aber dergleichen gibt es wenig.

1788

Das Glück des Lebens besteht in der Abwechslung; die größte Mühseligkeit selbst wird dadurch zum Vergnügen. Immerwährende einerleie Freude wird bald Pein. Der Urquell unsres Lebens will immer neue Formen; er behilft sich mit den albernsten Fabeln und Märchen, wenn die Wirklichkeit um ihn stille steht.

Die neuen Ideen des Genies erzeugen sich von selbst in der Seele durch ein unbegreifliches Ohngefähr, wie die Welt mit allen ihren schönen Formen in Gott entstanden sein muß. Wenigstens kann, was den allerersten Ursprung betrifft, tiefer keine Metaphysik. Die verborgne Gottheit wird nirgends strahlender sichtbar als bei den erhabnen Produkten des menschlichen Geistes. Wie der Blitz am Himmel sich entzündet und glänzend das Wetter durchflammt: so wird der neue Gedanke; und oft schlägt er ein und hinterläßt dauernde Folgen seines Daseins.

Die deutsche Geschichte ist ein Archipelagus von Geschichte; man findet da keine große Einheit, woran man sich halten könnte. Ein schönes Ganzes ist da schwerlich herauszubringen; sie ist außerdem noch am schwersten zu schreiben unter allen Geschichten, wenn man auch nur einigermaßen ein Ganzes machen will.

Man kann nur das darstellen, was man in Wirklichkeit selbst empfindet, empfunden und durchräsoniert hat; alles andre ist Weismacherei.

Es hält erstaunlich schwer, bis sich auch der beste Kopf von der albernsten Gewohnheit losmacht, geschweige eine Gesellschaft, ein ganzer Staat.

Jean Paul

Es ist der Wahrheit nicht zuträglich, wenn ein großer Kopf mit einem dummen Gegner streitet. Da jener diesen für zu gering ansieht, so wird er ihm auch da nicht Recht lassen, wo er's hat.

Das System, das ein großer Mann erfunden, können kleine nicht verteidigen; auch zum letztern gehört ein großer.

Der lügt am sichersten, der die Wahrheit nur verfälscht und keine ganze Lüge erdichten darf; bei jedem nimmt er ein andres Stück Wahrheit weg und setzt eine andre Lüge hinzu.

Die Satire bessert selten. Darum sei sie nicht bloß lächelnd, sondern bitter, um die Toren, die sie nicht bessern kann, wenigstens zu bestrafen.

Bei der Geliebten nur darf man von sich reden.

Der Mensch gehet allezeit, wenn er sich noch so lange gegen eine Meinung gesträubt, endlich zu ihr mit Leidenschaft über.

Wenn man die Verteidigung nicht widerlegen kann, tadelt man die Art derselben.

Man kann gegen ein Laster mit dem größten Nachdruck predigen, und es doch ausüben, ohne zu heucheln.

Manche können nur fremde Meinungen, nicht ihre eignen berichtigen.

Man würde die Menschen leichter kennen, wenn man nicht jede Handlung als die Folge von Grundsätzen ansähe; man hält zu selten eine für Kaprice, aus der nicht auf den Hauptcharakter zu schließen ist.

Jede Verleumdung, wenn man sie auch verwirft, läßt eine geringere Meinung vom Verleumdeten auf kurze Zeit zurück.

Um zur Wahrheit zu gelangen, sollte jeder die Meinung seines Gegners zu verteidigen suchen.

Eine tiefere Einsicht in die Natur würde uns wahrnehmen lassen, daß um alles und durch alles in der Welt ein geheimes Band sich schlingt und daß die Ähnlichkeiten, die der Witz an den Dingen bezeichnet, vor einem scharfen Auge bestehen und sich als Gleichheiten darstellen.

Am andern liebt man Vollkommenheiten, an sich sich.

Wir schämen uns mehr vor uns selber, wenn wir uns einer Torheit als eines Lasters erinnern.

Solang einer noch kein System hat und die Wahrheiten ungeordnet in seinem Kopfe liegen lässet, solange liebt [er] schwerlich die Wahrheit: ich glaube, zuweilen ist ihm wahrhaftig eine Lüge noch lieber.

Kein Autor sollte sich über etwas zu schreiben hinsetzen, dem[!] es nicht unbeschreiblich ärgert, daß er keinen Folioband darüber schreiben kann. Wehe ihm, wenn er einen Gedanken sucht und nicht jede Minute 10 abweiset.

Es gehört schon zu den Widersprüchen des Menschen, daß er welche zu haben glaubt.

Der Dumme denkt, man hat keine andern Wege, ihn auszulisten, als seine.

Es ist keine Sklaverei, das zu tun, was zwar der andre, aber auch die Pflicht befiehlt.

Unbeständigkeit gegen seinen Vorsatz, heißet sich selber das Wort brechen, welches man so wenig wie gegen einen andern darf: da dieselbe schädliche Folge des Mißtrauens daraus entsteht.

Der Mensch denkt, in der ganzen Geschichte ist kein Alter merkwürdiger als seines; er hält es für den Mittelpunkt; und den übrigen geringen Rest der Vergangenheit für Zubereitungen auf sein Alter. Er glaubt daher lieber, daß die Zukunft sinke und schlechter werde.

Jeder hat etwas, worin er selbst denkt, und etwas, worin er nachbetet.

Bei einem Argwöhnischen muß man eine Wahrheit so klug, mit soviel Vorsicht und Feinheit vortragen, als wär es eine Lüge.

Der Mensch schneidet nicht seine Handlungen und Neigungen nach seinen Grundsätzen, sondern diese nach jenen zu, und die Neigung ist eher als die Maxime da. Der Mann nach und der ohne Grundsätze sind nur darin verschieden, daß jener seine Neigung in e[inen] allgemeinen Satz verdolmetscht.

Nicht die wenigen Strahlen von Vergnügen, die in dieses Leben fallen, machen es uns so wert: sondern das unnennbar süße Gefühl, zu sein, das Leiden kaum stören, macht's.

Ironie ist der Weg und Übung zur Laune.

Eigennützige Liebe ist ein Widerspruch.

Wir haben nichts darwider, was der andre von sich hält, wenn er nur von uns noch mehr hält.

Wenn es keine Freiheit [gibt] und unsre Triebe bloß uns stoßen: woher kömmt's denn, daß uns der erste beste Trieb nicht fortreißet? was ist denn das Vermögen, Entschließungen abzuwägen, oder vielmehr das Vermögen, sich zur Anwendung jenes Vermögens ins Äquilibrium zu setzen?

Vergnügen machen ebenso irdisch gesinnt als Geschäfte.

Der Haß der Menschen ebenso veränderlich wie ihre Liebe; beide schwinden, wenn man sie nicht mehrt.

In Frauen wird man oft aus Langweile verliebt – man weiß nichts mit ihnen weiter anzufangen.

Man tut manche Pflicht so sehr zum Vergnügen (wie Menschenfreundlichkeit), daß, wenn sie keines gebe, man sie unterließe.

Nicht das Mikroskop, sondern das Auge täuscht uns. Jenes kann nichts schaffen oder zeigen, was nicht da ist. Die Erde kann unendlich größer sein.

Der hat das beste Äußerliche, bei dem man es vergißt.

Um sich der Liebe nicht zu schämen, muß man das vollkommene Objekt haben, oder zu haben glauben.

Man tadelt an Freunden gern das, woraus sie uns ein Geheimnis gemacht.

Nichts erkältet Liebe so leicht als Beschämung.

Die toleranten Menschen haben nicht die meiste Liebe.

Große Seelen fallen am ersten in Selbstverachtung.

In der Jugend kann man gegen niemand gleichgültig sein – Haß oder Liebe.

Denken lernt man nicht an Regeln zum Denken, sondern an Stoff zum Denken.

Solang ein Mensch ein Buch schreibt, kann er nicht unglücklich sein.

Ein Mann liebt Keusche und ist es selbst nicht; bei Weibern ist's umgekehrt.

Ich wäre am begierigsten, die Fehler der Engel zu wissen.

Der denkende Teil in mir entdeckt in der Welt überall Ordnung, nur der empfindende nicht, der nicht der Zuschauer, sondern ein Glied dieser Kette ist.

Man hat eine Wahrheit lange gehört, verstanden, gelobt, eh man sie verdauet und zum Teil seines Ichs macht.

Zur Freundschaft gehört: daß wir einander gleichen, einander in einigem übertreffen, einander in einigem nicht erreichen.

Ich bedaure nichts, was ich auf der Erde verloren, keine Jugend und keine Freude – außer dem Verlust der hohen Vorstellung, die ich von allen diesen gehabt.

Das Gefühl *findet*, der Scharfsinn wägt die Gründe.

Eitelkeit ist darum so schwer abzulegen, weil man sie, unter allen Lastern allein, den ganzen Tag genießen kann.

Man kann die feinsten Bemerkungen über den Menschen und über Individuen machen und doch von ihnen betrogen werden, d.h. sie nicht kennen.

Es ist leichter, eine Tugend zu übertreiben als sie zu haben, leichter, das Gelübde immerwährender Keuschheit zu tun als in der Ehe zu leben.

An alles Körperliche ist Geistiges geknüpft, an Eigennutz Freundschaft, an Wollust Liebe, an den Gaumen Erinnerung, an Trank Tugend.

Eine Freude darüber, daß man was Neues entdeckt, heißt eine über einen 6000jährigen Irrtum.

Ohne Philosophie steigen und sinken die Gefühle zu weit.

Man drückt lieber die Augen zu, als daß man die Finsternis sähe.

Die Erde als Erde ist auch dem Sinnlichsten nichts, sondern seine Ideen darüber.

Kleine Seelen fühlen in ihrem Unglück nur ihren Zustand, große noch Zusammenhang, ihr Ich.

Ein Roman ist eine veredelte Biographie.

Der vollkommene Philosoph muß ein Dichter mit sein und umgekehrt.

Keiner denkt mehr frei, der ein System hat.

Aus einer Frau ohne Torheiten wäre weiter nichts zu machen als – ein Mann.

Weiber halten die Leiden besser aus als Männer; nur die der Liebe schlechter.

Eine starke Phantasie ist jed[es] großen Entschluss[es] fähig, aber sie macht auch – weil sie die Sache auf einer andern Seite betrachtet – desto unfähiger, ihn auszuführen.

Man hört, wegen der Gewöhnlichkeit, das Prügelgeschrei eines Kindes mit weniger Rührung als eines Hunds.

Wenn ein Buch nicht wert ist, 2mal gelesen zu werden, so ist's auch nicht wert, 1mal gelesen zu werden.

Ein Jüngling, der mit dem bürgerlichen Leben zufrieden wäre, wäre sehr mittelmäßig.

Bei manchen zerfließet alles so sehr ins Ganze, daß sie bei *eignen* Fehltritten die Schwäche der *menschlichen* Natur bedauern.

Der Weise rechnet das Mißvergnügen zu seinen Sünden.

Der schönste edelste freimachende Gehorsam ist der gegen sich – man muß nicht wollen, was man tut, sondern tun, was man will.

Man wisse noch so sehr, daß es außer uns kalt ist: wenn wir erhitzt sind, glauben wir's doch nicht.

Eine gewisse Seelengröße macht zur Menschenkenntnis unfähig.

Liebe ist ein Auszug aus allen Leidenschaften auf einmal.

In der Jugend hält man von hinten jede für schön.

Jede Freude füllt, jeder Schmerz leert dich, aber in jener hat noch Sehnsucht Platz, in diesem noch Zuversicht.

Gäb es keinen Schlaf und Ohnmacht, wir hätten keinen Begriff vom Tod.

In der Liebe hat sogar d[er] Aufrichtige Listen, weil sie z[um] Nutz[en] des Gegenstandes sind.

Männer können weniger Fehler an Geliebten ertragen als Weiber.

Wenn die Menschen immer Versuchungen zu großen Sünden hätten: sie blieben gut; aber die täglichen Kämpfe gegen kleine gewöhnen an Niederlagen.

Scharfsinn ohne Empfindung ist Mühlstein ohne Korn.

Manche geben allen großen Wahrheiten Kleinheit, wenn sie sie nur sagen.

Man wird zuletzt tolerant, denkt man, gegen die Menschen; aber man ist nur gleichgültig.

Man kann Liebe selten zu spät, immer zu bald gestehen.

Schwerlich kennt die Frau unter der Liebe etwas größeres als die Liebe – der Mann kennt mitten darunter noch seine Lieblingsarbeit, seine Philosophie als das größere. Bei ihr ist sie Ziel; bei uns ist sie Spaliergewächs an den Schranken zum Ziel.

Der Mensch genießet den jetzigen Augenblick nicht, wenn er nicht *gewiß* weiß, daß der künftige auch Glück zuführt. Daher quälet er sich mit der Jagd nach Hoffnungen und mit der Flucht vor Befürchtungen. Um nun eine störende Befürchtung loszuwerden, bequemet er sich lieber zu den tollsten Hoffnungen.

Der Mensch kann nicht eher wissen, wie gut er ist, als bis einmal sein halbes Glück von einer großen Sünde abhing.

Feinheit des Ausdrucks ist verschieden von Feinheit der Gesinnung.

Wenn sich einer nur einmal zwingt, nachzugeben: so sieht er, daß er nicht viel nachzugeben braucht und daß der andere auch nachgibt.

Es ist unbegreiflich, wenn man in den höhern Ständen sieht, wieviel eine Frau braucht, um keine Langweile zu haben – *in unsern, wie wenig.*

Man unterlässet zuviel Gutes, weil der Nutzen, und begeht soviel Böses, weil der Schaden *zweifelhaft* ist.

Man verbindet sich oft einen Menschen, wenn man nach dem Namen seines Hundes fragt.

Im Sommer ist man menschlicher, im Winter bürgerlicher.

Kluge halten das Gewöhnliche, Dumme das Ungewöhnliche für toll.

In einem Vormittage, wo man reiset, ein ungewöhnliches Geschäft hat – kurz: in jeder *neuen* Lage – lebt man mehr, sieht das Leben anders, fühlt sich mehr als in 4 gewöhnlichen Wochen.

Ich ärgerte mich über den Menschenlärm unter mir und konnte nicht eher schlafen, als bis ich wußte, es seien Pferde.

Jede Arbeit, auch philosophische, poetische, lenkt den Menschen vom Ich und oft vom Bessern ab.

Fehler, daß man den andern nur widerlegen, nicht überreden will.

Eine nie auf die Probe gesetzte Frau denkt stets von sich zu gut, und von dem Sieg zu leicht.

Man liebt die Menschen mehr, wenn man den Entschluß, ihnen eine Wohltat zu erweisen, fässet, als nachdem er ausgeführt ist.

Bei der Besserung sieht man, daß man eine Menge Dinge im Umgang, die man aus Höflichkeit und Mode tat, aus Tugend nun tut und leichter.

An Weibern ist alles Herz, sogar der Kopf.

Man liebt noch den Ort der Liebe, wenn man gegen die Person keine mehr hat.

Vor der erklärten Liebe herrscht die Frau, nach und in – der Mann.

Der Mann hat in Rücksicht der Liebe ein Recht über den Körper der Frau, aber nicht über ihr Herz.

Genuß der Ehre hindert den der Natur.

Die höchste Liebe glaubt und fordert höchste Vollkommenheit, daher ist sie ihrem Ende am nächsten.

Man kann gewiß sein, dem andern nicht viel Vergnügen gemacht zu haben, wenn man lauter Sachen sagte, die uns eines machten und so umgekehrt.

Nonnen mager, Mönche fett, Beweis der weiblichen Mäßigkeit.

1797–1799

Niemand ändert sich schwerer, als der stets unter andern oder in Geschäften lebt, d.i. träumt – die andringende überhäufende Gegenwart ersticket jeden stillen Keim.

Um froh zu sein, muß man einen langen Geschäftsplan haben, der doch die Freuden nicht aussperret, sondern einschließet: am besten wenn die Geschäfte und Freuden in eins fallen (bei mir).

Der aus dem gemeinen kriechenden Stand Emporgekommene will stolz sein und kann es nicht, und ihm entfährt immer Höflichkeit gegen die alten Gegenstände.

Die Eltern sollten, um etwas zu bewilligen oder abzuschlagen, sich bloß 1/8 Stunde Bedenkzeit nehmen.

Ein berühmter Autor sollte auch Sätze, die andere gesagt, wiederholen, um der Wahrheit sein Gewicht hinzuzutun.

Je mehr man Menschen kennt, desto weniger schildert man Individuen.

Die Menschen hassen und merken in der Liebe leicht das Gefühl der Unabhängigkeit.

Gewisse Dinge (Mode, Kleider, Lebensart) muß man früher verachten als achten.

Wir halten die *Leichtigkeit* zu sündigen für die *Erlaubnis* dazu.

Die Liebe verbirgt das Ich: 1 Mensch, der etwas vom Ich des andern merkt, liebte ihn schon nicht mehr.

Kein Enthusiasmus der Liebe ist so groß als der der Zusammengewöhnung, der auf jenen folgt.

Ein Familienzirkel ist ein Gegengift gegen große Stadt; eine Stube voll Kinder ist so gut wie ein Dorf.

In der Sprache der Liebe gibt es keine Pleonasmen.

Wenn man zuviel wichtige Dinge zu sagen hat, fängt man mit den unwichtigen an.

In einer ewigen Meßstadt würde alle Menschenliebe aufhören.

Manche halten ihre veränderte Ansicht eines Menschen für eine Veränderung desselben.

Die kleinen Gründe erschaffen den Entschluß nicht, sondern man waffnet sich mit ihnen nur gegen äußere Anfechtungen desselben.

Ich verlasse mich nicht mehr auf die eheliche Liebe als eheliche Treue einer Frau.

Statt einen Scheffel Salz[es] mit einem Freund zu essen, braucht man nur 6 Meilen mit ihm zu reisen.

Das Landleben ist in, nicht außer uns.

Wenn man sich eines Fehlers anklagt, so hat man ihn stets größer, als man ihn malt.

Der Mann bequemt sich zuweilen, um frei zu werden – die Frau muß sich ewig bequemen.

Man beruft sich immer auf die Nachwelt, als ob sie nicht oft ebensoviel Lob nähme als gäbe.

Der Uneigennützige hasset Egoisten nicht so sehr als der Egoist.

In unserer Menschenliebe ist nicht bloß die Süßigkeit des Gefühls der Liebe, sondern auch die Süßigkeit des Gefühls des Rechttuns.

Die Weiber lieben den ganzen Tag; den Männern fällt das verdrüßlich, die möchten es gern haben, daß jene gerade zur Stunde mit der Liebe da wären, wo sie sie haben.

Verachtung ist mehr als Haß; jene kann der Weise haben, sie ist unwillkürlich.

Die Wettergespräche [kommen] nicht von Langweile, sondern weil der Mensch immer eine starke fortdauernde Empfindung mit Worten äußern und geben will – wäre Krieg, so gäb's Kriegsgespräche.

In einer großen Stadt sein, heißet reisen, und umgekehrt.

Ein Mensch, dem zu lang die Liebe verweigert worden ist, findet dann in einer wirklichen zu wenig Reiz aus Mangel an Verweigern.

Warum will der Mensch, wenn er nicht alle bekehren kann, nicht wenigstens einige Menschen ändern?

Weiber sind rein menschlicher, weil der Staat ihnen keine einseitige Bildung aufdringt.

Je älter man wird, desto toleranter gegen das Herz und intoleranter gegen den Kopf.

Ich will lieber lieben, ohne geliebt zu werden – als, ohne zu lieben, geliebt werden.

1799–1803

Wer die Menschen bloß nach dem Talent schätzt, fängt bald an, sie gemein und schlecht zu finden, weil es wenig Talent gibt und dieses nur relativ gewinnt. Aber wer sie nach Tugend schätzt: behält sie lieb, weil diese öfter da ist p. Beste Mittel gegen Menschenverachtung.

Die starke Liebe will für große Fehler nur bestrafen und dann doch vergeben.

Wenn das Schicksal 10 günstige Umstände vereinigt, so wundert man sich über den Mangel des 11ten, nicht das Dasein der 10.

Der Spaß ist unerschöpflich, nicht der Ernst.

Zu lange Liebe eines Mädgens ohne Ehe bringt etwas Verschobenes, Stumpfes, Lebenssattes in ihr Leben.

Wenn man glaubt, etwas zu vergessen, vergisset man es.

Man begeht entweder Fehler des Stolzes oder des Kriechens, wenn man nicht die Anerkennung des eignen Werts voraussetzt.

Die Weiber sind so verschieden von uns, daß der erfahrenste Mann immer noch 3 Zeiten durchgeht, wo er sie 1. über, 2. neben, 3. unter sich setzt.

In den besten Reisebeschreibungen interessiert uns doch der Reisende am meisten, wenn er sich nur zeigen mag. Wer eine Reise beschreibt, beschreibt damit sich immer auch selber.

Man fragt den andern um Rat, nicht weil man nicht weiß, was man tun soll, sondern weil man es weiß, aber nicht gern tut – der andere soll dann einer guten oder bösen Neigung den Ausschlag [geben].

Niemand hat die Kraft – wenn er auch will –, in *einem* fort unglücklich zu sein, sondern er wird glücklich.

In der Ehe müssen die Männer die Liebe mehr durch Worte, die Weiber durch Taten beweisen.

Je älter, desto mehr entschuldigt, desto weniger achtet man d[ie] Menschen.

Die Ehe ist ein kaltes Klima, worin die Freundschaft, die als Same darein kommt, leicht aufgeht und gut gedeiht; aber eine schon aufgeblühte Freundschaft, die darein verpflanzt wird, verdorrt.

Der Dichter ist freier als der Philosoph.

Die Liebe ist, ihr Ende ausgenommen, sich überall gleicher als man sagt.

Weiber haben große Kräfte, *für*, aber kleine, *gegen* die Liebe etwas zu tun.

Jeder modisch Gekleidete hält sich für den Repräsentanten des Jahrhunderts oder Dezenniums.

Die Jugend ist die Periode der Nachahmung.

Die Natur bestraft alles, an den Besten auch die kleinsten Fehler und gerade diese am härtesten.

In großen Städten ist der Mensch freier – unabhängiger von der Natur – alles erscheint ihm theatralisch – nicht enge – in größerm Maßstab.

Man verliert leichter soundso viele Freuden als Geld. Den Geldverlust stelle man sich also als den Verlust der entbehrlichen Freuden vor, die man dafür hätte kaufen können.

Um die Menschen recht zu lieben, muß man sie immer aus einem noch höhern Punkt als dem unserer Verhältnisse (der Freundschaft p.) ansehen, nämlich aus dem der Menschheit oder Moralität.

Es ist der größte Fehler in einem Leben, das man entweder schreibt oder führt, in der Ferne eine unentwickelte Knoten-Dunkelheit zu sehen und nicht jetzt gehörig zu entwickeln, sondern mit zugedrückten Augen zu hoffen, sie gebe sich schon.

Bücher wirken wenig auf Individuen, aber doch auf das Jahrhundert und mithin auch auf jene.

Ein Mensch kann sowenig den ganzen Geschmack haben als *ein* Mensch die Wahrheit – die Menschheit hat beides.

Wie wenig der Mensch Anteil an fremdem Unglück nimmt: sieht man, weil der gefällt, der eines erzählt.

Jeder kennt noch ein Zeremoniell, über das er schimpft, und eines, das er behalten wissen will.

Die Trunkenheit vermehrt schön 2 schöne Dinge, Mut und Liebe.

Wie man die Karten liebt, weil sie unaufhörlich mit neuen Zufällen den Geist reizen, so die Gesellschaft, weil diese es durch Reden tut.

Je weniger die Menschen *sind* – je weniger Poesie, Philosophie, eigne Bemerkungen – desto mehr zeigen sie das, was sie *wissen*. Daher das Schweigen der Weiber.

Am Tage, wo man Geld bezahlt bekommt, gibt man ein wenig mehr aus.

Die Menschen werden mehr voneinander verschieden durch die inn[ern] Anlag[en] zur Freude als durch die äußern Verhältnisse, in denen jene wirken.

Wer sich nur halb verstellt: hat zugleich den Nachteil der Verstellung und der Offenherzigkeit.

Wir fühlen den Weg zum Bösewicht schwerer hinab als zum Heiligen hinauf.

Nicht gegen die Treulosigkeit der Menschen sollte man eifern, sondern gegen die anfängliche Blindheit auf der einen und Verstellung auf der andern Seite; allmählich trägt der schönblühende Freund giftige Früchte, und dann fliehen wir ihn freilich.

Nichts ist gefährlicher als eine unvollendete Versöhnung, sie erschwert die vollendete mehr als keine.

Nicht durch Angreifen, sondern durch Behaupten zeigt man die eigne Kraft und Individualität am besten. Bei jenem muß man sich zu sehr nach den andern richten und verliert bei Sieg und Niederlage.

An einem Glück oder Unglück ist man nie schuld, aber am wiederkehrenden.

Der Mensch findet nichts dagegen, daß in der Vergangenheit immer eine Veränderung der Gesetze und Staaten nach der andern kommt – nur in der Gegenwart will er nicht daran.

Nur der Anblick des *bekämpften* Zorns ist schön.

Je mehr man getrunken, desto mehr lobt man den Wirt und sein Bier.

So viele fingen mit der Liebe an, mit der sie wirken wollten, und mußten aufhören mit der Furcht, die sie gaben.

Viele Tugenden des Alters sind nur Folgen gestillter Wünsche und verengter oder erweiterter Schranken.

Wer einen nur zum Werkzeug gebraucht, sei sicher, daß ihn dieser auch nur dazu brauche.

Die kühnsten Taten erscheinen uns nicht kühn genug, weil sie schon als Plane durch unsere Phantasie liefen – aber das Ausführen ist eben das Kühnste, nicht das Wollen.

Der Eitle ließe in der Minute seine Stellung, Kleidung weg, wo er wüßte, daß man sie als Eitelkeit bemerkte.

Wenn man über etwas spricht oder schreibt, sieht man, daß man mehr weiß, *als man dachte.*

Ordnung und Unordnung kann man lernen, es ist Gewohnheit.

Man erkennt einen, den man nur bei sich gesehen, am besten, wenn man ihn bei der Menge und dadurch seine Falschheit sieht.

Die Menschen wollen einen niederdrücken, und dann wollen sie ihm erst Gutes tun – aber nie, ihn erheben und dann bekränzen.

Das Lob darf man nicht hinter dem Rücken des Gegenstands ändern, aber den Tadel.

Nichts zeigt die Menschen falscher und schöner als d[ie] Leiden; im Glück werfen sie die Schleier weg.

Am schwersten, gut zu sein, wenn man keinen Stand und kein Verhältnis zur Welt hat.

Wer wahr sein *will*, ist's schon nicht ganz mehr, er muß es gar nicht wissen.

Wir müssen Hoffnung haben, um die Gegenwart zu genießen. Wir wollen lieber eine schlimme Gegenwart mit schöner Aussicht als umgekehrt.

Ein Weiberfeind ist auch ein Menschenfeind.

Um nicht veränderlich zu scheinen, muß man nur seine Entschlüsse so lange verschweigen, bis man einen davon ausführt.

Nach einer kühnen Tat muß man fort kühn sein, sonst geht man unter.

In der Ehe gibt's keine größern Fehler als die wiederkommenden.

Der Mutige erschrickt *nach* der Gefahr, der Furchtsame *vor* ihr, der Feigste *in* ihr.

Ein Mensch kann lange fort immer *ich* sagen, ohne daß man es merkt. Aber sobald man einmal es gemerkt, wird uns jedes Wort egoistisch.

Kinderlose Weiber sorgen für ihre Männer mehr.

Im Alter liebt man Personalien, in der Jugend Realien.

Ein Gelehrter gilt so lange für unfehlbar, bis er vor uns den ersten Irrtum begangen und nachgeben müssen; dann tritt man ihm ohne Gnade keck entgegen.

Um zu wissen, wie gut oder schlimm eine Nation [deutsche] von sich denkt, muß man nicht auf das Schlimme hören, das sie von sich, sondern auf das, das sie von fremden Nationen sagt.

1803–1811

Die Bücher machen nicht gut oder schlecht, nur besser oder schlechter.

Die Kinder sagen unzählige zarte Gefühle heraus, die die Erwachsenen auch haben, aber nicht sagen.

Die Weiber wollen zu erziehen anfangen, wenn schon alles verzogen ist.

Wer bloß bürgerliche Steigerungen seines Glücks hat, muß immer größ[eres] wünschen; der Dichter p. hat gleich das unendliche Glück vor sich.

Manche können nur lügen, nicht sich verstellen. Die Lüge ist Schwäche.

Alle Menschen sind verdrüßlich, wenn man von ihnen das Seinige zurückfordert, sowie froh, wenn man ihnen das Ihrige zurückbringt.

Wer ein rechtes Ideal, das er ins Leben ziehen will, im Geiste hegt, ist gegen d[as] Gift der Mode geschirmt, wie Schwangere gegen ansteckende Krankheiten.

Feststehende philosophische Worte sind gefährlich – man bringt sein ganzes Anschauungssystem darunter – und dann versteht man fremde Worte nicht, die man sonst verstände.

Die Liebe vibriert noch ein wenig fort, wenn das Objekt seinen Wert verloren; die Freundschaft nicht.

Wer sagt, er verachte, fängt's kaum an und hasset noch.

Wo die Menschen an Verstand übertroffen werden, glauben sie, es sei nur an Wissenschaft.

Weiber fragen soviel nach Sentenzen, weil sie kein System haben.

Der gute Mensch sogar drückt seine guten Maximen noch schärfer aus, als er sie übt.

Die Weiber lieben nur Individuen (die Männer die Menschheit), daher jener Grausamkeit.

Gelehrsamkeit auch darum so imponierend, weil man sie sich nicht durch eine willkürliche Anstrengung ersetzen [verschaffen] kann als das Gefühl, Genieblick usw.

Die rechte Liebe denkt bei Handlungen nicht an Berechnung der Opfer, Ausgleichung der Verhältnisse, sie denkt an das 2te Wesen, und weiter weiß sie nichts, indes die andere zweierlei Vorteile in Harmonie zu bringen sucht.

Ein Schmeichler ist's selten aus bloßem Eigennutz, sondern aus Charakter; denn er schmeichelt Niedrigen wie Hohen.

Eine Frau, die sich nicht nach Kindern sehnt, hat nur egoistische Liebe.

Man gebe manchem Selbstvertrauen, so ist er ein Weltmann.

Ein Dichter vieler guten, kräftigen Taten sehnt sich am Ende ordentlich nach der Möglichkeit, eine entschiedene zu tun.

Jede gute Neigung wirkt stärker, wenn sie sich durch Tun als wenn [sie] sich durch Meiden zeigen muß.

Der rechte Charakter ist nicht, mit Standhaftigkeit anfangen und nach den Umständen sich zu fügen, sondern, wie die Römer, in jeder Verschlimmerung nicht um einen Fußbreit zu weichen.

Eine kurze Enthaltsamkeit ist schwerer als eine lange.

Besser, von Sachen als von Menschen abzuhängen.

Man hoffe nie, mit einer Frau sich zu vertragen, mit der man sich als Braut gezankt.

Alle weiche, gegen Fremde nachgebende Menschen suchen sich eine Lüge ihrer Selbständigkeit durch Härte gegen die Ihrigen weiszumachen.

Wo viel Ehrgefühl, da ist viel Ehrgeiz; aber gar nicht umgekehrt.

Nirgends noch Vaterlandsliebe als bei gemeinen Leuten.

Der Mensch wird wie der Stahl hart – durch öfteres Abkühlen nach Erhitzung.

Man kann vom Menschengeschlechte zu schlecht denken und doch vom Einzelnen immer zu gut.

Die feinste Aufgabe im tätigen Leben ist die, ob man einer Sache zuvor- oder erst nachzukommen habe.

Gegen den Egoismus – zumal den feinsten – gibt es nun kein Mittel weiter als – Republik, Anteil an allem.

Die meisten Änderungen der Menschen in spätern Jahren – und nur die zum Schlimmern – bestehen in unwillkürlichem langsamen Anwachs der Gewohnheit.

Wer die Menschen nicht mehr liebt, findet wieder Liebe und Interesse an einem, der leidet. Der Schmerz führt uns die alte Liebe des ganzen Geschlechts zurück.

Die Begierde nach Geld kann sich sogar in einer edeln Seele entschuldigen – um nämlich von Menschen (nicht bloß von Sachen) freizubleiben, um gegen jene niederwerfende Ungleichheit eine Stütze zu haben.

Nicht die genial[e] Vergangenheit wirkt auf die Zeit, sondern die gen[iale] Gegenwart, d.h. die Neuheit.

Alles ist eher in einem Staate ins reine und vollkommene zu bringen, Ausübung der Justiz – Rechte – Kammer –; nur die Besetzung der Stellen, zumal der hohen, offenbart sich als Fleck jedes Staats.

Gehst du einer Geliebten entgegen, so wirst du die Natur schöner genießen – gehst du bloß zum tierischen Geschlechtsgenusse: so hast du kein Gefühl und keine Phantasie für die Natur.

Nicht Mangel an Ideen – denn man hat immer welche –, sondern an neuen macht Langeweile.

Der Wegreisende glaubt stets weiter zu sein als der Dableibende.

Nicht sowohl der Verstand kommt nicht vor den Jahren als die rechte geistige Denkfreiheit.

Mangel an Verschwiegenheit entsteht meistens aus Mangel an Redestoff.

Menschen von einigem Talent (wie Erhard) haben sich so sehr mit den gestickten Gewändern des Jahrhunderts umhangen, so viel Fremdes, was schön ist, umlegt ihr Eignes, das auch schön ist, daß man kaum zum eigentlichen Wesen durchdringen kann. Nehmt ihnen die Zeit ab: wie wenig sind sie von denen verschieden, auf die sie herabsehen! – Es sollte eine Abschälungstheorie geben, um den, der viel von der Zeit geborgt, doch nicht über den zu setzen, der wenig geborgt.

Nichts schädlicher für das Handeln als vielseitige Ansicht, welche stets die Kraft des ersten Andrangs schwächt; je dümmer, je tapferer.

Eine Stadt imponiert anfangs, als wären ihre großen Häuser und Gassen *eine* Masse zum Befehlen – bis man endlich sieht (und zu ihr gehört), daß alles sich wie im Dorfe in einzelne zerteilt.

Jeder Freund hält es für den größten Genuß, dem andern die Wahrheit zu sagen – am Hören findet keiner einen sonderlichen.

Keine Frau könnte durch das Ankleiden soviel gewinnen, als sie verliert, wenn man ihr dabei zusieht.

Fiel einer einmal in den Verdacht der Eitelkeit: so wickelt er sich nicht mehr daraus heraus, er handele, wie er will.

Man muß nie dem einen leidenschaftlichen Ausbruch zeigen, der dessen Ursache nicht kennt.

Dies ist die Probe, wie hoch man einen andern Menschen stelle und liebe, *inwieweit* man von ihm in Rücksicht der Glücksgüter abhängig sein will. Nur dies Gefühl entscheidet über die Ansicht fremden Gehalts.

Kein Mensch nennt sich dümmer als den andern; kein Zeitalter nennt ein voriges klüger, sich bloß schlimmer und klüger.

Wenn die Menschen die Geheimnisse mehr verschwiegen und also die Schwierigkeit, sie zu behalten, wüßten: so würden sie weniger begierig sein, welche zu erfahren.

Man muß seine Frau lieben – oder seinen Mann – wie die Kinder; man findet bessere und schönere; aber man vertauscht doch nicht. Man schlägt die Kinder und verläßt sie doch nicht.

Der bessere Sonntagsanzug gibt bei dem Volke der Kirche Heiligkeit und predigt früher als der Mantel des Pfarrers.

Oft besteht die größ[ere] Kraft eines Mannes weniger darin, wie er ein Amt verwaltet, als wie [er] in dasselbe gelangte.

Der Geizige ist eine beinah poetische Besonnenheit der Gegenwart; er sieht alles, wenn auch zu anderm Zweck als der Naturforscher und Dichter.

Wie anders ist die Bewunderung im 20ten und die im 40ten Jahre! Jene nimmt man oft zurück, und sogar bei dem höchsten Grade hat man noch eine geheime Hoffnung, den Gegenstand zu erreichen. Wen ich aber jetzt bewundere, hoff ich nie zu erreichen, und bewundere ihn desto mehr.

Man kann ziemlich seinen eignen innern Menschen – den moralischen, sogar den intellektuellen – kennen; aber [nicht] das Ensemble unsers äußern, den Eindruck, den unser ganzes Reden und Erschein[en] auf andere macht.

Jede Unwahrheit hat das Schlimme, daß sie durch keine Wahrheit hinterdrein gutzumachen ist, sondern immer der *schlechte* Kredit übrig*bleibt, Gott weiß wie lange.*

Fast alle Menschen sind gut, wenn man ihnen die Qual des Bedürfnisses, der Verhältnisse oder der Not wegnimmt. Sie wollen alle das Beste, ohne die Kraft, es zu holen.

Es ist physisch viel leichter, eine Nonne zu sein als ein Mönch; moralisch viel schwerer.

Der erste Gedanke eines Menschen, der etwas vermißt, ist stets, es sei ihm gestohlen, sooft er auch nachher wiederfand.

Ich begreife, wie man ein Tyrann sein kann; aber nicht, wie man einer einen ganzen Tag lange sein kann.

Das Unrecht, das dir geschieht, treibe rächend ab, aber nicht als Individuum, sondern als Menschheit; diese soll sich nichts gefallen lassen.

Solange man lieset, besinnt man sich auf all[es], nur nicht auf *sich*.

Man sollte niemand über Furchtsamkeit tadeln, bis man weiß, wie wenig oder viel er dagegen gearbeitet.

Der Mensch gibt leichter das Leben auf als die Mittel zu leben. (In Belagerungen sind sogar Weiber mutig, im Frieden nie.)

Das meiste und gewöhnlichste, was Jugendfreunde nach spätem Wiedersehen aneinander bemerken, ist, daß sie dicker geworden.

Der Mensch fodert nach jeder Unterwerfung noch eine tiefere; unrechtm[äßiger] Widerstand ist ihm verhaßter als unrecht[mäßiges] Nachgeben.

Was für Weiber Romane, können für Männer leicht Geschichts- und Reisewerke werden, ja noch anziehender; ein sanftes Unterhalten des Geistes ohne Anstrengung; noch unterhaltender durch die Wahrheit, durch Schlüsse daraus – aber man kann darüber das eigentliche schwere Arbeiten vergessen. In jeder Geschichte steckt ein Roman, aber nicht in jedem Roman Geschichte.

Vielleicht entsteht *Menschen*verachtung weniger aus Beobachtung ihrer *Schlechtigkeit* als ihrer ewigen *Wiederholung*, nämlich der *Widerkehr* von Glanz in Schatten.

Daß im ganzen die Menschen nicht im Glücke besser, sondern schlechter werden – leichter umgekehrt im Unglück –, beweist hart gegen sie.

Das Entscheidende bei Autoren und Fürsten ist weder die Kenntnis der Menschen, noch die des Menschen, noch weniger die des Einzelnen, sondern die Vereinigung davon.

Man kommt in der Ehe am besten aus, wenn man nicht liebt; so wie am besten, wenn man bloß liebt.

Die körperliche Liebe begehrt Wechsel, die geistige dieselbe Person.

Um geistreich zu sprechen, habe man – wenn man es auf irgendeine Art ist – nur den Mut, alles auszusagen. An der Furcht stirbt das Genie.

Es kommt ja in der Ehe auf dich an, ob du nur die Vorzüge zusammenrechnest oder nur die Fehler; und beide Zusammenrechnungen werden dir selber[?] wieder zurückgegeben.

Der Kritikus sollte bloß das Einzelne oder die Werkteilchen tadeln, aber den Werkmeister möglichst loben. Der einzelne Tadel samt dem Lobe des Verfassers erhebt diesen zu Höherem; das übrige ist umgekehrt.

Was am Menschen das Reinste ist, ist vielleicht sein Streben nach immer schärferem Wissen, wobei er sich vergißt und jeden Ruhm. Nur hier erscheint die Menschheit im großen Schritt zur Größe.

Man wird zwar für *die* Verhältnisse, worin man betrogen wurde, künftig klüger; aber man bildet sich dann fälschlich ein, man sei es auch für die geworden, worin man noch nicht betrogen worden.

Die Arbeit ist ein Vergnügen, das als Widerspiel schlecht anfängt und dann immer mehr erfreuet und das am Ende gerade zu allen andern Vergnügen einlädt.

Man glaubt immer, der Mensch, der eine neue, die erste Meinung über das ganze Ideensystem gehabt, z. B. Leibniz, müsse auch eine neue über jedes Einzelne, z. B. den Stiefelknecht, haben; daher die Liebe zu Biographien.

Behält man in der Ehe stets eine *sanfte* Sprache: so hat man es in der sanftesten schwer, irgendeinen Vorwurf zu sagen, weil auch in ihr jeder zu stark wird.

Jeder hat für seine Besonnenheit seine besondern Gegenstände; der eine schweigt darüber, der andere darüber.

Gegenwärtiges Unglück verdau ich in wenig[en] Stunden; aber künftiges bleibt mir im Magen liegen.

In kleinen Städten – Hof [in Bayern] – weiß man die neuesten Moden in Kleidern, nicht in Büchern.

Wenn ein Lehrer immer weiter lehrt und lernt; wenn er das Gelesene sogleich zu einem Gelehrten vor Schülern machen kann: so muß ihn jedes neue Buch unendlich heben, weil er damit andere hebt und die erkauften Gewinste für kräftige Eroberungen ansieht.

Der Maler muß eine Frau heiraten, – der Musiker – der Philosoph – Diplomatiker – Theologe – Jurist p.: wie soll nun ein Geschlecht so verschiednen Tendenzen genugtun und sie erraten? – Folglich muß der weibliche Geist voraus ein allgemeiner sein, der sich in jeden besondern fügt; jeder bestimmte weibliche zerrüttet die Ehe, oder es müßte der Maler die Malerin ehelichen? Und doch!

Langweile ist nicht, wenn man nichts Besonderes hat, sondern wenn man es erwartet. – Ruhig, ja selig liegt der Türke ohne ein fremdes Wort; aber sobald es ihm versprochen ist, kann er kaum mehr sitzen.

In der Ehe wagen die Weiber noch weit mehr als vorher die Ehe.

Nichts ist leichter, als die Kinder dazu zu erziehen, daß sie gehorchen, gefallen, aufwarten und alles tun, was Eltern und andere Erwachsene begehren. Freilich sind dann die Kinder nichts, nicht mehr als die Eltern. Aber schwerer ist es, Gehorsam und Freiheit zu vereinigen, die Kraft dazulassen und doch zu lenken und sich selber einen Gegner der besten Art zu erziehen.

Schwerlich hat je ein Mann bereuet, irgendeine Braut [Frau] nicht geheiratet zu haben.

Um sich recht zu erkennen, muß man nur sich seiner Jugend recht scharf erinnern, ohne Gegenwart p. einzumischen. Dort gab sich dir dein Umriß.

Die Menschen wollen immer vom Autor etwas Großes im Stoffe, um sich zu entschuldigen, daß sie kein Großes in der Form finden, und um zu verhehlen, daß sie eben das rechte Große, das überall sein kann, nicht kennen.

Der Unsinn: daß man durch alle Vorsicht und Glücksfälle je dahin gelangen könne, daß einem eine zufriedne, schon gefundne Lage nicht mehr gestört werde –. Aus höherem Glück erwächst höheres Unglück usw.

Das grausamste Wesen auf der Erde kann nur ein Weib sein.

Wer kein Weiberhasser werden will, höre nie 2 Weiber miteinander zanken.

Alle Klarheit, die man über fremde Charaktere habe, gibt doch noch keine Sicherheit vor Selbsttäuschung und fremder Schmeichelei; das Unglück ist eben, daß man drei schwere seltene Kenntnisse haben muß, die von sich, die von andern, die von der Ansicht des andern gegen uns. – Man sollte geradezu voraus[setzen, daß] einem jeder ein wenig mehr Gutes sage, als wir glauben[?].

1811–1817

Zur Ehe gehört nicht bloß, daß man das Mädchen, sondern auch, daß man sich prüfe – ob nämlich 2 Vortreffliche dennoch sich einander *nicht* fügen.

Zur rechten Einsamkeit gehört oft nicht bloß, daß man allein sei, sondern auch, daß man gewiß wisse, man werde allein bleiben. (Oder: man bleib' es; nämlich niemand könne durch die Türe.)

Wenn nur eine erste Liebe recht glühend da war: so schadet ihr Untergang, ihr Töten mit Wasser nichts; ewig ragen die Türme der überfluteten Stadt empor. Aber es gibt Menschen, die keine erste Liebe hatten.

Es ist unendlich verschieden, einen Menschen lieben und *etwas* an ihm lieben, und sei dieses Etwas das Edelste; er wird doch Mittel; aber das Lieben des ganzen Menschen macht ihn mir nur zum Ziel seiner und meiner selber.

Je älter ich werde, desto mehr glaub ich, wer äußerlich auf lange unglücklich ist – denn ein Brand, Krieg gehört nicht hieher –, der verdient's durch Mangel an Klugheit und Beharrlichkeit.

Die so häufige und feste Elternliebe erklär ich mir auch daraus, daß im ganzen anfangs alle Kinder gut und sogar schön sind.

Jeder Jüngling glaubt ein Philosoph oder ein Dichter zu werden, weil beide zu den Kräften der allg[emeinen] menschlichen Natur gehören, und es kommt auf Akademien oder in der Lektüre nur auf den Reiz an, den vorwiegend das eine oder das andere macht. Erst später macht er dies Allgemeine bloß zur Unterlage seiner besondern andern Kräfte, sobald jenes nicht zugleich auch seine Individualität ist.

Die meisten Ehekriege [kommen] nicht davon, daß man die Wahrheit der Person sagt, sondern daß man sie, unbekümmert um jede Zeit, sogleich sagt.

Gerade die Idyllenfreude, die nur aus Kleinigkeiten besteht, leidet so leicht von den Kleinigkeiten die Unterbrechung.

Ich mag mit niemand umgehen, der mich nicht wenigstens in etwas übertrifft, in Kenntnissen, Erfahrung p. oder im Moralischen. Die mir ähnlichen oder meinesgleichen sind nicht meine Leute.

Ein Trost besteht nicht darin, daß man dem andern Gründe gegen sein Unglück sagt – denn er wußte sie alle selber vorher und konnte ebensogut zurücktrösten –, sondern darin, daß eine fremde Seele durch Darstellen sie alle in der andern belebte und beseelte, damit sie durch Empfindung das Gleichgewicht hielten der leidenden Empfindung.

Einer Liebhaberin wird die Treue viel leichter als einer Gattin.

Man muß sich, um den andern gerecht zu beurteilen, nicht in dessen nächste Minute an die Stelle setzen, sondern in sein Jahr, Leben, Wochen.

Wenn man ein Kind *einen* Menschen hassen lehrt, der ihm nichts getan: so lernt es die übrigen Menschen daran hassen.

Wer für die Freiheit ficht und spricht (z. B. der Ungar), dem ist der Gegenstand und Anlaß gleichgültig – er streitet nicht für das Haar, woran mancher hängt, sondern für oder wider den Kopf, woraus es kommt.

Für das Volk ist freilich Essen bei Festen die Hauptsache, aber darum, weil eben die Ruhe zugleich zum Genusse tritt – die Losgebundenheit zum Sprechen und von Arbeit.

Die Fremden hören in der Ehe wohl den Sturm, aber nicht die Windstille oder den Zephyr.

Man ist leichter standhaft, wenn das Unglück zu höherem steigt, als wenn man von einer großen Hoffnung auf einmal zu einer kleinen Furcht herabgeworfen wird.

Wie Erfinden angenehmer als Ausarbeiten, so ist's Sprechen mehr als Schreiben.

Es gibt eine doppelte, sehr verschiedne Hoffnung, die, welche auf Ankunft neuer Güter hinweiset und wartet; die andere wichtigere, welche Heilung und Vorübergang der Übel erwartet.

Es gibt Menschen, die mit keinem Lobe zufrieden, weder mit dem zu großen – das sie sogleich erkennen – noch mit dem gerechten, weil sie nach einem höhern streben.

Je größer die Stadt, desto mehr Enthusiasmus für einzelne [individuelle] Fälle – sowie desto mehr Kälte für allgemeine.

Kinder über Eltern ausfragen spionierend: heißt Briefe erbrechen, ja noch schlimmer, da man (in Briefen) gegen den Freund nicht soviel Schwachheiten zeigt als gegen Kinder.

Ich erziehe Kinder nicht *zu* etwas, sondern *in* etwas.

Donnert das Gewitter anfangs in der Helle, fürchtet man – donnert es endes in der Helle, fragt man nicht darnach.

Eine Zeitungsanzeige wird schärfer durchbeurteilt als ein Buch; überall das Kleine mehr als das Große.

Das größte Vorurteil, daß Dichter, die *sich* selber hingeben und vergessen, nicht das fremde *Sich* auffaßten und bemerkten. Sie sehen alles, weil sie sich sehen lassen; der andere sieht wenig, weil er wenig sehen läßt.

Wenn das bloße Lesen die Leser so ausbildete: so müßte man im 6ten Jahrtausend zehnmal besser schreiben als im 2ten Jahrtausend.

Jedes Leben, zumal eines Autors, ist wert, beschrieben zu werden, aber nicht jeder ist wert und fähig, es selber zu beschreiben.

In jedem Falle wird bei gleicher Anlage das falsche Vertrauen auf Talente mehr hervorbringen als das falsche Mißtrauen in sie; jenes spannt, dieses lähmt.

Jede spricht von Hämorrhoiden und niemand von Menses, kein Mann und Weib.

Die Männer müssen den Weibern egoistischer erscheinen, weil sie behaupten, erkämpfen, bekämpfen, herschaffen müssen und diese nur benützen. Jede Kraft nimmt den Schein der Ichsucht an, denn im Ich wohnt sie ja.

An Kindern sieht man am öftersten und stärksten, wie wenig die Vorstellung der Zukunft über die anreizende Gegenwart siegt.

Man verachtet gerade den Tod am meisten, je voller man des Lebens ist; man scheuet ihn am meisten in der Mattigkeit des Lebens und Annäherung des Todes.

Wie die Ehe das physische Wohlgefallen [Band] immer mehr schwächt, so verstärkt sie das moralische durch Zusammensein; daher sogar eine zarte Nebenliebe doch nicht gegen das heiße eheliche Aneinandergewohntsein besteht.

Die richtigsten Strafen der Eltern bei Kindern sind die, wo die Eltern fast mehr Schmerzen fühlen als geben, mehr moralische als diese physische. Freude am Strafen hat nur der Teufel.

Die Menschen – dies beweiset die Liebe der Kinder – werden nicht zu den Menschen erst hingewöhnt, sondern nur spät[er] von ihnen abgewöhnt.

In der Ehe will jeder Teil, daß bloß der andere anfange, pflichtmäßig und edel zu sein, dann woll' er sehr erwidern, ja mehr geben, als nur gegeben werde – und unter diesem Wollen zanken sich beide fort, und keines fängt an.

Man sollte nur die Gegenmeinungen des andern nicht entgegengesetzt den eignen betrachten, sondern als Meinungen für sich: so würde man sie ebensoleicht dulden, als man allen Aberglauben der Wilden und der Kirchengeschichte vergibt.

Das Streben nach Wahrheit macht uns zu sehr offen für jede neue Ansicht.

Man denkt vom Verstand eines Menschen zu hoch, dessen Idiom man nur halb versteht.

Mancher sollte sich fragen, was er mit dem Leben machte, wenn ihm Gott Hunger, Durst und alle Lust- und Schmerzgefühle nähme, ob er es nur begehrte oder ob er nicht lieber Lücken begehrte, um sie nur zu füllen.

Man verteile und zersäe eine schwere Arbeit nicht in verschiedne Zeiträume – die Wichtigkeit beginnt und drückt immer von neuem –, sondern man mache sie auf einmal ab, da die Räume ohnehin mehr neuanfangenden Kraftaufwand begehren.

Nicht durch Dichter, sondern durch Leben muß man sich zum Dichten bilden, wie man nicht auf dem glatten Eise zu schnellem Fahren ausholt, sondern auf dem holper[igten] Boden.

Aberglaube *jeder* Art ist sehr natürlich, weil man die Allmacht [Kraft] höherer Mächte gewiß weiß, aber von deren moralischen und intellektuellen Verhältnis zu uns nichts weiß.

Die meisten Menschen schließen aus einer Begebenheit und Handlung die Zukunft; aber die rechten Historiker schließen daraus die Vergangenheit. Jene gehen nur vor-, diese rückwärts, erraten aber desto mehr vorwärts.

Die meisten glauben durch die Heftigkeit ihrer Behauptung diese stärker dem andern einzudrücken – und ihr eignes heftiges Gefühl mitzuteilen –; aber umgekehrt durch einfach kaltes Behaupten teilt man das eigne stärker mit.

Die Lüge hat das Fürchterliche, daß man im lügenden Menschen keine Grenze mehr weiß, wo er ein wahrredender ist. In andern Lastern setzt die Notwendigkeit, die Natur, die Anlage Grenzen.

Zehn Küsse werden leichter vergessen als *ein* Kuß.

Junge Leute sehen in ihrer Entwicklung das Neue des Zeitalters auch für Entwicklung an und verwechseln sich mit der Zeit und halten daher alles Neue für so gut als sich und ergreifen es.

Wie[viel] Genies mögen erst unter dem weiblichen Pöbel verlorengehen, da doch die männlichen einige Mittel der Emporhebung haben.

Gegen eine Fehlschlagung eines Plans gibt's keinen bessern Trost, als auf der Stelle einen neuen zu machen oder bereitzuhalten.

Bei Schriftstellern in einer großen Stadt [Berlin] und Zirkeln ist schwer nachzuweisen – sogar von ihnen selber –, wieviel ihnen von ihren Ideen gehört, da sie täglich gedruckte kommentiert hören, neue darüber, dagegen pp.

Manche Autoren zeigen sich der Welt kälter und schärfer, als ihr Mensch ist, z.B. Lichtenberg; desto wärmer bleibt die bedeckte Quelle. Andere treiben ihre Wärme heraus und erkälten sich durch fremdes Erwärmen.

In der Ehe (wie in Freundschaft und überall) hilft kein Wohltun und Beschenken, sobald die Persönlichkeit beleidigt ist, anstatt verehrt. Keine langen Geschenke machen wörtliche Verkennungen des Augenblicks gut.

Schnee, der sich leicht ballen läßt, schmilzt bald.

Das Selbstlob mißfällt, sogar wenn es die Wahrheit ausspricht, doch darum, weil man voraussetzt, der Sprecher verberge aus Bescheidenheit noch etwas, nämlich ein größeres Lob, als ihm gehört.

Die Menschen wollen immer, die Zeiten [Länder] sollen besser werden [sich bessern], und klagen doch, sobald sie anders werden [sich ändern], als könnte eines ohne das andere sein.

Die Tugend, sogar eines gemeinen Mädchens, ist verschieden, ob man sich für verheiratet oder unverheiratet ausgibt.

Einer, der aus stillem Egoismus uns überall lobt und alles an uns, verlöre alle seine Unparteilichkeit, die wir ihm wegen seines Lobs für uns zuschreiben, wenn wir ihn die andern loben hörten, d.h. jeden.

Kurz vor dem Abreisen sowie kurz nach dem Ankommen verschönert sich uns unser Wohnort.

Auf das Volk muß die vornehme Busenblöße so wirken wie auf den Vornehmen die gemeine Wadenblöße.

Sogar nach Belügen traut man doch wieder Wahrheit zu. Aber nach Grausamkeit erwartet man keine Milde mehr.

Man darf immer Mißtrauen haben, nur keines zeigen.

Glaube nur an das Gute eines Menschen; es ist da; und du irrest wenig. Aber glaube ebensogut, daß das Gute, welches du anerkennst, nicht den ganzen Bestand des Menschen ausmacht, sondern böse Anhänge und *schmutzige Ufer des reinen Flusses* hat. Wir wollen immer, das hellste Wasser soll zwischen hellen Felsen fließen.

In der Ehe das Mißverhältnis, daß die Begeisterungen des Mannes und der Frau nicht ineinandertreffen; der Mann von der Arbeit begeistert, sie davon erschöpft, und so nach Tagzeiten umgekehrt.

Jeder wird wider Willen originell, der sich's bequem macht und nach dem Scheine nichts fragt.

Paris der geistige, London der körperliche Marktplatz Europ[as].

Die juristische Regel, sich mit keinem überflüssigen Beweise zu beladen, lernt man später auch in unjuristischen Fällen und Briefen befolgen, wo man andere bestimmtere Äußerungen, die nicht eben zur Sache gehören, unterläßt und allem noch freien Spielraum läßt.

Den mißtrauischsten Egoisten kann man stundenlang von sich zu sprechen veranlassen, ohne daß er das Veranlassen merkt.

Was am leichtesten hartherzig macht, wenigstens das Abschlagen zu sehr erleichtert, ist, wenn man gewiß ist, daß man nicht allen helfen kann.

Man genießt und fühlt den Reichtum nur in der Minute, wo man ihn unverhofft bekommt; darauf wird er zu Armut.

Nichts vermehrt die Liebe gegen eine ferne Person mehr, als wenn Fremde, andere von ihr sprechen, lobend, ja nur erzählend.

1817–1825

Die Gleichheit der modischen Kleidung bildet den Trägern auch Gleichheit der Ausbildung ein.

Aus dem, was jemand weiß, kann man nicht auf das schließen, was er nicht weiß.

Wenn ihr verbietet, das zu tadeln, was man nicht besser machen kann: so darf man auch nicht loben, was man nicht nachmachen kann; denn das Lob setzt die Kraft zu tadeln voraus.

Weiberlaunen und Männerlaunen durcheinandergeknetet, dies gibt hohen schwellenden Sauerteig, den jede Wärme nur hebt.

Um sich besser kennenzulernen als aus den eignen Handlungen, muß man auf die erste plötzliche Freude oder Betrüb[nis] merken, die uns bei einem Antrag, Erzähl[ung] p. aufsteigt und die wir gewöhnlich schnell besiegen.

Nur der Dichter und Philosoph sieht die Torheit im allgemeinen und überall – der Geschäftsmann sieht nur die Torheiten und Abweichungen seines Gewerbs, seiner Kaste, der Jurist juristische; aber nicht das allgemeine Törichte, das allenMenschen zum Grunde liegt.

Unmittelbar nach der Ausübung eines Amtes – z.B. nach Ende einer Predigt, einer Vorlesung, einer Gassenausrufung – hat der Mensch ein närrisches Gefühl der Selbstausdehnung und kann gar nicht wieder recht zu seiner vorigen kleinen Zusammenfaltung kommen, wie Regenschirme nach dem Gebrauch ausgespannt dastehen.

Es ist nicht immer Heuchelei, wenn derselbe Mann, der im Hause tobt, in fremder Gesellschaft mild erscheint. Zu Hause findet er eingewurzelte, wiederholte Fehler, die er zu bestrafen hat, die er schon bestraft hat. Wär er außer Haus wild, so wär er's ja zu Hause noch mehr.

Wenn wir eine Mücke, die uns unterwegs oft anfällt, verjagen, halten wir erzürnt irrend sie immer für die alte; hingegen bei kleinen Leiden begehen wir den umgekehrten Irrtum und halten jedes wiederkommende für ein frisches Insekt mit andern Stacheln; andere Zeit und anderer Ort scheinen uns anderer Schmerz.

Stets rechnet und berechnet der Mensch in seine Gegenwart die Zukunft hinein. Nach dem längsten Tage spürt er nicht die halbe Freude, als er nach dem kürzesten fühlt, weil dort die Zukunft die Verkürzungen der Tage, hier die Verlängerungen ansagt.

Das Höchste der Humanität: über keinen Vorzug einen Fehler zu übersehen und über keinen Fehler einen Vorzug – und so sich falsch weder erwärmen noch erkälten zu lassen, sondern alles einzuschichten.

Weibliche Herzen = Schnee; man merkt bei der stärksten langen Wärme kein Schmelzen, mehr ein Verdichten; plötzlich ist er aufgelöset.

In Rücksicht der Geschlechtsünden scheint auch der offenste Mensch ein Heuchler zu sein; aber bloß weil er verbirgt, was alle verbergen, sogar das Erlaubte, und weil jeder weniger sinnlich scheinen muß, als er ist.

Man kann eigentlich sich nur seiner Schwäche bewußt werden, nicht seiner Kraft, weil ja diese im Handeln nicht sich, sondern nur jene als etwas Schwächeres fühlen kann.

Der Veränderliche macht und findet Veränderliche gegen sich selber.

Um überall geliebt zu werden, schone man nur die *schwachen* Seiten d[er] Menschen; die *starken* schonen hälfe nichts und wäre sogar unrecht, im Falle diese böse sind.

Man würde jedem seine Eigenheiten gern hingehenlassen, wenn er sie nur nicht zugleich zu seinen Vorzügen adelte; erst dann fängt der Tadel an.

Nicht der erste Blick knüpft immer das Band der festesten *Liebe* – da in dieser überhaupt zu viele mächtige Äußerlichkeiten des ersten Eindrucks einwirken –, aber für die *Freundschaft*, wo die Bestechungen der Sinne wegfallen, ist die erste Entscheidung durch den Überblick des ganzen Wesens wichtiger.

Zur sinnlichen Liebe ist bei den meisten leicht zu gelangen; aber schwer bei wenigen ist die rechte zu erwerben.

Die Menschen denken sich, um den andern zu etwas zu überreden, nur in dessen äußere Lage mit ihrer Seele hinein, aber nicht in dessen innere oder Seele; daher kein Begreifen und kein Einwirken.

Alles ist uns am andern leichter zu erraten als dies, wie er uns errät; das Erraten des Erratens. Daher können 2 auf einmal sich wechselseitig überlisten und täuschen.

Die Jahre machen nur klüger; aber nicht empfänglicher des Schaffens.

Der Geizige liest jedes gekaufte Buch aufmerksamer, er will etwas für sein Geld haben.

Wenn man eine Sache gewährt und eine abschlägt: so kommt es auf die Zeitfolge dabei an; die gewährte verliert durch die spätere abgeschlagne; diese gewinnt durch die spätere gewährte.

Der Zorn – zumal der ungebildete – hat nicht genug daran, dem andern das Unangenehme der Sache zu sagen, sondern er will es auch in die Form bringen und so die Bitterkeit wiederholen.

In kleinen Städten heiratet man die Mädchen, weil man keine andern kennt; und nimmt mit der Wahl unter wenigen vorlieb. Indes gibt's doch nicht viel mehr unglückliche Ehen als bei denen, die in großen Städten wählen. Hier aber sind viele Verhältnisse erst abzuwägen.

Mitten im Tage ist's schwer, sich aus einer Stimmung zu bekehren. Aber ein folgender fängt eine ganz neue an und durchstreicht mit dem schwarzen Nachtstrich die alte ganz.

Meine Bemerkungen im Alter haben alle das Zeichen der Vergänglichkeit; die in der Jugend dachten noch an keine. Hier war alles auf Unaufhörlichkeit gegründet.

Der Kaufmann gesteht am offenherzigsten seinen Egoismus und sagt: Ich habe davon keinen Vorteil [Nutzen]. – Der Weltmann sagt: Ich habe kein Vergnügen davon. – Der Kriegsmann: Ich habe keine Ehre davon. – Der Gelehrte: Was lern ich dabei?

Kein Verstand kann erdichtet sein, aber wohl ein Gefühl.

Niemand verlasse sich in der Liebe auf Rührungen; sie dauern sowenig fort als die Erzürnungen. In jeder starken Bewegung liegt der Grund ihres Stillstands. Jeder glaubt, er werde ewig lieben, ewig hassen.

Jeder, er mag sich erzürnen oder andern abfodern, tut es nie im Namen seines Ich, sondern im Namen des Rechts, das allein sein Ich und das fremde gleichsetzt und über beide ausspricht. Sogar der Egoist muß sich diese Täuschung vormachen.

Der Mensch rechnet die Wahrscheinlichkeit seines langen Lebens immer nach den Krankheiten, die er besiegte oder deren Grade er kennt, z. B. nach dem Schlagfluß, der ihn durch seine Vorbauungen erst nach langer Zeit treffen könne. Aber eine Krankheit läßt er in seiner Mortalitätsliste aus, nämlich die ganz neue, unvorhergesehene; denn die Menschen sterben öfter an unerwarteten als an erwarteten Krankheiten.

Ich will mehr lernen von den Ansichten des All durch eine geist- und gemütreiche Frau als durch alles Reden eines eingefleischten Fichtisten, Hegelisten pp., sei dieser auch noch so genial und kraftvoll; denn dieser verdünnt alle seine individuelle Kraft zu einer allgemeinen Aussprache des Systems; er zersetzt und verflößt sich ins Bekannte und glaubt doch bestimmt zu sein, weil das System es ist.

Obgleich bei Erfindung der philosophischen und theologischen Wahrheit die Menge der Köpfe mehr schadet als nützt: so entstehen gerade durch die Menge derselben die ungeheuern Lehrgebäude der historischen Wissenschaft, der Chemie, Physik pp.

Nicht irgendeine oder die andere Sünde kann sich der Mensch vorwerfen zu Trauer und Buße – jede ist nur eine einzelne Bezeichnung des Ganzen –, sondern die Anschauung seines Ganzen kann ihn niederschlagen, nämlich die Summe seiner Bestrebungen.

Eigentlich ist es eigner Egoismus und Freßsucht, wenn man lieber will, daß die Kinder das geschenkte Zuckerwerk oder Geld selber vernaschen als daß sie es andern schenken.

Friedrich Schlegel

Man nennt viele Künstler, die eigentlich Kunstwerke der Natur sind.

Manches kritische Journal hat den Fehler, welcher Mozarts Musik so häufig vorgeworfen wird: einen zuweilen unmäßigen Gebrauch der Blasinstrumente.

Eine gute Vorrede muß zugleich die Wurzel und das Quadrat ihres Buchs sein.

Witz ist unbedingt geselliger Geist, oder fragmentarische Genialität.

Man muß das Brett bohren, wo es am dicksten ist.

In dem, was man Philosophie der Kunst nennt, fehlt gewöhnlich eins von beiden; entweder die Philosophie oder die Kunst.

Auch in der Poesie mag wohl alles Ganze halb und alles Halbe doch eigentlich ganz sein.

Genie ist zwar nicht Sache der Willkür, aber doch der Freiheit, wie Witz, Liebe und Glauben, die einst Künste und Wissenschaften werden müssen. Man soll von jedermann Genie fordern, aber ohne es zu erwarten. Ein Kantianer würde dies den kategorischen Imperativ der Genialität nennen.

Nichts ist verächtlicher als trauriger Witz.

Eine klassische Schrift muß nie ganz verstanden werden können. Aber die, welche gebildet sind und sich bilden, müssen immer mehr draus lernen wollen.

Wie ein Kind eigentlich eine Sache ist, die ein Mensch werden will: so ist auch das Gedicht nur ein Naturding, welches ein Kunstwerk werden will.

Ein einziges analytisches Wort, auch zum Lobe, kann den vortrefflichsten witzigen Einfall, dessen Flamme nun erst wärmen sollte, nachdem sie geglänzt hat, unmittelbar löschen.

Die kleinsten Autoren haben wenigstens die Ähnlichkeit mit dem großen Autor des Himmels und der Erde, daß sie nach vollbrachtem Tagewerke zu sich selbst zu sagen pflegen: «Und siehe, was er gemacht hatte, war gut.»

Die Romane sind die sokratischen Dialoge unserer Zeit. In diese liberale Form hat sich die Lebensweisheit vor der Schulweisheit geflüchtet.

Ein Kritiker ist ein Leser, der wiederkäut. Er sollte also mehr als einen Magen haben.

Sinn (für eine besondere Kunst, Wissenschaft, einen Menschen, usw.) ist dividierter Geist; Selbstbeschränkung, also ein Resultat von Selbstschöpfung und Selbstvernichtung.

Anmut ist korrektes Leben; Sinnlichkeit, die sich selbst anschaut und sich selbst bildet.

Die chemische Klassifikation der Auflösung in die auf dem trocknen und in die auf dem nassen Wege ist auch in der Literatur auf die Auflösung der Autoren anwendbar, die nach Erreichung ihrer äußersten Höhe sinken müssen. Einige verdampfen, andre werden zu Wasser.

Eins von beiden ist fast immer herrschende Neigung jedes Schriftstellers: entweder manches nicht zu sagen, was durchaus gesagt werden müßte, oder vieles zu sagen, was durchaus nicht gesagt zu werden brauchte. Das erste ist die Erbsünde der synthetischen Naturen, das letzte der analytischen.

Ein witziger Einfall ist eine Zersetzung geistiger Stoffe, die also vor der plötzlichen Scheidung innigst vermischt sein mußten. Die Einbildungskraft muß erst mit Leben jeder Art bis zur Sättigung angefüllt sein, ehe es Zeit sein kann, sie durch die Friktion freier Geselligkeit so zu elektrisieren, daß der Reiz der leisesten freundlichen oder feindlichen Berührung ihr blitzende Funken und leuchtende Strahlen oder schmetternde Schläge entlocken kann.

Wer etwas Unendliches will, der weiß nicht, was er will. Aber umkehren läßt sich dieser Satz nicht.

Ironie ist die Form des Paradoxen. Paradox ist alles, was zugleich gut und groß ist.

Witz als Werkzeug der Rache ist so schändlich wie Kunst als Mittel des Sinnenkitzels.

In manchem Gedicht erhält man stellenweise statt der Darstellung nur eine Überschrift, welche anzeigt, daß hier eigentlich dies oder das dargestellt sein sollte, daß der Künstler aber Verhinderung gehabt habe und ergebenst um gewogene Entschuldigung bittet.

Es gibt Schriftsteller, die Unbedingtes trinken wie Wasser; und Bücher, wo selbst die Hunde sich aufs Unendliche beziehen.

Wie die Menschen lieber groß handeln mögen als gerecht: so wollen auch die Künstler veredeln und belehren.

Streng genommen ist der Begriff eines wissenschaftlichen Gedichts wohl so widersinnig wie der einer dichterischen Wissenschaft.

Die Poesie ist eine republikanische Rede; eine Rede, die ihr eignes Gesetz und ihr eigner Zweck ist, wo alle Teile freie Bürger sind und mitstimmen dürfen.

Wieviel Autoren gibt's wohl unter den Schriftstellern? Autor heißt Urheber.

Leute, die Bücher schreiben und sich dann einbilden, ihre Leser wären das Publikum und sie müßten das Publikum bilden: diese kommen sehr bald dahin, ihr sogenanntes Publikum nicht bloß zu verachten, sondern zu hassen; welches zu gar nichts führen kann.

Eigentlich haben sie's recht gern, wenn ein Dichterwerk ein wenig ruchlos ist, besonders in der Mitte; nur muß der Anstand nicht gradezu beleidigt werden, und zuletzt muß alles ein gutes Ende nehmen.

Es ist unmöglich, jemanden ein Ärgernis zu geben, wenn er's nicht nehmen will.

Maximen, Ideale, Imperative und Postulate sind jetzt bisweilen Rechenpfenninge der Sittlichkeit.

Mancher der vortrefflichsten Romane ist ein Kompendium, eine Enzyklopädie des ganzen geistigen Lebens eines genialischen Individuums; Werke, die das sind, selbst in ganz andrer Form, wie «Nathan», bekommen dadurch einen Anstrich vom Roman. Auch enthält jeder Mensch, der gebildet ist und sich bildet, in seinem Innern einen Roman. Daß er ihn aber äußre und schreibe, ist nicht nötig.

Zur Popularität gelangen deutsche Schriften durch einen großen Namen oder durch Persönlichkeiten oder durch gute Bekanntschaft oder durch Anstrengung oder durch mäßige Unsittlichkeit oder durch vollendete Unverständlichkeit oder durch harmonische Plattheit oder durch vielseitige Langweiligkeit oder durch beständiges Streben nach dem Unbedingten.

Manieren sind charakteristische Ecken.

Jeder rechtliche Autor schreibt für niemand oder für alle. Wer schreibt, damit ihn diese und jene lesen mögen, verdient, daß er nicht gelesen werde.

Witz ist eine Explosion von gebundnem Geist.

Auch der Geist kann, wie das Tier, nur in einer aus reiner Lebensluft und Azote gemischten Atmosphäre atmen. Dies nicht ertragen und begreifen zu können ist das Wesen der Torheit; es schlechthin nicht zu wollen – der Anfang der Narrheit.

Ein gutes Rätsel sollte witzig sein; sonst bleibt nichts, sobald das Wort gefunden ist; auch ist's nicht ohne Reiz, wenn ein witziger Einfall insoweit rätselhaft ist, daß er erraten sein will: nur muß sein Sinn gleich völlig klar werden, sobald er getroffen ist.

Salz im Ausdruck ist das Pikante, pulverisiert. Es gibt grobkörniges und feines.

Wer nicht selbst ganz neu ist, der beurteilt das Neue, wie alt; und das Alte wird einem immer wieder neu, bis man selbst alt wird.

Was man gewöhnlich Vernunft nennt, ist nur eine Gattung derselben; nämlich die dünne und wäßrige. Es gibt auch eine dicke feurige Vernunft, welche den Witz eigentlich zum Witz macht und dem gediegenen Stil das Elastische gibt und das Elektrische.

Nichts ist in seinem Ursprung jämmerlicher und in seinen Folgen gräßlicher, als die Furcht, lächerlich zu sein. Daher z.B. die Knechtschaft der Weiber und mancher andre Krebsschaden der Menschheit.

Milder Witz, oder Witz ohne Pointe, ist ein Privilegium der Poesie, was die Prosa ihr ja lassen muß: denn nur durch die schärfste Richtung auf *einen* Punkt kann der einzelne Einfall eine Art von Ganzheit erhalten.

Der analytische Schriftsteller beobachtet den Leser, wie er ist; danach macht er seinen Kalkül, legt seine Maschinen an, um den gehörigen Effekt auf ihn zu machen. Der synthetische Schriftsteller konstruiert und schafft sich einen Leser, wie er sein soll; er denkt sich denselben nicht ruhend und tot, sondern lebendig und entgegenwirkend. Er läßt das, was er erfunden hat, vor seinen Augen stufenweise werden, oder er lockt ihn, es selbst zu erfinden. Er will keine bestimmte Wirkung auf ihn machen, sondern er tritt mit ihm in das heilige Verhältnis der innigsten Symphilosophie oder Sympoesie.

Die ganze Geschichte der modernen Poesie ist ein fortlaufender Kommentar zu dem kurzen Text der Philosophie: Alle Kunst soll Wissenschaft, und alle Wissenschaft soll Kunst werden; Poesie und Philosophie sollen vereinigt sein.

Die Deutschen, sagt man, sind, was Höhe des Kunstsinns und des wissenschaftlichen Geistes betrifft, das erste Volk in der Welt. Gewiß; nur gibt es sehr wenige Deutsche.

War nicht alles, was abgenutzt werden kann, gleich anfangs schief oder platt?

Die Römer wußten, daß der Witz ein prophetisches Vermögen ist; sie nannten ihn Nase.

Über keinen Gegenstand philosophieren sie seltner als über die Philosophie.

Was gute Gesellschaft genannt wird, ist meistens nur ein Mosaik von geschliffnen Karikaturen.

Wenn junge Personen beiderlei Geschlechts nach einer lustigen Musik zu tanzen wissen, so fällt es ihnen gar nicht ein, deshalb über die Tonkunst urteilen zu wollen. Warum haben die Leute weniger Respekt vor der Poesie?

Das sicherste Mittel, unverständlich oder vielmehr mißverständlich zu sein, ist, wenn man die Worte in ihrem ursprünglichen Sinne braucht; besonders Worte aus den alten Sprachen.

Ein Projekt ist der subjektive Keim eines werdenden Objekts. Ein vollkommnes Projekt müßte zugleich ganz subjektiv und ganz objektiv, ein unteilbares und lebendiges Individuum sein. Seinem Ursprunge nach ganz subjektiv, original, nur grade in diesem Geiste möglich; seinem Charakter nach ganz objektiv, physisch und moralisch notwendig. Der Sinn für Projekte, die man Fragmente aus der Zukunft nennen könnte, ist von dem Sinn für Fragmente aus der Vergangenheit nur durch die Richtung verschieden, die bei ihm progressiv, bei jenem aber regressiv ist. Das Wesentliche ist die Fähigkeit, Gegenstände unmittelbar zugleich zu idealisieren und zu realisieren, zu ergänzen und teilweise in sich auszuführen. Da nun transzendental eben das ist, was auf die Verbindung oder Trennung des Idealen und des Realen Bezug hat; so könnte man wohl sagen, der Sinn für Fragmente und Projekte sei der transzendentale Bestandteil des historischen Geistes.

Nicht selten ist das Auslegen ein Einlegen des Erwünschten oder des Zweckmäßigen, und viele Ableitungen sind eigentlich Ausleitungen. Ein Beweis, daß Gelehrsamkeit und Spekulation der Unschuld des Geistes nicht so schädlich sind, als man uns glauben machen will. Denn ist es nicht recht kindlich, froh über das Wunder zu erstaunen, das man selbst veranstaltet hat?

Ein blühendes Mädchen ist das reizendste Symbol vom reinen guten Willen.

Prüderie ist Prätension auf Unschuld, ohne Unschuld. Die Frauen müssen wohl prüde bleiben, solange Männer sentimental, dumm und schlecht genug sind, ewige Unschuld und Mangel an Bildung von ihnen zu fodern. Denn Unschuld ist das Einzige, was Bildungslosigkeit adeln kann.

Fast alle Ehen sind nur Konkubinate, Ehen an der linken Hand, oder vielmehr provisorische Versuche und entfernte Annäherungen zu einer wirklichen Ehe, deren eigentliches Wesen, nicht nach den Paradoxen dieses oder jenes Systems, sondern nach allen geistlichen und weltlichen Rechten darin besteht, daß mehre Personen nur *eine* werden sollen. Ein artiger Gedanke, dessen Realisierung jedoch viele und große Schwierigkeiten zu haben scheint. Schon darum sollte die Willkür, die wohl ein Wort mitreden darf, wenn es darauf ankommt, ob einer ein Individuum für sich oder nur der integrante Teil einer gemeinschaftlichen Personalität sein will, hier so wenig als möglich beschränkt werden; und es läßt sich nicht absehen, was man gegen eine Ehe à quatre gründliches einwenden könnte. Wenn aber der Staat gar die mißglückten Eheversuche mit Gewalt zusammenhalten will, so hindert er dadurch die Möglichkeit der Ehe selbst, die durch neue, vielleicht glücklichere Versuche befördert werden könnte.

Die meisten Gedanken sind nur Profile von Gedanken. Diese muß man umkehren und mit ihren Antipoden synthesieren. Viele philosophische Schriften, die es sonst nicht haben würden, erhalten dadurch ein großes Interesse.

Die Philosophie geht noch zu sehr gradeaus, ist noch nicht zyklisch genug.

Jede philosophische Rezension sollte zugleich Philosophie der Rezensionen sein.

Neu, oder nicht neu, ist das, wonach auf dem höchsten und niedrigsten Standpunkte, dem Standpunkte der Geschichte und dem der Neugierde, bei einem Werk gefragt wird.

Ein Regiment Soldaten en parade ist nach der Denkart mancher Philosophen ein System.

Wahre Liebe sollte ihrem Ursprunge nach zugleich ganz willkürlich und ganz zufällig sein und zugleich notwendig und frei scheinen; ihrem Charakter nach aber zugleich Bestimmung und Tugend sein, ein Geheimnis, und ein Wunder scheinen.

Es ist gleich tödlich für den Geist, ein System zu haben und keins zu haben. Er wird sich also wohl entschließen müssen, beides zu verbinden.

Man kann nur Philosoph werden, nicht es sein. Sobald man es zu sein glaubt, hört man auf, es zu werden.

Das Druckenlassen verhält sich zum Denken wie eine Wochenstube zum ersten Kuß.

Viele Lobredner beweisen die Größe ihres Abgottes antithetisch, durch die Darlegung ihrer eignen Kleinheit.

Wo ein öffentlicher Ankläger auftreten soll, muß schon ein öffentlicher Richter vorhanden sein.

Das Nichtverstehen kommt meistens gar nicht vom Mangel an Verstande, sondern vom Mangel an Sinn.

Die Narrheit ist bloß dadurch von der Tollheit verschieden, daß sie willkürlich ist wie die Dummheit. Soll dieser Unterschied nicht gelten, so ist's sehr ungerecht, einige Narren einzusperren, während man andre ihr Glück machen läßt. Beide sind dann nur dem Grade, nicht der Art nach verschieden.

Der Historiker ist ein rückwärts gekehrter Prophet.

Grundsätze sind fürs Leben, was im Kabinett geschriebene Instruktionen für den Feldherrn.

Das Erste in der Liebe ist der Sinn füreinander, und das Höchste der Glauben aneinander. Hingebung ist der Ausdruck des Glaubens, und Genuß kann den Sinn beleben und schärfen, wenn auch nicht hervorbringen, wie die gemeine Meinung ist. Darum kann die Sinnlichkeit schlechte Menschen auf eine kurze Zeit täuschen, als könnten sie sich lieben.

Es gibt Menschen, deren ganze Tätigkeit darin besteht, immer *nein* zu sagen. Es wäre nichts Kleines, immer recht *nein* sagen zu können, aber wer weiter nichts kann, kann es gewiß nicht recht. Der Geschmack dieser Neganten ist eine tüchtige Schere, um die Extremitäten des Genies zu säubern; ihre Aufklärung eine große Lichtputze für die Flamme des Enthusiasmus; und ihre Vernunft ein gelindes Laxativ gegen unmäßige Lust und Liebe.

Der Gegenstand der Historie ist das Wirklichwerden alles dessen, was praktisch notwendig ist.

Einiges muß die Philosophie einstweilen auf ewig voraussetzen, und sie darf es, weil sie es muß.

Poetischer Schein ist Spiel der Vorstellungen, und Spiel ist Schein von Handlungen.

Was in der Poesie geschieht, geschieht nie oder immer. Sonst ist es keine rechte Poesie. Man darf nicht glauben sollen, daß es jetzt wirklich geschehe.

Die Frauen haben durchaus keinen Sinn für die Kunst, wohl aber für die Poesie. Sie haben keine Anlage zur Wissenschaft, wohl aber zur Philosophie. An Spekulation, innerer Anschauung des Unendlichen fehlt's ihnen gar nicht; nur an Abstraktion, die sich weit eher lernen läßt.

Die Lehren, welche ein Roman geben will, müssen solche sein, die sich nur im Ganzen mitteilen, nicht einzeln beweisen und durch Zergliederung erschöpfen lassen. Sonst wäre die rhetoriche Form ungleich vorzüglicher.

Eine Definition der Poesie kann nur bestimmen, was sie sein soll, nicht, was sie in der Wirklichkeit war und ist; sonst würde sie am kürzesten so lauten: Poesie ist, was man zu irgendeiner Zeit, an irgendeinem Orte so genannt hat.

Die romantische Poesie ist eine progressive Universalpoesie. Ihre Bestimmung ist nicht bloß, alle getrennte Gattungen der Poesie wieder zu vereinigen und die Poesie mit der Philosophie und Rhetorik in Berührung zu setzen. Sie will und soll auch Poesie und Prosa, Genialität und Kritik, Kunstpoesie und Naturpoesie bald mischen, bald verschmelzen, die Poesie lebendig und gesellig und das Leben und die Gesellschaft poetisch machen, den Witz poetisieren und die Formen der Kunst mit gediegnem Bildungsstoff jeder Art anfüllen und sättigen und durch die Schwingungen des Humors beseelen. Sie umfaßt alles, was nur poetisch ist, vom größten wieder mehre Systeme in sich enthaltenden Systeme der Kunst bis zu dem Seufzer, dem Kuß, den das dichtende Kind aushaucht in kunstlosen Gesang. Sie kann sich so in das Dargestellte verlieren, daß man glauben möchte, poetische Individuen jeder Art zu charakterisieren, sei ihr Eins und Alles; und doch gibt es noch kein Form, die so dazu gemacht wäre, den Geist des Autors vollständig auszudrücken: so daß manche Künstler, die nur auch einen Roman schreiben wollten, von ungefähr sich selbst dargestellt haben. Nur sie kann gleich dem Epos ein Spiegel der ganzen umgebenden Welt, ein Bild des Zeitalters werden. Und doch kann auch sie am meisten zwischen dem Dargestellten und dem Darstellenden, frei von allem realen und idealen Interesse auf den Flügeln der poetischen Reflexion in der Mitte schweben, diese Reflexion immer wieder potenzieren und wie in einer endlosen Reihe von Spiegeln vervielfachen. Sie ist der höchsten und der allseitigsten Bildung fähig; nicht bloß von innen heraus, sondern auch von außen hinein, indem sie jedem, was ein Ganzes in ihren Produkten sein soll, alle Teile ähnlich organisiert, wodurch ihr die Aussicht auf eine grenzenlos wachsende Klassizität eröffnet wird. Die romantische Poesie ist unter den Künsten, was der Witz der Philosophie und die Gesellschaft, Umgang, Freundschaft und Liebe im Leben ist. Andre Dichtarten sind fertig und können nun vollständig zergliedert werden. Die romantische Dichtart ist noch im Werden; ja das ist ihr eigentliches Wesen, daß sie ewig nur werden, nie vollendet sein kann. Sie kann durch keine Theorie erschöpft werden, und nur eine divinatorische Kritik dürfte es wagen, ihr Ideal charakterisieren zu wollen. Sie allein ist unendlich, wie sie allein frei ist und das als ihr erstes Gesetz anerkennt, daß die Willkür des Dichters kein Gesetz über sich leide. Die romantische Dichtart ist die einzige, die mehr als Art und gleichsam die Dichtkunst selbst ist; denn in einem gewissen Sinn ist oder soll alle Poesie romantisch sein.

Den Witz achten sie darum so wenig, weil seine Äußerungen nicht lang und nicht breit genug sind, denn ihre Empfindung ist nur eine dunkel vorgestellte Mathematik; und weil sie dabei lachen, welches gegen den Respekt wäre, wenn der Witz wahre Würde hätte. Der Witz ist wie einer, der nach der Regel repräsentieren sollte und statt dessen bloß handelt.

Die Tragiker setzen die Szene ihrer Dichtungen fast immer in die Vergangenheit. Warum sollte diese, schlechthin notwendig, warum sollte es nicht auch möglich sein, die Szene in die Zukunft zu setzen, wodurch die Phantasie mit einem Streich von allen historischen Rücksichten und Einschränkungen befreit würde? Aber freilich müßte ein Volk, das die beschämenden Gestalten einer würdigen Darstellung der bessern Zukunft ertragen sollte, mehr als eine republikanische Verfassung, es müßte eine liberale Gesinnung haben.

Jeder hat noch in den Alten gefunden, was er brauchte oder wünschte; vorzüglich sich selbst.

Kann eine Gesetzgebung wohl sittlich heißen, welche die Angriffe auf die Ehre der Bürger weniger hart bestraft als die auf ihr Leben?

Die Französische Revolution, Fichtes «Wissenschaftslehre» und Goethes «Meister» sind die größten Tendenzen des Zeitalters. Wer an dieser Zusammenstellung Anstoß nimmt, wem keine Revolution wichtig scheinen kann, die nicht laut und materiell ist, der hat sich noch nicht auf den hohen weiten Standpunkt der Geschichte der Menschheit erhoben. Selbst in unsern dürftigen Kulturgeschichten, die meistens einer mit fortlaufendem Kommentar begleiteten Variantensammlung, wozu der klassische Text verlorenging, gleichen, spielt manches kleine Buch, von dem die lärmende Menge zu seiner Zeit nicht viel Notiz nahm, eine größere Rolle, als alles, was diese trieb.

Man wundert sich immer mißtrauisch, wenn man zu wissen scheint: das und das wird so sein. Und doch ist es grade ebenso wunderbar, daß wir wissen können: das und das ist so; was niemanden auffällt, weil es immer geschieht.

Die historische Tendenz seiner Handlungen bestimmt die positive Sittlichkeit des Staatsmanns und Weltbürgers.

Die einzelnen Großen stehen weniger isoliert unter den Griechen und Römern. Sie hatten weniger Genies, aber mehr Genialität. Alles Antike ist genialisch. Das ganze Altertum ist ein Genius, der einzige, den man ohne Übertreibung absolut groß, einzig und unerreichbar nennen darf.

Wer Phantasie oder Pathos oder mimisches Talent hat, müßte die Poesie lernen können wie jedes andre Mechanische. Phantasie ist zugleich Begeistrung und Einbildung; Pathos ist Seele und Leidenschaft; Mimik ist Blick und Ausdruck.

Je mehr die Poesie Wissenschaft wird, je mehr wird sie auch Kunst. Soll die Poesie Kunst werden, soll der Künstler von seinen Mitteln und seinen Zwecken, ihren Hindernissen und ihren Gegenständen gründliche Einsicht und Wissenschaft haben, so muß der Dichter über seine Kunst philosophieren. Soll er nicht bloß Erfinder und Arbeiter, sondern auch Kenner in seinem Fache sein und seine Mitbürger im Reiche der Kunst verstehn können, so muß er auch Philolog werden.

Je mehr man schon weiß, je mehr hat man noch zu lernen. Mit dem Wissen nimmt das Nichtwissen in gleichem Grade zu, oder vielmehr das Wissen des Nichtwissens.

Was man eine glückliche Ehe nennt, verhält sich zur Liebe wie ein korrektes Gedicht zu improvisiertem Gesang.

Warum sollte es nicht auch unmoralische Menschen geben dürfen, so gut wie unphilosophische und unpoetische? Nur antipolitische oder unrechtliche Menschen können nicht geduldet werden.

Sie jammern immer, die deutschen Autoren schrieben nur für einen so kleinen Kreis, ja oft nur für sich selbst untereinander. Das ist recht gut. Dadurch wird die deutsche Literatur immer mehr Geist und Charakter bekommen. Und unterdessen kann vielleicht ein Publikum entstehen.

Genialischer Scharfsinn ist scharfsinniger Gebrauch des Scharfsinns.

Gebildet ist ein Werk, wenn es überall scharf begrenzt, innerhalb der Grenzen aber grenzenlos und unerschöpflich ist, wenn es sich selbst ganz treu, überall gleich und doch über sich selbst erhaben ist. Das Höchste und Letzte ist, wie bei der Erziehung eines jungen Engländers, le grand tour. Es muß durch alle drei oder vier Weltteile der Menschheit gewandert sein, nicht um die Ecken seiner Individualität abzuschleifen, sondern um seinen Blick zu erweitern und seinem Geist mehr Freiheit und innre Vielseitigkeit und dadurch mehr Selbständigkeit und Selbstgenügsamkeit zu geben.

Wenn Verstand und Unverstand sich berühren, so gibt es einen elektrischen Schlag. Das nennt man Polemik.

Vermischte Gedanken sollten die Kartons der Philosophie sein. Man weiß, was diese den Kennern der Malerei gelten. Wer nicht philosophische Welten mit dem Crayon skizzieren, jeden Gedanken, der Physiognomie hat, mit ein paar Federstrichen charakterisieren kann, für den wird die Philosophie nie Kunst, und also auch nie Wissenschaft werden. Denn in der Philosophie geht der Weg zur Wissenschaft nur durch die Kunst, wie der Dichter im Gegenteil erst durch Wissenschaft ein Künstler wird.

Der Ursprung der griechischen Elegie, sagt man, liege in der lydischen Doppelflöte. Sollte er nicht nächstdem auch in der menschlichen Natur zu suchen sein?

Heraklit sagte, man lerne die Vernunft nicht durch Vielwisserei. Jetzt scheint es nötiger, zu erinnern, daß man durch reine Vernunft allein noch nicht gelehrt werde.

Unter den Menschen, die mit der Zeit fortgehn, gibt es manche, welche, wie die fortlaufenden Kommentare, bei den schwierigen Stellen nicht stillstehn wollen.

Philosophieren heißt die Allwissenheit gemeinschaftlich suchen.

Freundschaft ist partiale Ehe, und Liebe ist Freundschaft von allen Seiten und nach allen Richtungen, universelle Freundschaft. Das Bewußtsein der notwendigen Grenzen ist das Unentbehrlichste und das Seltenste in der Freundschaft.

Das Geliebte zu vergöttern ist die Natur des Liebenden. Aber ein andres ist es, mit gespannter Imagination ein fremdes Bild unterschieben und eine reine Vollkommenheit anstaunen, die uns nur darum als solche erscheint, weil wir noch nicht gebildet genug sind, um die unendliche Fülle der menschlichen Natur zu begreifen und die Harmonie ihrer Widersprüche zu verstehn. Laura war des Dichters Werk. Dennoch konnte die wirkliche Laura ein Weib sein, aus der ein nicht so einseitiger Schwärmer etwas weniger und etwas mehr als eine Heilige gemacht hätte.

Die Mathematik ist gleichsam eine sinnliche Logik, sie verhält sich zur Philosophie wie die materiellen Künste, Musik und Plastik, zur Poesie.

Verstand ist mechanischer, Witz ist chemischer, Genie ist organischer Geist.

Man glaubt Autoren oft durch Vergleichungen mit dem Fabrikwesen zu schmähen. Aber soll der wahre Autor nicht auch Fabrikant sein? Soll er nicht sein ganzes Leben dem Geschäft widmen, literarische Materie in Formen zu bilden, die auf eine große Art zweckmäßig und nützlich sind? Wie sehr wäre manchem Pfuscher nur ein geringer Teil von dem Fleiß und der Sorgfalt zu wünschen, die wir an den gemeinsten Werkzeugen kaum noch achten!

Es ist nicht selten, daß jemand lange kalt scheint und heißt, der nachher bei außerordentlichen Veranlassungen durch die gewaltigsten Explosionen von Leidenschaft alles in Erstaunen setzt. Das ist der wahrhaft gefühlvolle Mensch, bei dem die ersten Eindrücke nicht stark sind, aber lange nachwirken, tief ins Innre dringen und im stillen durch ihre eigne Kraft wachsen. Immer gleich zu reagieren ist das Kennzeichen der Schwäche, jenes innre Crescendo der Empfindungen ist die Eigenheit energischer Naturen.

Der Instinkt spricht dunkel und bildlich. Wird er mißverstanden, so entsteht eine falsche Tendenz. Das widerfährt Zeitaltern und Nationen nicht seltener als Individuen.

Der platte Mensch beurteilt alle andre Menschen wie Menschen, behandelt sie aber wie Sachen, und begreift es durchaus nicht, daß sie andre Menschen sind als er.

In der wahren Prosa muß alles unterstrichen sein.

Da die Natur und die Menschheit sich so oft und so schneidend widersprechen, darf die Philosophie es vielleicht nicht vermeiden, dasselbe zu tun.

Um jemand zu verstehn, der sich selbst nur halb versteht, muß man ihn erst ganz und besser als er selbst, dann aber auch nur halb und grade so gut wie er selbst verstehn.

Die echte Rezension sollte die Auflösung einer kritischen Gleichung, das Resultat und die Darstellung eines philologischen Experiments und einer literarischen Recherche sein.

Um sittlich zu heißen, müssen Empfindungen nicht bloß schön, sondern auch weise, im Zusammenhange ihres Ganzen zweckmäßig, im höchsten Sinne schicklich sein.

Alltäglichkeit, Ökonomie ist das notwendige Supplement aller nicht schlechthin universellen Naturen. Oft verliert sich das Talent und die Bildung ganz in diesem umgebenden Element.

Ein Philosoph muß von sich selbst reden so gut wie ein lyrischer Dichter.

Opfre den Grazien, heißt, wenn es einem Philosophen gesagt wird, soviel als: Schaffe dir Ironie und bilde dich zur Urbanität.

Das Wesen des poetischen Gefühls liegt vielleicht darin, daß man sich ganz aus sich selbst affizieren, über nichts in Affekt geraten und ohne Veranlassung phantasieren kann. Sittliche Reizbarkeit ist mit einem gänzlichen Mangel an poetischem Gefühl sehr gut vereinbar.

Universalität ist Wechselsättigung aller Formen und aller Stoffe. Zur Harmonie gelangt sie nur durch Verbindung der Poesie und der Philosophie: auch den universellsten vollendetsten Werken der isolierten Poesie und Philosophie scheint die letzte Synthese zu fehlen; dicht am Ziel der Harmonie bleiben sie unvollendet stehn. Das Leben des universellen Geistes ist eine ununterbrochne Kette innerer Revolutionen; alle Individuen, die ursprünglichen, ewigen nämlich leben in ihm. Er ist echter Polytheist und trägt den ganzen Olymp in sich.

Der Sinn versteht etwas nur dadurch, daß er es als Keim in sich aufnimmt, es nährt und wachsen läßt bis zur Blüte und Frucht. Also heiligen Samen streuet in den Boden des Geistes, ohne Künstelei und müßige Ausfüllungen.

Gibt es eine Aufklärung? So dürfte nur das heißen, wenn man ein Prinzip im Geist des Menschen, wie das Licht in unserm Weltsystem ist, zwar nicht durch Kunst hervorbrächte, aber doch mit Willkür in freie Tätigkeit setzen könnte.

Genie zu haben ist der natürliche Zustand des Menschen; gesund mußte auch er aus der Hand der Natur kommen, und da Liebe für die Frauen ist, was Genie für den Mann, so müssen wir uns das goldene Zeitalter als dasjenige denken, wo Liebe und Genie allgemein waren.

Es ist der Menschheit eigen, daß sie sich über die Menschheit erheben muß.

Tugend ist zur Energie gewordne Vernunft.

Witz ist die Erscheinung, der äußre Blitz der Phantasie. Daher seine Göttlichkeit, und das Witzähnliche der Mystik.

Der Mensch ist ein schaffender Rückblick der Natur auf sich selbst.

Ob denn das Heil der Welt von den Gelehrten zu erwarten sei? Ich weiß es nicht. Aber Zeit ist es, daß alle Künstler zusammentreten als *Eid*genossen zu ewigem Bündnis.

Zur Vielseitigkeit gehört nicht allein ein weitumfassendes System, sondern auch Sinn für das Chaos außerhalb desselben, wie zur Menschheit der Sinn für ein Jenseits der Menschheit.

Grade die Individualität ist das Ursprüngliche und Ewige im Menschen; an der Personalität ist soviel nicht gelegen. Die Bildung und Entwicklung dieser Individualität als höchsten Beruf zu treiben, wäre ein göttlicher Egoismus.

Die eigentliche Zentralanschauung des Christentums ist die Sünde.

Nur durch die Bildung wird der Mensch, der es ganz ist, überall menschlich und von Menschheit durchdrungen.

Ironie ist klares Bewußtsein der ewigen Agilität, des unendlich vollen Chaos.

Nur diejenige Verworrenheit ist ein Chaos, aus der eine Welt entspringen kann.

Verbindet die Extreme, so habt ihr die wahre Mitte.

Moralität ohne Sinn für Paradoxie ist gemein.

Nur durch die Liebe und durch das Bewußtsein der Liebe wird der Mensch zum Menschen.

Denke dir ein Endliches ins Unendliche gebildet, so denkst du einen Menschen.

Wo Politik ist oder Ökonomie, da ist keine Moral.

Wer die Natur nicht durch die Liebe kennenlernt, der wird sie nie kennenlernen.

Was sich tun läßt, solange Philosophie und Poesie getrennt sind, ist getan und vollendet. Also ist die Zeit nun da, beide zu vereinigen.

Phantasie und Witz sind *dir* Eins und Alles! – deute den lieblichen Schein und mache Ernst aus dem Spiel, so wirst du das Zentrum fassen und die verehrte Kunst in höherm Lichte wiederfinden.

Der Künstler, der nicht sein ganzes Selbst preisgibt, ist ein unnützer Knecht.

Willst du ins Große wirken, so entzünde und bilde die Jünglinge und die Frauen. Hier ist noch am ersten frische Kraft und Gesundheit zu finden, und auf diesem Wege wurden die wichtigsten Reformationen vollbracht.

Warum äußert sich das Höchste jetzt so oft als falsche Tendenz? – Weil niemand sich selbst verstehen kann, der seine Genossen nicht versteht. Ihr müßt also erst glauben, daß ihr nicht allein seid, ihr müßt überall unendlich viel ahnden und nicht müde werden, den Sinn zu bilden, bis ihr zuletzt das Ursprüngliche und Wesentliche gefunden habt. Dann wird euch der Genius der Zeit erscheinen und wird euch leise andeuten, was schicklich sei und was nicht.

Nur um eine liebende Frau her kann sich eine Familie bilden.

Die Poesie der Dichter bedürfen die Frauen weniger, weil ihr eigenstes Wesen Poesie ist.

Nur wer einig ist mit der Welt, kann einig sein mit sich selbst.

Es gibt keine Selbstkenntnis als die historische. Niemand weiß, was er ist, wer nicht weiß, was seine Genossen sind, vor allen der höchste Genosse des Bundes, der Meister der Meister, der Genius des Zeitalters.

Willst du die Menschheit vollständig erblicken, so suche eine Familie. In der Familie werden die Gemüter organisch *eins*, und eben darum ist sie ganz Poesie.

Ich habe einige Ideen ausgesprochen, die aufs Zentrum deuten, ich habe die Morgenröte begrüßt nach meiner Ansicht, aus meinem Standpunkt. Wer den Weg kennt, tue desgleichen nach seiner Ansicht, aus seinem Standpunkt.

Novalis

Wir suchen überall das Unbedingte und finden immer nur Dinge.

Die Bezeichnung durch Töne und Striche ist eine bewundernswürdige Abstraktion. Vier Buchstaben bezeichnen mir Gott; einige Striche eine Million Dinge. Wie leicht wird hier die Handhabung des Universums, wie anschaulich die Konzentrizität der Geisterwelt! Die Sprachlehre ist die Dynamik des Geisterreichs. Ein Kommandowort bewegt Armeen; das Wort Freiheit Nationen.

Lehrjahre im vorzüglichen Sinn sind die Lehrjahre der Kunst zu leben. Durch planmäßig geordnete Versuche lernt man ihre Grundsätze kennen und erhält die Fertigkeit, nach ihnen beliebig zu verfahren.

Ganz begreifen werden wir uns nie, aber wir werden und können uns weit mehr als begreifen.

Die Erfahrung ist die Probe des Rationalen, und so umgekehrt. Die Unzulänglichkeit der bloßen Theorie in der Anwendung, über die der Praktiker oft kommentiert, findet sich gegenseitig in der rationalen Anwendung der bloßen Erfahrung und wird von den echten Philosophen, jedoch mit Selbstbescheidung der Notwendigkeit dieses Erfolgs, vernehmlich genug bemerkt. Der Praktiker verwirft deshalb die bloße Theorie ganz, ohne zu ahnden, wie problematisch die Beantwortung der Frage sein dürfte: «Ob die Theorie für die Anwendung oder die Anwendung um der Theorie willen sei?»

Das Höchste ist das Verständlichste, das Nächste, das Unentbehrlichste.

Wunder stehn mit naturgesetzlichen Wirkungen in Wechsel: sie beschränken einander gegenseitig und machen zusammen ein Ganzes aus. Sie sind vereinigt, indem sie sich gegenseitig aufheben. Kein Wunder ohne Naturbegebenheit und umgekehrt.

Die Phantasie setzt die künftige Welt entweder in die Höhe oder in die Tiefe oder in der Metempsychose zu uns. Wir träumen von Reisen durch das Weltall: ist denn das Weltall nicht in uns? Die Tiefen unsers Geistes kennen wir nicht. – Nach Innen geht der geheimnisvolle Weg. In uns oder nirgends ist die Ewigkeit mit ihren Welten, die Vergangenheit und Zukunft. Die Außenwelt ist die Schattenwelt, sie wirft ihren Schatten in das Lichtreich. Jetzt scheint es uns freilich innerlich so dunkel, einsam, gestaltlos, aber wie ganz anders wird es uns dünken, wenn diese Verfinsterung vorbei und der Schattenkörper hinweggerückt ist. Wir werden mehr genießen als je, denn unser Geist hat entbehrt.

Der Sitz der Seele ist da, wo sich Innenwelt und Außenwelt berühren. Wo sie sich durchdringen, ist er in jedem Punkte der Durchdringung.

Genie ist das Vermögen, von eingebildeten Gegenständen wie von wirklichen zu handeln, und sie auch wie diese zu behandeln. Das Talent, darzustellen, genau zu beobachten, zweckmäßig die Beobachtung zu beschreiben, ist also vom Genie verschieden. Ohne dieses Talent sieht man nur halb und ist nur ein halbes Genie; man kann genialische Anlage haben, die in Ermangelung jenes Talents nie zur Entwickelung kommt.

Scham ist wohl ein Gefühl der Profanation. Freundschaft, Liebe und Pietät sollten geheimnisvoll behandelt werden. Man sollte nur in seltnen, vertrauten Momenten davon reden, sich stillschweigend darüber einverstehen. Vieles ist zu zart, um gedacht, noch mehres, um besprochen zu werden.

Derjenige wird nie als Darsteller etwas Vorzügliches leisten, der nichts weiter darstellen mag als seine Erfahrungen, seine Lieblingsgegenstände, der es nicht über sich gewinnen kann, auch einen ganz fremden, ihm ganz uninteressanten Gegenstand mit Fleiß zu studieren und mit Muße darzustellen. Der Darsteller muß alles darstellen können und wollen. Dadurch entsteht der große Stil der Darstellung, den man mit Recht an Goethe so sehr bewundert.

Humor ist eine willkürlich angenommene Manier. Das Willkürliche ist das Pikante daran: Humor ist Resultat einer freien Vermischung des Bedingten und Unbedingten. Durch Humor wird das eigentümlich Bedingte allgemein interessant und erhält objektiven Wert. Wo Phantasie und Urteilskraft sich berühren, entsteht Witz; wo sich Vernunft und Willkür paaren, Humor. Persiflage gehört zum Humor, ist aber um einen Grad geringer: es ist nicht mehr rein artistisch und viel beschränkter. Was Fr. Schlegel als Ironie charakterisiert, ist meinem Bedünken nach nichts anders als die Folge, der Charakter der Besonnenheit, der wahrhaften Gegenwart des Geistes. Schlegels Ironie scheint mir echter Humor zu sein. Mehre Namen sind einer Idee vorteilhaft.

Wir sind auf einer Mission: zur Bildung der Erde sind wir berufen.

Interesse ist Teilnahme an dem Leiden und der Tätigkeit eines Wesens. Mich interessiert etwas, wenn es mich zur Teilnahme zu erregen weiß. Kein Interesse ist interessanter, als was man an sich selbst nimmt; so wie der Grund einer merkwürdigen Freundschaft und Liebe die Teilnahme ist, zu der mich ein Mensch reizt, der mit sich selbst beschäftigt ist, der mich durch seine Mitteilung gleichsam einladet, an seinem Geschäfte teilzunehmen.

Jetzt regt sich nur hie und da Geist: wann wird der Geist sich im Ganzen regen? wann wird die Menschheit in Masse sich selbst zu besinnen anfangen?

Der Mensch besteht in der Wahrheit. Gibt er die Wahrheit preis, so gibt er sich selbst preis. Wer die Wahrheit verrät, verrät sich selbst. Es ist hier nicht die Rede vom Lügen, sondern vom Handeln gegen Überzeugung.

Ob sich nicht etwas für die neuerdings so sehr gemißhandelten Alltagsmenschen sagen ließe? Gehört nicht zur beharrlichen Mittelmäßigkeit die meiste Kraft? und soll der Mensch mehr als einer aus dem Popolo sein?

Jede Stufe der Bildung fängt mit Kindheit an. Daher ist der am meisten gebildete, irdische Mensch dem Kinde so ähnlich.

Jeder geliebte Gegenstand ist der Mittelpunkt eines Paradieses.

Das Individuum interessiert nur, daher ist alles Klassische nicht individuell.

Gesellschaftstrieb ist Organisationstrieb. Durch diese geistige Assimilation entsteht oft aus gemeinen Bestandteilen eine gute Gesellschaft um einen geistvollen Menschen her.

Alle Zufälle unsers Lebens sind Materialien, aus denen wir machen können, was wir wollen. Wer viel Geist hat, macht viel aus seinem Leben –. Jede Bekanntschaft, jeder Vorfall wäre für den durchaus Geistigen – erstes Glied einer unendlichen Reihe – Anfang eines unendlichen Romans.

Je mehr sich unsere Sinne verfeinern, desto fähiger werden sie zur Unterscheidung der Individuen. Der höchste Sinn wäre die höchste Empfänglichkeit für eigentümliche Natur. Ihm entspräche das Talent der Fixierung des Individuums, dessen Fertigkeit und Energie relativ ist. Wenn der Wille sich in Beziehung auf diesen Sinn äußert, so entstehn die Leidenschaften für oder gegen Individualitäten: Liebe und Haß. Die Meisterschaft im Spiel seiner eignen Rolle verdankt man der Richtung dieses Sinns auf sich selbst bei herrschender Vernunft.

Ein Gesetz ist seinem Begriffe nach wirksam. Ein unwirksames Gesetz ist kein Gesetz. Gesetz ist ein kausaler Begriff, Mischung von Kraft und Gedanken. Daher ist man sich nie eines Gesetzes, als solchen, bewußt. Insofern man an ein Gesetz denkt, ist es nur ein Satz, d.h. ein Gedanke mit einem Vermögen verbunden. Ein widerstehender, ein beharrlicher Gedanke ist ein strebender Gedanke und vermittelt das Gesetz und den bloßen Gedanken.

Flucht des Gemeingeistes ist Tod.

Innigste Gemeinschaft aller Kenntnisse, scientifische Republik, ist der hohe Zweck der Gelehrten.

Man versteht das Künstliche gewöhnlich besser als das Natürliche. Es gehört mehr Geist auch zum Einfachen als zum Komplizierten – aber weniger Talent.

Werkzeuge armieren den Menschen. Man kann wohl sagen, der Mensch versteht eine Welt hervorzubringen, es mangelt ihm nur am gehörigen Apparat, an der verhältnismäßigen Armatur seiner Sinneswerkzeuge. Der Anfang ist da. So liegt das Prinzip eines Kriegsschiffes in der Idee des Schiffbaumeisters, der durch

Menschenhaufen und gehörige Werkzeuge und Materialien diesen Gedanken zu verkörpern vermag, indem er durch alles dieses sich gleichsam zu einer ungeheuren Maschine macht. So erforderte die Idee eines Augenblicks oft ungeheure Organe, ungeheure Massen von Materien, und der Mensch ist also, wo nicht actu, doch potentia Schöpfer.

Vor der Abstraktion ist alles eins, aber eins wie Chaos; nach der Abstraktion ist wieder alles vereinigt, aber diese Vereinigung ist eine freie Verbündung selbständiger, selbstbestimmter Wesen –. Aus einem Haufen ist eine Gesellschaft geworden – das Chaos ist in eine mannigfaltige Welt verwandelt.

Wo Kinder sind, da ist ein goldnes Zeitalter.

Die meisten Beobachter der Revolution, besonders die Klugen und Vornehmen, haben sie für eine lebensgefährliche und ansteckende Krankheit erklärt. Sie sind bei den Symptomen stehngeblieben und haben diese auf eine mannigfaltige Weise untereinandergeworfen und ausgelegt. Manche haben es für ein bloß lokales Übel gehalten. Die genievollsten Gegner drangen auf Kastration. Sie merkten wohl, daß diese angebliche Krankheit nichts als Krise der eintretenden Pubertät sei.

Menschen zu beschreiben ist deswegen bis jetzt unmöglich gewesen, weil man nicht gewußt hat, was ein Mensch ist. Wenn man erst wissen wird, was ein Mensch ist, so wird man auch Individuen wahrhaft genetisch beschreiben können.

Schlechthin ruhig erscheint, was in Rücksicht der Außenwelt schlechthin unbeweglich ist. So mannigfach es sich auch verändern mag, so bleibt es doch in Beziehung auf die Außenwelt immer in Ruhe. Dieser Satz bezieht sich auf alle Selbstmodifikationen. Daher erscheint das Schöne so ruhig. Alles Schöne ist ein selbsterleuchtetes, vollendetes Individuum.

Aus dem Nachlaß

Jedes Wort ist ein Wort der Beschwörung. Welcher Geist ruft – ein solcher erscheint.

Unser Denken war bisher entweder bloß mechanisch – *diskursiv* – atomistisch – oder bloß intuitiv – dynamisch –. Ist jetzt etwa die Zeit der Vereinigung gekommen?

Die vollendete Form der Wissenschaften muß poetisch sein. Jeder Satz muß einen selbständigen Charakter haben – ein selbstverständliches Individuum, Hülle eines witzigen Einfalls sein.

Philosophieren ist eine Selbstbesprechung obiger Art – eine eigentliche Selbstoffenbarung – Erregung des wirklichen Ich durch das idealische Ich. Philosophieren ist der Grund aller andern Offenbarungen. Der Entschluß zu philosophieren ist eine Aufforderung an das wirkliche Ich, daß es sich besinnen, erwachen und Geist sein solle. Ohne Philosophie keine echte Moralität, und ohne Moralität keine Philosophie.

Der Dichter schließt, wie er den Zug beginnt. Wenn der Philosoph nur alles ordnet, alles stellt, so löste der Dichter alle Bande auf. Seine Worte sind nicht allgemeine Zeichen – Töne sind es – Zauberworte, die schöne Gruppen um sich her bewegen. Wie Kleider der Heiligen noch wunderbare Kräfte behalten, so ist manches Wort durch irgendein herrliches Andenken geheiligt und fast allein schon ein Gedicht geworden. Dem Dichter ist die Sprache nie zu arm, aber immer zu allgemein. Er bedarf oft wiederkehrender, durch den Gebrauch ausgespielter Worte. Seine Welt ist einfach, wie sein Instrument – aber ebenso unerschöpflich an Melodien.

Alles, was uns umgibt, die täglichen Vorfälle, die gewöhnlichen Verhältnisse, die Gewohnheiten unserer Lebensart, haben einen ununterbrochnen, eben darum unbemerkbaren, aber höchst wichtigen Einfluß auf uns. So heilsam und zweckdienlich dieser Kreislauf uns ist, insofern wir Genossen einer bestimmten Zeit, Glieder einer spezifischen Korporation sind, so hindert uns doch derselbe an einer höhern Entwicklung unsrer Natur. Divinatorische, magische echtpoetische Menschen können unter Verhältnissen, wie die unsrigen sind, nicht entstehn.

Wer keine Gedichte machen kann, wird sie auch nur negativ beurteilen. Zur echten Kritik gehört die Fähigkeit, das zu kritisierende Produkt selbst hervorzubringen. Der Geschmack allein beurteilt nur negativ.

Der Künstler steht auf dem Menschen, wie die Statue auf dem Piedestal.

Die Poesie löst fremdes Dasein in eignen auf.

Wenn die Theorie auf die Erfahrung warten sollte, so käme sie nie zustande.

Der Sinn der Sokratie ist, daß die Philosophie *überall* oder nirgends sei und daß man mit leichter Mühe am ersten, besten sich überall orientieren und das finden könne, was man suche. Sokratie ist die Kunst, von jedem gegebenen Orte aus den Stand der Wahrheit zu finden und so die Verhältnisse des Gegebenen zur Wahrheit genau zu bestimmen.

Es geht mit der Liebe, wie der Überzeugung – wie viele glauben überzeugt zu sein, und sind es nicht. Nur vom *Wahren* kann man wahrhaft überzeugt sein – nur das Liebe kann man wahrhaft lieben.

Alle Verzweiflung ist deterministisch – aber auch Determinismus ist ein *Element* des philosophischen Weltalls oder Systems. Die Vereinzelung und der falsche Glaube an die Realität der Elemente ist die Quelle der meisten, vielleicht aller bisheriger Irrtümer.

Wer zuerst bis zwei zu zählen verstand, sah, wenn ihm auch selbst das Fortzählen noch schwer ward, doch die Möglichkeit einer unendlichen Fortzählung nach denselben Gesetzen.

Abstraktion schwächt – Reflexion stärkt.

Durch allzuhäufiges Reflektieren auf sich selbst wird der Mensch für sich selbst abgestumpft und verliert den gesunden Sinn für sich selbst.

Leidenschaftliche Wärme – leidenschaftliche Kälte.

Nur das Unvollständige kann begriffen werden – kann uns weiterführen. Das Vollständige wird nur genossen. Wollen wir die Natur begreifen, so müssen wir sie als unvollständig setzen, um so zu einem unbekannten Wechselgliede zu gelangen. Alle Bestimmung ist relativ.

Mensch werden ist eine Kunst.

Symbole sind Mystifikationen.

Alles muß Lebensmittel werden. Kunst, aus allem Leben zu ziehn. Alles zu beleben ist der Zweck des Lebens. Lust ist Leben. Unlust ist Mittel zur Lust, wie Tod Mittel zum Leben.

Alles ist Samenkorn.

Die Menschheit ist der höhere Sinn unsers Planeten, der Nerv, der dieses Glied mit der obern Welt verknüpft, das Auge, was er gen Himmel hebt.

Man weiß und macht eigentlich nur, was man wissen und machen will. Die Schwierigkeit ist nur, dies zu finden. Genaue Beobachtung des ersten Moments der erscheinenden Velleität, der gleichsam der Keim ist, wird uns überzeugen, daß hier alles schon drin liegt, was sich nachher nur entwickelt und abklärt.

Der Roman handelt von Leben – stellt Leben dar. Ein Mimus wär er nur in Beziehung auf den Dichter. Oft enthält er Begebenheiten einer Maskerade – eine maskierte Begebenheit unter maskierten Personen. Man hebe die Masken – es sind bekannte Begebenheiten – bekannte Personen. Der Roman, als solcher, enthält kein bestimmtes Resultat – er ist nicht Bild und Faktum eines *Satzes*. Er ist anschauliche Ausführung – Realisierung einer Idee. Aber eine Idee läßt sich nicht in einen Satz fassen. Eine Idee ist *eine unendliche Reihe* von Sätzen – eine *irrationale Größe – unsetzbar* (musik[alisch] – inkommensurabel.) (Sollte nicht alle Irrationalität relativ sein?)
Das Gesetz ihrer Fortschreitung läßt sich aber aufstellen – und nach diesem ist ein Roman zu kritisieren.

Die meisten wissen selbst nicht, wie interessant sie wirklich sind, was sie wirklich für interessante Dinge sagen. Eine echte Darstellung ihrer selbst – eine Aufzeichnung und Beurteilung ihrer Reden würde sie über sich selbst in das höchste Erstaunen setzen und ihnen in sich selbst eine durchaus neue Welt entdekken helfen.

Die Schriftsteller sind so einseitig wie alle Künstler *einer* Art – und nur noch hartnäckiger. Unter den Schriftstellern von Profession gibt es gerade auffallend wenig liberale Menschen – besonders, wenn sie gar keine andre Subsistenz als ihre Schriftstellerei haben. Von Schriftstellerei leben ist ein selbst für echte Geistesbildung und Freiheit höchst gewagtes Unternehmen.

Das Publikum ist eine unendlich große, mannigfache, interessante Person – eine geheimnisvolle Person von unendlichen Wert – der eigentliche absolute Reiz des Darstellers.

Sich nach den Dingen, oder die Dinge nach sich *richten* – ist *eins.*

Alles *Unwillkürliche* soll in ein *Willkürliches* verwandelt werden.

Jedes Glied des Körpers ist aller Krankheiten fähig, denen eins seiner Mitglieder unterworfen ist.

Die eingezogene Erziehung der Mädchen ist für häusliches Leben und Glück darum so vorteilhaft, weil der Mann, mit dem sie nachher in die nächste Verbindung treten, einen desto tiefern und einzigen Eindruck auf sie macht, welches zur Ehe unentbehrlich ist. Der *erste* Eindruck ist der mächtigste und treuste, der immer wiederkommt, wenn er auch eine Zeitlang verwischt scheinen kann.

Alle Bezauberung ist ein künstlich erregter Wahnsinn. Alle Leidenschaft ist eine Bezauberung – ein reizendes Mädchen eine reellere Zauberin, als man glaubt.

Jedes Buch, was der Mensch, mit oder ohne Absicht, als solcher geschrieben hat – was also nicht sowohl Buch, als geschriebne Gedanken – und Charakteräußerung ist –, kann so mannigfaltig beurteilt werden – als der Mensch selbst. Hier ist kein Künstler, sondern der echte Menschenkenner kompetent. Es gehört nicht für ein artistisches, sondern für ein anthropologisches Forum. So einseitig und unbillig, so arbiträr und inhuman Menschen beurteilt werden – ebenso auch diese Art Schriften. Es gibt so wenig *reifen* Sinn für universelle Humanität, daß man sich auch über die Kritiken dieser Schriften nicht wundern darf. Gerade das Beste wird am leichtesten übersehn. Auch hier findet der Kenner, für den der Mensch erst eigentlich vorhanden ist, unter dessen Augen er wird, unzählbare Nuancen, Harmonien und Gelungenheiten – nur er weiß zu apprezieren, und bewundert vielleicht in einer sehr mittelmäßig oder gar schlecht scheinenden Schrift eine seltne Kombination und Ausbildung menschlicher Anlagen – die herrliche Naturkunst eines Geistes, der sich ihm in einer barbarischen Form offenbart, weil er nur das Talent des schriftlichen Ausdrucks nicht besaß oder vernachlässigte.

Jedes Geschäft muß künstlerisch behandelt werden, wenn es sicher und dauernd und durchaus zweckmäßig gelingen soll.

Paradoxen beschämen immer – daher sie auch so verschrien sind.

Ökonomie im weitesten Sinne begreift auch die Lebens-Ordnungslehre. Es ist die *praktische* Wissenschaft im ganzen. Alles Praktische ist ökonomisch.

Selbstempfinden – wie Selbstdenken – aktives Empfinden. Man bringt das Empfindungsorgan wie das Denkorgan in seine Gewalt.

Die *Hypochondrie* bahnt den Weg zur *körperlichen* Selbstkenntnis – Selbstbeherrschung – Selbstlebung.

Das schöne Geheimnis der Jungfrau, was sie eben so unaussprechlich anziehend macht, ist das Vorgefühl der Mutterschaft – die Ahndung einer künftigen Welt, die in ihr schlummert und sich aus ihr entwickeln soll. Sie ist das treffendste Ebenbild der Zukunft.

Wie wir, schweben die Sterne in abwechselnder Erleuchtung und Verdunklung – aber uns ist, wie ihnen, im Zustand der Verfinsterung doch ein tröstender, hoffnungsvoller Schimmer leuchtender und erleuchteter Mitsterne gegönnt.

Die Holzkohle und der Diamant sind *ein* Stoff – und doch wie verschieden. Sollte es nicht mit Mann und Weib derselbe Fall sein. Wir sind Tonerde – und die Frauen sind Weltaugen und Saphire, die ebenfalls aus Tonerde bestehn.

Alle Wirkung ist *Übergang*. Bei der Chemie geht beides ineinander verändernd über. Nicht so bei dem, was man mechanischen Einfluß nennt.

Organisationstrieb ist Trieb, alles in Werkzeug und Mittel zu verwandeln.

Journale sind eigentlich schon *gemeinschaftliche* Bücher. Das Schreiben in Gesellschaft ist ein interessantes Symptom – das noch eine große Ausbildung der Schriftstellerei ahnden läßt. Man wird vielleicht einmal in *Masse* schreiben, denken und handeln. Ganze Gemeinden, selbst Nationen werden *ein* Werk unternehmen.

Ein Charakter ist ein vollkommen gebildeter Willen.

Manchen fehlt es an Gegenwart des Geistes – dafür haben sie desto mehr Zukunft des Geistes.

Neigungen sind materiellen Ursprungs – Anziehungs- und Abstoßungskräfte sind hier wirksam. Die Neigungen machen uns zu *Naturkräften*. Sie *perturbieren* den Lauf des Menschen, und man kann von leidenschaftlichen Menschen im eigentlichsten Sinn sagen, daß sie *fallen*. Wer sich den Neigungen unbedingt ergibt, handelt selbst gegen das eigentliche Interesse der Neigungen, weil sie nur durch einen verhältnismäßigen Widerstand eine volle und dauerhafte Wirkung tun können.

Die Menschen sind durch nichts als *Meinungen* beschränkt. Daher ließe sich durch *Meinung* jeder Mensch erheben und erniedern. Wahrhafte Menschenliebe.

Der Tod ist das romantisierende Prinzip unsers Lebens. Der Tod ist –, das Leben +. Durch den Tod wird das Leben verstärkt.

Der vollendete Mensch muß gleichsam zugleich an mehreren Orten und in mehreren Menschen leben, ihm müssen beständig ein weiter Kreis und mannigfache Begebenheiten gegenwärtig sein. Hier bildet sich dann die wahre, großartige Gegenwart des

Geistes, die den Menschen zum eigentlichen Weltbürger macht und ihn in jedem Augenblicke seines Lebens durch die wohltätigsten Assoziationen reizt, stärkt und in die helle Stimmung einer besonnenen Tätigkeit versetzt.

Nichts bewahrt gewiß so sicher vor Unsinn als Tätigkeit, – technische Wirksamkeit.

Die Schreibart des Romans muß kein *Kontinuum*, – es muß ein in jeden Perioden gegliederter Bau sein. Jedes kleine Stück muß etwas Abgeschnittnes, Begrenztes, ein eignes Ganze sein.

Meinung ist individuell und würkliche Meinung nur unter Meinungen. Welche also nicht alle übrigen necessitiert, ist noch keine würkliche Meinung. So mit den Religionen, so den Naturwesen und allen.

Dichtkunst ist wohl nur – willkürlicher, tätiger, produktiver Gebrauch unsrer Organe – und vielleicht wäre Denken selbst nicht viel etwas anders – und Denken und Dichten also einerlei. Denn im Denken wenden ja die Sinne den Reichtum ihrer Eindrücke zu einer neuen Art von Eindrücken an – und was daraus entsteht, nennen wir Gedanken.

Das Leben eines gebildeten Menschen sollte mit Musik und Nicht-Musik schlechthin so abwechseln, wie mit Schlaf und Wachen.

Jede unrechte Handlung, jede unwürdige Empfindung ist eine Untreue gegen die Geliebte – ein *Ehebruch*.

Partielle Geschichten sind durchaus nicht möglich –. Jede Geschichte muß Weltgeschichte sein, und nur in Beziehung auf die ganze Geschichte ist historische Behandlung eines einzelnen Stoffs möglich.

Der Mensch ist eine Sonne – seine Sinne sind seine Planeten.

Sonderbar, daß das Innre des Menschen bisher nur so dürftig betrachtet und so geistlos behandelt worden ist. Die sogenannte Psychologie gehört auch zu den Larven, die die Stellen im Heiligtum eingenommen haben, wo echte Götterbilder stehn sollten. Wie wenig hat man noch die Physik für das Gemüt – und das Gemüt für die Außenwelt benutzt. Verstand, Phantasie – Vernunft – das sind die dürftigen Fachwerke des Universums in uns. Von ihren wunderbaren Vermischungen, Gestaltungen, Übergängen kein Wort. Keinem fiel es ein – noch neue, ungenannte Kräfte aufzusuchen – ihren geselligen Verhältnissen nachzuspüren –. Wer weiß, welche wunderbare Vereinigungen, welche wunderbare Generationen uns noch im Innern bevorstehn.

Spielen ist experimentieren mit dem Zufall.

Durch das *Eigentum* wird der *Besitz* veredelt, wie durch die Ehe der körperliche Genuß.

Über die Geschlechtslust – die Sehnsucht nach *fleischlicher* Berührung – das Wohlgefallen an nackenden Menschenleibern. Sollt es ein versteckter *Appetit* nach Menschenfleisch sein?

Aus Kraftmangel scheint alle Unzufriedenheit – und mancher andre Fehler zu entstehn.

Etwas zu *lernen* ist ein sehr schöner Genuß – und etwas wirklich zu können ist die Quelle der Wohlbehäglichkeit.

Schwäche ist überhandnehmende, vorwaltende, charakterisierende fremde Kraft.

Neigungen zu haben und sie zu beherrschen ist rühmlicher – als Neigungen zu meiden.

Eine wahrhafte *Liebe* zu einer leblosen Sache ist wohl gedenkbar – auch zu Pflanzen, Tieren, zur Natur – ja zu sich selbst. Wenn der Mensch erst ein wahrhaft innerliches Du hat – so entsteht ein höchstgeistiger und sinnlicher Umgang, und d[ie] heftigste Leidenschaft ist möglich – Genie ist vielleicht nichts als Resultat eines solchen innern Plurals. Die Geheimnisse dieses Umgangs sind noch sehr unbeleuchtet –.

Vermehrung der Kraft durch weichenden Widerstand.

Ich bin überzeugt, daß man durch kalten, technischen Verstand und ruhigen, moralischen Sinn eher zu *wahren Offenbarungen* gelangt, als durch Phantasie, die uns bloß ins Gespensterreich, diesen Antipoden des wahren Himmels, zu leiten scheint.

Man kann auch sagen, daß sich alle Dinge zur Erde selbst herabziehn –. Sie wollen sie an sich ziehn – und weil dies nicht geht, so nähern sie sich ihr immer – um die Anziehungskraft zu verstärken.

Maschinen und chemische Bereitungsarten zu erfinden ist für den scientifischen Kopf das fruchtbarste Feld.

Krankheiten müssen als körperlicher Wahnsinn, und zwar als *fixe Ideen*, zum Teil angesehen werden.

Das ist ein eigner Reiz der Republik, daß sich alles in ihr viel freier äußert. Tugenden und Laster, Sitten und Unarten, Geist und Dummheit, Talent und Ungeschicklichkeit treten viel stärker hervor, und so gleicht eine Republik dem tropischen Klima, nur nicht in der Regelmäßigkeit der Witterung.

Man ist allein mit allem, was man liebt.

Bedürfnis nach Liebe verrät schon eine vorhandene Entzweiung in uns. Bedürfnis verrät immer Schwäche.

Die Ehe ist das höchste Geheimnis. Die Ehe ist bei uns ein popularisiertes Geheimnis. Schlimm, daß bei uns nur die Wahl zwischen Ehe und Einsamkeit ist. Die Extreme sind es – aber wie wenig Menschen sind einer eigentlichen Ehe fähig – wie wenig können auch Einsamkeit ertragen. – Es gibt Verbindungen aller Art. Eine unendliche Verbindung ist die Ehe. – Ist die Frau der Zweck des Mannes und ist die Frau ohne Zweck?

Friedrich Maximilian Klinger

Die wahre Regierung muß einem fruchtbaren Sommerregen gleichen, der das trockne Land befeuchtet, ohne daß man ihn hört. Es haben Regenten gelebt, die die Staatsmaschine mit solchem Gepolter, Gerassel, Geräusch, Geklatsche und Ungestüm herumtrieben, daß jeden Augenblick zu befürchten war, sie oder die Maschine müßten davon zertrümmert werden.

Die Großen und der Hof hatten in Frankreich die Grundsätze (das, was man jetzt «Mißbrauch der Philosophie» oder «heutige Philosophie» nennt) schon lange praktisch ausgeübt, eh' sie die Philosophen in ihren Werken systematisch aufstellten. Wann haben wohl die Großen und Menschenführer Bücher um Rat gefragt, wie sie ihr Geschäft treiben sollten! Der Lehrmeister ist ihnen viel näher, und das Praktische stellt sich bei ihnen ohne alle Theorie ein. Zu allen Zeiten haben wohl die herrschenden Sitten die Schriftsteller nach ihrem Geiste gebildet, aber wann die Schriftsteller die Sitten nach dem ihrigen? Und wer von den Großen liest den Sittenrichter, der sich der Zurechtweisung anmaßt?

Einem Unerfahrnen Lebensregeln geben, heißt: einem Ungeübten Unterricht im Fechten durch Zuschauen geben. Das Auge unterscheidet die Stöße nicht, und doch gleicht einer dem andern sowenig als ein Fall des Lebens dem andern. In Büchern nehmen sie sich sehr gut aus, und ein Welterfahrner kann bei Lesung derselben ebendas Vergnügen empfinden, das ein Weltumsegler bei einer Reisebeschreibung fühlt, die ihm bekannte Untiefen, Klippen, Sandbänke mit den dabei ausgestandnen Gefahren ins Gedächtnis ruft.

Die härteste und schwärzeste Erfahrung, die wir zu machen haben, ist die Anerkenntnis, daß wir im tätigen Leben das ganz Entschiedene unsers moralischen Werts verbergen müssen, wenn wir geduldet werden wollen. Nur mit dem, was man nicht fürchtet, was man nicht zu achten gezwungen ist, woraus das gewöhnliche moralische Wesen der Gesellschaft besteht: mit schielenden, schwankenden Halbtugenden verstattet man aufzutreten, und auch nur diese machen uns der Gesellschaft erträglich.

Kein Mensch hat noch – im bürgerlichen Leben wenigstens – seinen ganzen Verstand und seine ganze Vernunft gebraucht; und ich weiß nicht, ob einem derselben dieser Vorzug zu wünschen wäre. Ohne das Kissen der Sinnlichkeit lägen wir zwar auf einem sehr reinen, aber sehr kalten Marmor, und wahrscheinlich würden wir darauf erstarren.

Die Menschen verzeihen einem wohl noch, gerade und ehrlich zu sein; aber sie fordern tiefes Stillschweigen darüber von dem, der es ist. Auf Kosten andrer nur erlauben sie ihm, sich frei und laut auszudrücken.

Man möchte an manchen Philosophen, der mit einem Werke über die Frage, wie der Mensch denkt, auftritt, die Frage tun, ob er auch wirklich bei Untersuchung der schweren Aufgabe gedacht habe.

Jedes System zur Unterjochung der Menschen, von Machthabern gebildet, es sei politisch oder religiös, muß endlich den freien, immer regen, nie ganz schlummernden Geisteskräften des Menschen weichen. Werden sie ganz wach und laut, so bleibt nichts übrig, als mit ihnen zu wirken oder, wenn man weise und vorsehend genug ist, sie gleich anfangs auf einen guten Zweck zu leiten. Nur der Widerstand zwingt ihnen eine gefährliche Richtung auf und spielt sie Leuten in die Hand, die solche Zeitumstände zu nutzen wissen.

Die Politik, die es doch wahrhaftig mit klaren Dingen und bloß mit Dingen von dieser Welt zu tun hat, ist gleichwohl ebenso voll leerer Worte als die Metaphysik. Man nehme nur «Völkerrecht», «Staatengewicht» usw.

Der Nationalhaß, das Nationalvorurteil der guten Deutschen und die bis jetzt noch zur See despotisch herrschenden Engländer, welche die ganze Welt als ein für sie geschaffenes Warenlager ansehen, mögen es noch so bitter finden: Die Geschichte wird das vergangene Jahrhundert, um es mit einem einzigen Worte zu bezeichnen, immer das gallische oder französische nennen. Das gegenwärtig angefangene scheint bisher diese Bezeichnung nicht verändern zu wollen.

Wenn ich begreifen könnte, wie eine Katze maust, die man gleich, noch ganz unerfahren in dieser Jagd, von ihrer Mutter weggenommen hat, wie man zum Dichter wird – wie Homer, Shakespeare, Milton und Klopstock –, wie man in einem moralisch-verdorbenen Staate ein rechtschaffener Mann bleibt, wie die Gesellschaft überhaupt mehr durch den bloßen Glauben an Tugend und Religion als die Sache selbst besteht, wie diese beiden sich auch in der verdorbensten erhalten und fortwirken: so wollt' ich kein Buch mehr lesen und als Menschenlehrer auftreten. So kann ich nur träumen, sehen, hören, bemerken und vergleichen und dann faseln wie jeder andre, wenn ich etwas mehr tun will.

Gefühl und Vernunft sind die Sonne und der Mond am moralischen Firmament. Immer nur in der heißen Sonne, würden wir verbrennen, immer nur im kühlen Mond, würden wir erstarren.

Wenn ein Mann ein Buch schreibt, in dem er eigne Gedanken und eignen Empfindungsstoff verarbeitet hat und dabei aufrichtig verfahren ist, so gibt er dem Publikum nicht allein einen Teil seines Selbsts damit, er läßt es sogar in sein Innerstes blicken und überreicht ihm noch obendrein das Maß seiner moralischen Kräfte. Zerreißt sein Werk nur immer; er gab euch doch nur von seinem Überflusse, und das Ganze, das er in sich ausgebildet hat, bleibt ihm unversehrt!

Man kann ohne Wahrheitsgefühl und ohne den Mut, es zu zeigen, ein großer Virtuose, ein Feldherr, ein Staatsmann, ein großer Versemacher (nicht Dichter), kurz alles im Leben sein, nur kein Mensch im rechten Sinn des Worts. Aber dieses ist auch kein Titel, der etwas einträgt oder zur «Ehre» berechtigt.

Die Benennung «Schöngeist», die vor dreißig Jahren so angenehm klang, ist nun zu einem widrigen Schall geworden; man bedient sich jetzt des allgemein bezeichnenden Wörtleins «Schriftsteller». Die «schönen Geister» scheinen selbst damit zufrieden zu sein, denn sie beehren sich untereinander wörtlich und schriftlich mit diesem Titel. Ich finde dieses sehr klug; denn der Nachklang *Geist* in ihrem alten Titel könnte doch manchen ihrer Leser an gewisse Forderungen erinnern. Wenn man sich der Ausdrücke bedient «Schriftgießer», «Schriftschneider», so denkt man an etwas Mechanisches, Handwerkliches; bei «Schriftsteller» denkt man an das Schreiben.

Die kantische Philosophie fing ihr Revolutionswesen in dem Geister- oder Verstandesreich mit der Französischen Revolution an. Diese hat, wie es scheint, in einem einzelnen ihr Ende gefunden; aber jene wird, kann und soll ihren einzelnen nimmer finden. Das philosophische Reich ist ja ohnedem nach seinen jetzigen Reichsgrundgesetzen nicht von dieser Welt.

Jeder fängt von sich an – dieses ist der Grundstein, auf welchen die Gesellschaft gebaut ist, auf dem sie ruht. Man könnte es das offenbare Geheimnis derselben nennen. Aber man mag auch wirken, hervorbringen, was man will, wenn es uns selbst nutzen soll, so müssen es andre gebrauchen können. Wer diese Bestimmung für den Menschen zu niedrig findet, der lebe, arbeite, sterbe für sich, wenn er kann, werde zum Gott oder – ein Nichts.

Mich wundert es gar nicht, daß Schwärmer, Enthusiasten, Fanatiker, kurz alle überspannte und verzerrte Köpfe, von welcher Art Glauben und Meinung sie auch seien, Weltleute und Männer von ruhigem Verstande hassen und schimpflich auszuzeichnen suchen. Ohne diese hätten sie längst die Welt zum Tollhause und sich zu Oberaufsehern desselben gemacht.

Jedermann findet die Schmeichelei, welche einem andern gesagt wird, eine fade, lose Speise; die Eigenliebe aber würzt sie in dem Augenblick, als man sie uns selbst auftischt.

Ich kenne keine andern Menschenfeinde als die tätigen, bedeutende Rollen spielenden Männer, welche die Menschen zu allen ihren Absichten wie dazu geschaffene Werkzeuge brauchen und mißbrauchen, gleichviel, wie es diesen Werkzeugen bekomme. Was man gewöhnlich Menschenfeinde nennt, sind Menschenscheuende und sie Fürchtende, die sich gern, um sich gegen alles Anstoßen zu sichern, wie die Schnecken in ihre Häuser verkröchen und einmauerten, wenn sie nur die Natur wie diese mit dem dazugehörigen Leim versehen hätte und sie ohne Luft leben könnten. Auch zählt man die galligten Humoristen dazu; aber diesen genügt das Poltern, Schelten und die Sarkasmen über die Schlechtigkeit der Gattung. Der wahre Menschenfeind glänzt und prangt in den Gesellschaften und ist der beredteste Lobredner der Menschen, die er so gut zu benutzen weiß. Er pfeift den Vögeln die Melodie vor, die sie am liebsten hören, um sie in das Garn zu locken, und singt sie ihnen dann noch vor, wenn er sie erwürgt. So preist der Prediger den Verstorbenen am Grabe hochselig, den er mit unzeitigen Vorspiegelungen von jenem Leben vor der Zeit hineingejagt hat.

Der Mensch ist ein ernsthaftes Tier; dies beweisen wir bei unsrer Arbeit und unsrer Ruhe. Wer also immer lächeln und heiter sein kann, der muß ein Affenspiel mit dem Leben getrieben haben.

Warum sind die meisten Werke über die Moral so unbefriedigend? Weil ihre Verfertiger den physischen Menschen überspringen, mit dem moralischen anfangen, mit welchem sie doch endigen sollten, ohne jenen aus den Augen zu verlieren. Sie sollten bedenken, daß sie sich selbst nur durch Spannung und Täuschung von unsrer Ernährerin und Lehrerin, der Natur, trennen können.

Nur der, welcher ein wahrhaft mühsames Leben geführt hat – er sei Jude, Türke, Christ oder was ihr wollt –, sollte in jener Welt selig werden können; dann wären doch die ausgeschlossen, die ehelos gelebt haben und gestorben sind.

Wer edel, uneigennützig, großmütig denkt, ist überall frei, wer niederträchtig, eigennützig, kriechend denkt, ist überall Sklave. Der Mann, der sich in seinem Innern selbst konstituiert hat, hängt nicht mehr von der äußern Form ab; er steht auf seiner eignen Magna Charta, die ihm keine Macht auf Erden nehmen kann.

Der Biedermann, der es nun einmal darauf angelegt hat, sich mit den Schurken herumzuschlagen, vergesse ja nicht, seinen Harnisch jeden Morgen anzuschnallen; am besten, er legt ihn nie ab; denn auch in der tiefsten Einsamkeit lauert ein sehr gefährlicher Feind auf ihn.

Die Philosophen mögen noch soviel von Seele, Geist und einfachem Wesen schreiben und reden; die Menge, der Haufen, der empirische Pöbel nennt nur sein Herz, wenn er von seinem lebenden und belebenden tätigen Innern spricht, alles andre dünkt ihn Schatten, den er wohl einstens näher kennenlernen wird. Sein Herz ist da; er fühlt es schlagen, fühlt es wirken auf sich und andere; darin liegt sein ganzes Dasein. Nur das Herz ist sein Führer und Meister. Klopft da an, wenn ihr etwas bedürft, und geht den Philosophen vorbei; ihr könnt zugrunde gehen, bevor dieser sich mit Geist, Seele, reiner Vernunft über den Beweggrund zur Tat vertragen hat, die ihr an ihn fordert.

Ein politisch-neutraler Bürger war nach den Gesetzen eines griechischen [Staats nicht mehr wert, es zu sein. Zu was bestimmte nun der] Oberherr der Geister die Neutralen in der moralischen Welt? Wenn sie hier nichts waren, was werden sie ihm dort sein? Ja, was können sie ihm sein, da sie ihr Beglaubigungsschreiben zu dieser Bürgerschaft weder vorgezeigt noch benutzt haben?

Das Lämmergeschlecht zeugt und gebiert sich wenigstens nicht selbst den Wolf zum Wächter; auch darin kann sich der Mensch des Vorzugs über die Tiere der Erde rühmen.

Wer, über andre gesetzt, nie vergißt, warum er über sie gesetzt ist, den wird keiner auf seiner Höhe beneiden. Jeder wird vielmehr wünschen, ihn noch höher stehen zu sehen.

Wenn das Denken in einem Staate nicht erlaubt ist, so fühlt man nur, und das endlich so gewaltig, daß man vor lauter düsterm, starkem Fühlen wirklich nicht mehr denkt. Darum müßte man nun auch, um immer auszukommen, das Fühlen in einem solchen Staate verbieten können.

Ich schmeichle mir, den klugen Beamten eines gewissen Staats, worin das Denken für so gefährlich gehalten wird, einen neuen Ausweg zur Sicherheit und Begründung ihrer Macht eröffnet zu haben. In diesen gefährlichen Zeiten ist jeder Biedermann verbunden, für solche wachsame Leute das Mögliche zu tun. Ich tue mein Möglichstes und schlage vor: In allen öffentlichen Blättern *dem* Wundarzt einen Preis zuzusichern (versteht sich von einer beträchtlichen Summe – die Sache ist es wert!), der eine Operation ersinnt, wodurch man jedem Neugebornen (weil es diesem am wenigsten gefährlich und der Artikel Population nicht außer acht zu lassen ist) die Gefühlsfibern aus dem jungen Herzen schneiden kann. Bei Unmündigen geht so etwas wahrscheinlich an, und die Zeugungskraft wird hier nicht wie bei einer gewissen andern Verschneidung gefährdet. So wäre für alles gesorgt, aller Gefahr vorgearbeitet; denn die Verschneidung des Geistes und der Vernunft nehmen in dem gewissen Lande die Kirchen- und Schullehrer ohnedem schon über sich.

Ich hasse die kränkliche sogenannte moralische Empfindsamkeit und Empfindlichkeit, jene aus Büchern angelesene Krankheit, womit uns sowohl reine, hohe als gezierte Seelen beschwerlich fallen. Zum Leben gehört Kraft und Mut, man mag auf dem Thron sitzen, in der Hütte wohnen oder an dem Eckstein sein Brot erbetteln. Um etwas zu taugen, um gerechnet zu werden, das heißt: nützlich zu sein, muß man sich und andere verteidigen können. Was soll man nun zu den Lehrern und Büchern sagen, die unsern jungen Leuten den Mut so früh zerknicken, sie so herzens- und seelenkrank machen, daß sie körperlich und geistig zu nichts zu brauchen sind, als uns Ekel zu erwecken? Sie verschneiden sie zu Kapaunen in der Geister- und der wirklichen Welt.

Es gibt solche flache Köpfe unter denen, die sich zu Lehrern der Menschen aufwerfen, daß sie zu einem Kapitel ihres Buchs gegen allen Despotismus der Fürsten zu Felde ziehen und in dem andern, wenn sie von Erziehung reden, es höchlich beklagen, daß sich die Regierung nicht, wie in dem hochberühmten Sparta, der Erziehung bemächtigt und sie durch strenge Gesetze leitet. Arme Wichte!

In dem Dichter spiegelt sich die moralische Welt nur dann ab, wenn er in seiner eigenen Brust Raum genug hat, sie aufzunehmen, und ihn gewisse Hindernisse nicht abhalten, sich ganz und innig mit ihr zu vermischen. Macht das Talent ebendiese moralische Welt zum bloßen Schauspiel, so beweist es uns, daß es ihren Schauplatz in den Kopf verlegt hat.

Von der Freiheit – der metaphysisch-moralischen – habe ich nicht geredet und werde niemals davon reden, weil ich mich keiner Sklaverei und Abhängigkeit des Geistes und des Herzens erinnern mag. Auf diesem Haß gegen solche Sklaverei ruht mein ganzes Dasein. Wie könnt ich nun von einer solchen zweideutigen Freiheit reden, die man sich nur durch eigne Kraft praktisch erwerben kann!

Die Physiologen, Psychologen, Anthropologen und Anatomiker entziffern, beschreiben, erklären, zerschneiden den Menschen, um uns zu sagen, was der Mensch ist, woraus er besteht. Nur das können sie uns nicht sagen, was ihn zusammenbindet, was ihn zum Menschen macht. So sucht der Wilde die Musik in der Laute des Europäers, indem er sie zerschneidet.

Der, welcher den Wunsch äußerte: es möchte in der Brust eines jeden ein Glasfenster angebracht sein, damit man klar sehen könnte, was in dem geheimen Kabinett des Menschen vorgehe, hatte wahrscheinlich den Vorhang vor oder hinter das seine schon bestellt oder selbst verfertigt.

«Des Brot ich esse, des Lied ich singe» ist eigentlich nur ein Soldatenlied, das Ludwig XIV. mit Louvois und seinem Beichtvater Tellier gedichtet und in Musik gesetzt hat. Aber auch viele unsrer deutschen Staatsleute, Beamten, Gelehrten und Politiker haben es sich zugeeignet, wissen es ganz auswendig und pfeifen es so laut, daß man es in ganz Deutschland hört.

Es gehört ein weiser Mann dazu, um die Schellenkappe wie Rabelais und Sterne zu tragen; ihr glaubt, sie hätten sie noch auf dem Kopfe, während ihr schon lange damit geziert vor ihnen sitzet.

Es gibt Leute, in denen der Egoismus so früh aufsteht und gehen lernt oder mannbar wird, daß man sagen sollte, sie hätten selbst ihre Mutter nur für eine Milch gebende Kuh gehalten. Aus diesem Grunde sind mir gar zu weise Jünglinge verdächtig, und ich mag sie nicht nahe um mich haben. Die Mutter dieser Weisheit ist gewöhnlich Feigheit, die den Namen Klugheit mißbrauchen lernt; und ebendieser Bastard Klugheit treibt den Egoismus früh zur Reife. Der weise Knabe baut diesem Götzen schon ein Tempelchen in seinem Herzen, während seine Kameraden Kartenhäuser bauen.

Wer das Gold als Gold liebt, der ist sein Sklave; wer es aber als bloßes Werkzeug zu seinen Absichten gebraucht, der sucht andere zu seinen Sklaven zu machen und macht sie auch wirklich dazu.

Wer nur Schlechtes von den Menschen zu sagen weiß, der ist wenigstens insofern ehrlich, daß er uns zeigt, er rede nur nach Beobachtungen an sich selbst.

In der Jugend ruft man sich zuzeiten zu: «Oh, daß du doch vernünftiger wärest!» In reifern Jahren möchte man sich wohl manchmal zurufen: «Oh, daß du doch noch glauben könntest!»

Zwei Männer, von denen der eine alle Handlungen seines Lebens nach seinen Träumen einrichten wollte, der andere dasselbe nach den Prinzipien der neuen Philosophie täte, würden nach einigen wiederholten Versuchen in einem gewissen Hause zusammentreffen, wo man die Leute einzusperren pflegt, die sich und andern zu beschwerlich sind.

Wären die Menschen so schlimm, als sie mancher denkt und malt, so ließe sich gar nicht mit ihnen leben; wären sie so gut, als sie mancher haben will, so bliebe das Leben selbst stehen. So segeln oder lavieren wir in der Mitte, wenn auch nicht mit Vertrauen, doch mit dem Schein davon; die andern tun dasselbe gegen uns, und das Leben geht.

Ich will, wenn ich über einen Mann urteilen soll, nicht allein wissen, welche Tat er ausgeführt, sondern wie und durch was für Mittel er sie ausgeführt hat. Dadurch kann eine kleine Tat zur großen und eine große zur kleinen werden; auch sind oft bei der ersten mehr Schwierigkeiten als bei der letzten zu überwinden. Also das Wie, Wodurch, Warum, die Tat – und dann den Mann!

Die Vernunft mag noch so stolz und anmaßend sein – alles, was sie denkt, allen Stoff, den sie verarbeitet, verdankt sie doch dem Herzen, den Sinnen und der Einbildungskraft. Zur Vergeltung hat sie das Spiel a priori ersonnen und sucht sich in das Eroberte als Eigentum zu setzen.

Da wir in der Sinnenwelt alles durch Täuschung oder einen wohltätigen, für uns eigentlich gewebten Flor sehen, so scheint uns dadurch die Natur auf die Täuschung in der geistigen oder Verstandeswelt vorbereitet zu haben. Wir sind mit der ersten Täuschung so zufrieden, weil wir den Vorteil davon täglich einsehen, daß man keine Klagen darüber hört. Warum sind wir es nicht mit der zweiten, die uns wohl noch nötiger ist? – Weil die Zufriedenheit hier wahrscheinlich nicht zweckmäßig war, weil das, was sie in ihren Schleier hüllt, die Aufgabe unsers Lebens ist.

Das Empfehlen zu Posten und Ämtern, von dessen Beamten an- und untereinander, ist eine immer dauernde, immer wirkende Staatsverschwörung gegen ebenden Staat, dem sie vorstehen; und was das Sonderbarste ist: ohne daß sich die Verschwornen für Verschworne und folglich für Staatsverbrecher halten. Vielleicht wollen sie hiermit zeigen, daß sie doch in *einem* Punkt aus gutmütiger Einfalt des Herzens handeln.

Das größte Zeichen der Verderbnis in großen Städten sind nicht die Laster, die man wirklich begeht: daß man sich laut und öffentlich derer rühmt, die man nicht begangen, die zu begehen man die Kraft, den Mut nicht hat.

Wer auf dem großen Welttheater glaubt, die erlernte und tief studierte Verstellungskunst sichere ihn vor allem Erkennen, der muß sich auch für den einzigen Schauspieler in der Komödie halten. Wo alles Rollen spielt, hält man auch wohl die Rechtschaffenheit für eine Rolle, und wer hierin für natürlich gehalten werden will, muß starke Proben davon abgelegt haben, wenn er die Mitspielenden davon überzeugen will.

Daß die Hoffnung das Mächtigste im Menschen ist, beweist auch dieses, daß man noch immer die spekulative Philosophie treibt, neue Systeme aus den alten zusammensetzt und sie an einen noch dünnern Faden hängt.

Der Mensch war moralisch-tot geboren oder erschaffen worden, so sagt man, und das heißt: Er war vollkommen. Da beschlich der Zweifel seinen Geist, und er ward ein lebendiges, tätiges Wesen, das etwas aus sich zu machen lernte.

Ein Mann von reinem, einfachem Geist und Sinn kann wohl eine Wahrheit denken und aussprechen; damit sie aber die Menge mit Gefallen höre und sie einigen Einfluß auf sie habe, müssen sie Scharlatane einkleiden, ausschmücken und dann predigen; das heißt: Sie müssen ihr das Menschliche anhängen. So tut nun die Wahrheit auch die Wirkung, deren Prediger und Zuhörer wert sind.

Witz entspringt aus dem Geiste, dem Kopfe; er ist nur dann recht stechend und allzeit fertig, wenn er in der moralischen Gleichgültigkeit gegen das Lächerliche und Schlechte so weit gekommen ist, daß er es nur als Gegenstand des Spotts, als glückliche Veranlassung zu glänzenden Einfällen betrachtet. Der Sarkasm entspringt aus dem Herzen, das starke Gefühl desselben entzündet den Geist, seine Blitze fahren durch die düstern Wolken, die der Unwille, die Verachtung über und gegen das Schlechte, Niederträchtige zusammengetrieben haben. So trifft der Sarkasm des empörten, edlen, geistreichen Mannes den Schuldigen durch Geist und Fleisch; den Einfall des bloß Witzigen schreibt dieser der Bosheit oder dem Kitzel zu und geht ungetroffen vorüber.

Man hört zuzeiten Welt-, Hof- oder Geschäftsleute sagen: «Der Mann ist mir zu gescheit!», das heißt: «Er ist kein Werkzeug!»

Wenn nach Hobbes das Grundgesetz des Naturrechts offner Krieg gegen alle ist, so ist der heimliche, listige Krieg es nicht weniger in der ausgebildeten bürgerlichen Gesellschaft. Vermutlich macht ebendieser Krieg und die Beute, die man durch ihn macht oder doch zu machen hofft, den Menschen recht fähig und geschickt zu dieser Gesellschaft, und hier ist wenigstens kein ewiger Friede zu erwarten.

Der Priester verlangt, man soll den Kultus Religion nennen; der Staatsmann gewisser Art fordert, man soll seine politischen Streiche und Kniffe Regierungskunst betiteln; beiden ist es gelungen. Ihre einzige Klage ist nur: daß es noch Ketzer gibt! Ohne dieses würden sie uns auf das klarste beweisen, daß die geträumte goldne Zeit keine Fabel ist.

Ein jeder kann sich sehr leicht das Maß seiner moralischen Vollkommenheit gradweise aufstellen. Er braucht nur bei seinen Handlungen und den Beweggründen dazu aufzumerken, wieviel und was er um seiner selbst willen und wieviel und was er um edler Zwecke und um anderer willen tut und ob er das, was er für edle Zwecke und andre tut, nicht um seinetwillen tut.

Viele klagen über die menschliche Gesellschaft und sterben mit diesen Klagen, ohne zu bedenken oder bedacht zu haben, daß diese Gesellschaft in *einem* Tage mehr für sie tat, als sie ihr ganzes Leben hindurch für sie getan haben. Die laut, heftig Klagenden sind diejenigen, die ganz auf Kosten derselben gelebt, die Allerlautesten und Allerheftigsten aber die, welche ihr geschadet haben.

Wenn der Dichter nur aus der Phantasie und für die Phantasie dichtet und so, daß am Ende für die prosaischen Menschen gar keine hellen Gedanken übrigbleiben, die eigentlich der Dichter dem Geiste des Lesers durch die Bilder der Einbildungskraft recht lebendig und kräftig darstellen soll, so tut die Dichtkunst doch nur die Wirkung, welche Musik, auf einen Text gesetzt, hervorbringt, dessen Sprache und Inhalt der Zuhörer weder versteht noch weiß. Den Beweis kann jeder in vielen neuen und besonders in den jetzigen mystischen Dichtern finden.

In der Jugend ziehen sich die Augenbrauen in einen wenig oder sanft gekrümmten Bogen – Sehnen, Wünsche, Hoffnung, Zuversicht locken dann die Seele nach außen. Bei dem erfahrnen, denkenden Manne ziehen diese Bogen in ungleichen Krümmungen die Wölbung zusammen – der Geist hat sich dann in das Innere zurückgezogen, das Suchen nach Schätzen von außen aufgegeben und sammelt allenfalls noch Beobachtungen auf, um sich den Wert seiner Resignation zu beweisen.

Ich hätte oben auch noch des Fliegens im Traume erwähnen können – das herrlichste, leichteste, entzückendste Gefühl, womit der Sterbliche, wachend und schlafend, beglückt wird. Nur der sonderbare Umstand hielt mich ab, daß man (ich rede nach meiner Erfahrung) nie von der Erde aufwärts, sondern immer von der Höhe nach unserm allgemeinen Schwerpunkt, Erde, abwärts fliegt.

Auch ich würde schon weise geworden sein und ganz als ein weiser Mann geschrieben haben, wenn ich nur nicht zur jetzigen Zeit von so schrecklichen Ungerechtigkeiten, Gewalttätigkeiten, Gewaltsstreichen und Grausamkeiten hörte oder sie mit der Gleichgültigkeit vernehmen könnte, mit welcher man sie begeht. Wahrscheinlich aber macht der Egoismus solche Weisen zum Gott für andre, zum Menschen nur für sich selbst.

Zeit und Raum sind nun freilich nichts, aber dieses metaphysische Nichts ist mit so schweren und gewaltigen Dingen angefüllt, daß sie das Herz und den Geist des fühlenden und denkenden Menschen gänzlich zerschmettern und erdrücken würden, wenn er jene Worte bloß metaphysisch dächte. Die Versinnlichung beider legte ihm einen Punkt zum Stehen unter und verlieh ihm das nötige Gegengewicht. So hält er nun diese Schatten fest, treibt sich mit ihnen vorwärts, zieht sie aus der Vergangenheit in sich zurück, aus der fernen Zukunft näher, schafft sich aus ihnen das Gegenwärtige, macht Nichts zu Etwas oder ringt diesen Schatten und Formen des Denkens seinem und andrer Wesen Wirklichkeit ab und lernt sie festhalten.

Im Unglück klammert sich auch wohl der Schlechteste an Religion und Moral an. Er will uns dann glauben machen, er gehöre ihnen an, habe sein Schicksal nicht so verdient, wie es ihn getroffen. Darum zeigen wir auch nur im Glück recht aufrichtig, wie wir es mit beiden meinen.

Johann Gottfried Seume

Die Vernunft ist immer republikanisch, aber die Menschen scheinen, wenn man die Synopse ihrer Geschichte nimmt, doch durchaus zum Despotismus geboren zu sein.

Solange man die Geduld zur ersten Tugend macht, werden wir nie viel tätige Tugend haben. An tätigen Tugenden scheint auch den Volksführern wenig zu liegen, sie brauchen nur leidende. Daher geht es denen leider kaum leidlich.

Wer aus sich herauslebt, tut immer besser, als wer in sich hineinlebt.

Gleichheit ist immer der Probestein der Gerechtigkeit, und beide machen das Wesen der Freiheit.

Wo ein einziger Mann den Staat erhalten kann, ist der Staat in seiner Fäulnis kaum der Erhaltung wert.

Wer keine Ungerechtigkeiten vertragen kann, gelangt selten zu Ansehn in der Gegenwart, und wer es kann, verliert den Charakter für die Zukunft.

Ob die Menschen Vernunft haben, ist mir entsetzlich problematisch; ich habe wenigstens in ihren politischen, philosophischen und öffentlich moralischen Vorkehrungen sehr wenig davon wahrgenommen. Am meisten Vernunftähnliches findet man noch im Häuslichen.

Wer das erste Privilegium erfunden hat, verdient vorzugsweise, so lange im Fegefeuer in Öl gesotten oder mit Nesseln gepeitscht zu werden, bis das letzte Privilegium vertilgt ist.

Ob Brutus gut war, ist problematisch, aber es ist nicht problematisch, daß Cäsar schlecht war.

Wer den ersten Gedanken der Gerechtigkeit hatte, war ein göttlicher Mensch; aber noch göttlicher wird der sein, der ihn wirklich ausführt.

Der Witz ist die Krätze des Geistes. Er juckt sich heraus. Wo ein fester Körper ist, kann eine gute Krätze wohl eine Letalkrankheit kurieren, – wenn sie ordentlich behandelt wird, kann aber auch ein Körperchen aufzehren und zerstören, wenn man sie vernachlässigt. So kann es der Seele mit dem Witze gehen. Ein Witzbold setzt die Tafel ins Pferdelachen, aber hält selten die ernstere Sonde.

Faulheit ist Dummheit des Körpers, und Dummheit Faulheit des Geistes.

Die meisten Menschen haben überhaupt gar keine Meinung, viel weniger eine eigene, viel weniger eine geprüfte, viel weniger vernünftige Grundsätze.

Einem Menschen, der seinen Bruder unbesonnen um Hilfe zum Himmel weist, sollte man die Erde zur Hölle machen, und zwar ohne Aussicht auf den Himmel.

Wer sich beständig ausschlußweise mit den Büchern beschäftigt, ist für das praktische Leben schon halb verloren. Der weise Salomo hat viel Narrheit und Plato viel Unsinn. Die beste Philosophie ist der geläuterte Menschenverstand, das beste Mittel dazu, die Welt sehen, die Geschichte lesen und selbst denken in gleichen Verhältnissen. Werden die Verhältnisse nicht beobachtet, so kommt das Resultat unkosmisch.

Der vernünftige Bürger muß sich erst als reinen Menschen denken. Es ist das Kriterion der Vollendung des Staats, daß der Civism durchaus kein Recht der Humanität beleidige.

Wer die Krankheit hat, keine Ungerechtigkeiten ertragen zu können, darf nicht zum Fenster hinaussehen und muß die Stubentür zuschließen. Vielleicht tut er auch wohl, wenn er den Spiegel wegnimmt.

Wer reine Wahrheit zu reden wagt, sollte sogleich seinen Stockknopf mit Gift füttern.

Man gibt in unsern Staaten meistens der Gerechtigkeit eine Form, die schrecklicher ist als die Ungerechtigkeit selbst.

Das Los des Menschen scheint zu sein, nicht Wahrheit, sondern Ringen nach Wahrheit, nicht Freiheit und Gerechtigkeit und Glückseligkeit, sondern Ringen darnach.

Der Himmel hat uns die Erde verdorben.

Wem sein eigener Beifall nicht genügt, macht an dem Beifall der Welt einen schlechten Gewinn.

Die Arbeit der philosophischen, theologischen, politisch-pathologischen Volksführer ist fast durchaus, Rauch zu machen und darin Gespenster und Schreckgestalten zu zeigen, damit man sich an ihre Heilande halten soll, von denen immer einer schlechter ist als der andere.

Keine Gesetze sind unabänderlich als die Gesetze der ewigen Natur; und dieser sind wenige, und sie sind deutlich.

Man bringt erst schlau genug die Erbsünde in den Menschen hinein, um sich ihrer nachher zur Schurkerei zu bedienen.

Alle saueren Moralisten hielten ihr Zeitalter für das schändlichste, und sie haben alle recht, denn die gegenwärtige Schande ist immer die größte.

Nur wo Nationen sind, gibt es Taten, sonst ist nichts als despotische Maschinerie.

Und wenn Freiheit und Gerechtigkeit in Ewigkeit nichts als eine schöne Morgenröte wäre, so will ich lieber mit der Morgenröte sterben, als den glühenden, ehernen Himmel der blinden Despotie über meinem Schädel brennen lassen.

Es kann in seinem Ursprung nicht leicht ein schlimmeres Wort sein als *Soldat*, Söldner, Käufling, feile Seele; solidarius, glimpflich: Dukatenkerl. Die Sache macht die Ehre des Kriegers, aber ein Soldat kann als Soldat durchaus auf keine Ehre Anspruch machen. Es ist ein unbegreiflicher Wahnsinn des menschlichen Geistes, wie der Name *Soldat* ein Ehrentitel werden konnte.

Alles würde in der Welt am besten mit Negativen gehen. Die Wegschaffung des Schlimmen wird schon das Gute bringen.

Wo man von Gerechtigkeiten und Freiheiten redet, soll man durchaus nicht von Gerechtigkeit und Freiheit sprechen.

Wer das Wort *Denkfreiheit* erfunden hat, war gewiß ein Dummkopf, der weiter keine Erfindung machen wird.

In der Philosophie kann ich's bis zum Skeptizismus bringen; weiter geht es nicht: also will ich lieber bei dem gesunden Menschenverstande bleiben, den so wenige Philosophen haben und der doch heutzutage so nötig wird.

Von allen, die in der Französischen Revolution umgekommen sind, zähle ich achtzig Teile Narren, neunzehn Teile Schurken und ungefähr den hundertsten Teil ehrliche verständige Leute. Die Proportion ist sehr liberal. Die Narren haben oft ein sehr heroisches und weises Ansehen.

Die Französische Revolution wird in der Weltgeschichte das Verdienst haben, zuerst Grundsätze der Vernunft in das öffentliche Staatsrecht getragen zu haben. Läßt man diese Grundsätze wieder sterben, so verdient jeder Weltteil seinen sublimierten Bonaparte.

Ich kann nicht leugnen, ich habe zuweilen Furcht gehabt; aber die Furcht hat mich nie gehindert, auch mit Gefahr meines Lebens etwas zu tun, was ich mit Gründen wollte. Und dieses errungene Gefühl der bewußten gesammelten Stärke wird endlich zur größern Festigkeit als die natürliche Furchtlosigkeit.

Wer aus der Geschichte Völkerrecht und Staatsrecht studieren will, wird allerdings wohl ein guter Minister werden können, aber mit der Vernunft wird er wohl nicht beträchtlich weiter kommen.

Heiliger Spartakus, bitte für uns! Wenn doch mehr solche Schulmeister des Menschenverstandes aufträten!

Wenn etwas hart bestraft wird, so beweist das gar nicht, daß es unrecht ist; es beweist bloß, daß es dem Vorteil der Machthaber nachteilig ist. Oft ist gerade die Strafe der Stempel der schönen Tat.

Wenn ich von jemand höre, er sei sehr fromm, so nehme ich mich sogleich sehr vor seiner Gottlosigkeit in acht.

Wo Eitelkeit und Prunksucht anfängt, hört der innere Wert auf.

Wenn die Menschen ohne Leidenschaft wären, würde freilich viel Böses verschwinden, aber auch sehr viel von dem, was jetzt sehr gut aussieht.

Die Freundlichkeit eines Freundes besticht mehr als das Gold des Despoten, und sicher mehr als sein Dolch.

Die beste Verwahrung gegen Leidenschaft aller Art ist nahe, gründliche Bekanntschaft mit dem Gegenstand.

Unbedingter Gehorsam ist kein Gedanke unter vernünftigen Wesen. Wo mich jemand nach seiner Willkür brauchen kann, bin ich ihm keinen Gehorsam schuldig, das geht aus der moralischen Natur des Menschen hervor.

Wenn Bonaparte Vernunft und Freiheit und Gerechtigkeit gewollt hätte, so wäre er ein Weltheiland geworden, so daß sein Reich von mehr als dieser Welt gewesen wäre; aber so ist sein Reich ohne Heil nur von dieser Welt.

Wenn man sagt, eine Nation kann die Freiheit nicht vertragen, so heißt das: der weit größere Teil derselben besteht aus Schurken, Narren und Dummköpfen, oder ein einziger versteht es, sie dazu zu machen.

Äschylus focht bei Marathon, Sophokles tanzte als Knabe in Salamis am Freiheitsfeste im Chor um die persische Beute, und Euripides wurde in Salamis am Tage der Schlacht geboren. Die Weltgeschichte hat keine Tage mehr wie diese. Die Dichter machten nicht die Zeit, sondern die Zeit machte die Dichter.

Ich pflege zu sagen: «Das Leben ist mir nicht so viel wert, um mich deswegen übel zu befinden.»

Daß ein Narr zehen andere macht, ist freilich schlimm genug; aber weit schlimmer ist es noch, daß auch ein Schurke zehen andere macht. Nur die Vernunft macht wenig Proselyten.

Aus der freien Narrheit der Individuen kann für den Staat große Weisheit gedeihen.

Es ist gleich schwach und gefährlich, die öffentliche Stimme zu viel und zu wenig achten.

Das Schild der Humanität ist die beste, sicherste Decke der niederträchtigsten öffentlichen Gaunerei.

Wer einen Mann nicht oft in großen Kollisionen mit Lieblingsleidenschaften gesehen hat, muß es nicht wagen, über dessen Charakter zu urteilen. Ohne Kollision schlecht handeln wäre offenbare Tollheit oder reine Bosheit. Die letzte ist hoffentlich nicht in der Natur.

Mit der Furcht fängt die Sklaverei an, aber auch mit Zutrauen und Sorglosigkeit.

Wenn die Menschen endlich vernünftig sein werden, wird die Erde vielleicht am Marasmus senilis sterben.

Du sollst, weil ich will, ist Unsinn; fast ebenso sehr Unsinn ist die Vollmacht von Gottes Gnaden. Aber du sollst, weil *ich* soll, ist ein richtiger Schluß und die Base des Rechts.

Es wird selten eine Handlung begangen, die nicht irgend jemand für ein Bubenstück und zur nämlichen Zeit ein anderer nicht für eine schöne Tat hielte. Ein sicherer Beweis, daß sie schlecht war, ist, wenn der Täter den andern das Urteil darüber wehren will.

Wer in der Welt nicht 200000 Bajonette mit den gehörigen Appertinenzen zu seinem Befehl hat, sollte sich's nicht einfallen lassen, öffentlich einen vernünftigen Gedanken zu haben. Und die Herren, die sie haben, lassen sich's beliebter Gemächlichkeit wegen selten einfallen.

Wer außer sich notwendig noch jemandes zu seinem Wohlbefinden bedarf, ist schwerlich ganz unbefangen.

Ich bin fest überzeugt, wo zehentausend rein aufgeklärte, fest ehrliche, nichts fürchtende, entschlossene Männer wären, würde die Wiege des Universalreichs der Vernunft sein. Aber wo sind zehen? Und welche Stufe zu zehentausend.

Wenn wir in unsern öffentlichen Verhältnissen sagen, man müsse das Beste wählen, so heißt das bloß: man muß tun, was weniger schlecht ist; denn das Gute wird man uns schon zu verwehren wissen.

Nur ein Ignorant hält sogleich seine Gedanken für Entdeckungen. Unterdessen können sie es doch für ihn sein, und er entdeckt vielleicht besser als sein Vorgänger. Ein Ignorant ist kein Dummkopf, aber ein Dummkopf bleibt immer ein Ignorant, und wenn er ein noch so großer Polyhistor wäre. Die Literärgeschichte könnte dazu viel Belege liefern.

Wenn ich spazierengehe, stößt mir alle fünf Minuten ein Gesicht auf, das ein Patent für ein Privilegium aushängt; und jedesmal verliere ich dabei etwas Mut für die Menschheit.

Ob die Weiber soviel Vernunft haben als die Männer, mag ich nicht entscheiden; aber sie haben ganz gewiß nicht soviel Unvernunft.

Die Etymologie ist das beste Studium, die Schreckgespenster der heiligen und profanen Gaunerei loszuwerden.

Laßt euch nur einmal eine Offenbarung aufbürden, und man wird euch bald so viel Unsinn offenbaren, daß ihr vor Angst in der Nacht den Großen Bär und am Tage die Sonne nicht finden könnt.

Von dem Tage der Schlacht bei Jena habe ich mir so ziemlich fest vorgenommen, nicht mehr Deutsch zu schreiben; das heißt, nichts mehr in dieser Sprache der Faulheit und Dummheit und Despotie und Sklaverei drucken zu lassen. Die Sachen müßten sich sonderbar ändern, wenn ich meinen Vorsatz ändern sollte.

Die Hälfte der Armee und überhaupt die Hälfte der Menschen ist immer leidlich, ehrlich und gut; aber die Bosheit ist meistens energischer im ganzen als im einzelnen.

Wo man anfängt, den Krieger von dem Bürger zu trennen, ist die Sache der Freiheit und Gerechtigkeit schon halb verloren.

Wenn ich die ausgezeichnet schlechten bürgerlichen öffentlichen Einrichtungen sehe, muß ich mich wundern, daß die Menschen nicht noch weggeworfener und ehrloser sind.

Das beständige Leben im Zimmer wird bald zur kränkelnden Vegetation. Wer Kraft und Mut und Licht mehren will, gehe hinaus in die Elemente.

«Was ist der Mann?» fragen andere. «Wer ist sein Herr Vater?» fragt der Deutsche.

«Er hat große Dinge im Kopfe», so sagt man jetzt, um jemand lächerlich zu machen. Man kann ein kleines, sklavisches, weggeworfenes Geschlecht nicht besser bezeichnen.

Alles, was man in dieser Zeit für seinen Charakter tun kann, ist, zu dokumentieren, daß man nicht zur Zeit gehört.

Wenn man sich einmal über Vernunft, echte Freiheit und Liberalismus weggesetzt hat, kann man mit Klugheit und Kühnheit einen weiten Weg machen.

Solon hatte bekanntlich seinen Atheniensern ein Gesetz gegeben, daß bei Bürgerzwisten jeder Bürger eine Partei ergreifen mußte: das liegt in der Menschennatur, und dadurch wird Vernunft und Freiheitssinn lebendig erhalten. Bei uns ist überall das Gegenteil verordnet, und dadurch wird Indolenz und sklavische Verdumpfung geschaffen. Sehr klug, fast hätte ich gesagt: sehr weise!

Wo Freiheit ist, kann man seine Meinung über einen öffentlichen Mann nie zu früh äußern, man läuft leicht Gefahr, zu spät zu kommen. Tut man ihm durch falschen Argwohn unrecht, desto besser für ihn und das Vaterland! Wenn er sich für beleidigt hält, hat man ihm nicht ganz unrecht getan.

Sich amüsieren heißt etymologisch: die Muße loswerden. Amüsement wäre also das Vergnügen der Plattköpfe.

Wer keinen Freund hat, verdient keinen; ein halbwahrer Satz. Aber wer keinen Feind hat, verdient keinen Freund; möchte eher zu beweisen sein.

Auf glattem ebenem Boden merkt man nicht leicht, daß jemand lahm ist. Ebenso sieht man die Schwachheit der öffentlichen Männer wenig in dem gewöhnlichen Gange der Geschäfte. Aber wenn die Form ausgehoben wird und Geist und Selbsttätigkeit wirken sollen, dann tritt der eigene Wert und die hinkende Jämmerlichkeit hervor.

Ehe der Körper eines großen Mannes Asche ist, kann man selten mit einiger Richtigkeit über seinen Charakter urteilen.

Wenn die Leute jemand sehr geflissen aus dem Wege gehen, denkt er wohl: «Die haben gewaltigen Respekt vor mir»; und es geschieht doch nur aus Vorsicht, weil sie ihn für einen Menschen halten, dem man nicht zu nahe kommen muß. Und das ist nichts Gutes, denn nur vor Narren oder Schurken fürchtet sich der ehrliche Mann.

Es ist freilich traurig, Satiren zu schreiben, aber was soll man anders tun, wenn man kein Kabeljau ist? Alles, was man sieht und hört, ist ja Satire. Wenn man Satire fühlt, muß man Satire schreien. Jeder Blick in die Welt gällt Satire. Vielleicht mache ich nur meine eigene. «Difficile est» – sagt der Alte.

Da sich wenige Menschen bis zur philosophischen Geduld erheben können, müssen sie wohl bei der christlichen stehenbleiben.

Sobald ich das Wort *Gnade* höre, fahre ich sogleich zurück, denn da hat die Vernunft ein Ende, und es hat nur unter Verbrechern und Dummköpfen Sinn.

Es ist nur *ein* Despotismus erträglich: der Despotismus der Vernunft – wenn wir nur erst über die Vernunft einig wären.

Wo sich der ehrliche Mann zu fürchten anfängt, hört meistens der Schurke zu fürchten auf, und umgekehrt.

Die Despotie stempelt gewöhnlich die Begriffe wie die Münze, und der gefährlichste Streich, den sie der Vernunft, der Freiheit und Gerechtigkeit schlägt, ist, sie durch Verleumdung zu entstellen. Man läßt den ehrlichen Mann nicht einmal mit Ehren sterben, sondern sucht ihn erst in das Kataster der Schurken zu setzen. Wer also seiner Ehre nicht von innen gewiß ist, mag ja von außen auf nichts rechnen, wenn er nicht den Machthabern frönt.

Rebellion heißt Widerstand, und Empörung heißt Kraft und Mut, geradezugehen; beides können also schöne, männliche Tugenden sein. Nur die Umstände stempeln sie mit Schande.

Je mehr die Menschen in Staaten von ihrer ursprünglichen Gleichheit behalten, desto mehr behalten sie von ihrer eigentümlichen Kraft für den Staat selbst, desto größer ist die Summe des Ganzen für das Gemeine. Jeder Eingriff in die Gerechtigkeit ist eine Schwächung der Nationalkraft, also ist das erste Privilegium der erste Hochverrat.

Wo ich in einem Staate gesetzlich von *einem* Sklaven höre, nehme ich sogleich die Möglichkeit von zehn Millionen an; der Keim dazu ist gelegt. Und wo sich einer vor dem andern mit Freiheiten und Rechtsvorzügen brüsten kann, wird Freiheit und Gerechtigkeit noch lange nicht wohnen.

Es ist nicht so gefährlich, zwanzig allgemeine Wahrheiten kühn zu sagen, als eine einzige Anwendung davon zu machen, und wenn sie auch noch so liquid wäre. Im Gegenteil, je liquider sie ist, desto gefährlicher wird sie.

Die meisten Regenten fürchten sich mehr vor den Bürgern als vor den äußern Feinden: ein Beweis, daß die meisten Staaten schlecht eingerichtet sind.

Wer mehr als gewöhnlichen Respekt *verlangt,* verdient auch den gewöhnlichen nicht.

Es gilt im Staate rechtlich eigentlich kein Zwang als der Zwang, das Vaterland zu verteidigen und *verhältnismäßig* zur Aufrechthaltung der Ordnung beizutragen. Jeder andere Zwang ist Sklaverei, und der Staat ist unweise, wenn er ihn zuläßt, und tyrannisch, wenn er ihn befördert.

Mißtrauen kommt nie zu früh, aber oft zu spät.

Wenn man erst die Freiheiten, das heißt die Privilegien, wird getötet haben, nur dann erst ist etwas für die Freiheit zu tun.

Jetzt würde man einen Tyrannen vernichten, und zehn würden aufstehen.

Dem gewöhnlichen Menschen ist das Vaterland, wo ihn sein Vater gezeugt, seine Mutter gesäugt und sein Pastor gefirmelt hat, dem Kaufmann, wo er die höchsten Prozente ergaunern kann, ohne von dem Staat gepflückt zu werden, dem Soldaten, wo der Imperator den besten Sold zahlt und die größte Insolenz erlaubt, dem Gelehrten, wo er für seine Schmeicheleien am meisten Weihrauch oder Gold erntet, dem ehrlichen, vernünftigen Manne, wo am meisten Freiheit, Gerechtigkeit und Humanität ist. Also findet der letzte nur selten sein Vaterland.

Es ist nichts Ernsthaftes, das nicht irgendeine Afterphilosophie lächerlich gemacht, und nichts Lächerliches, das sie nicht ernsthaft behandelt hätte. Auf beides muß man gefaßt sein, sobald man nur die Haustüre öffnet.

Man darf nur die meisten Menschen bestimmt nötig haben, um sogleich ihre Bösartigkeit zu wecken.

Das Beste vom Leben ist, daß man niemand zwingen kann zu leben. Wer durch eigene Niederträchtigkeit dazu gezwungen wird, ist sein eigener moralischer Büttel und Scharfrichter.

Wenn unser Charakter ausgebildet ist, fängt leider unsere Kraft an zusehends abzunehmen.

Die meisten Menschen beschäftigen sich damit, zu grübeln, wie es die andern besser machen sollten, und sehen sehr scheel, wenn man an ihrer eigenen Unfehlbarkeit zweifelt.

Wer seinen Charakter durchträgt, ist sicher, Anhänger zu haben, auch wenn er liquid Bösewicht wäre, denn auch der zerstückelte Mensch will gern etwas Ganzes haben.

Reißt den Menschen aus seinen Verhältnissen, und was er dann ist, nur das ist er. Zuweilen können die Verhältnisse etwas von seinem Selbst zutage fördern.

Eine Nation, die nicht den Mut und die Kraft hat, sich zur allgemeinen Gerechtigkeit und Freiheit zu erheben, ist der Raub der Nachbarn, die das, wenngleich nicht ursprünglich rein, doch in einem höhern Grade vermögen.

Herrschen ist Unsinn, aber Regieren ist Weisheit. Man herrscht also, weil man nicht regieren kann.

Für den Moment etwas Schönes tun, heißt noch nicht gut sein, das kann auch der Enthusiast. Wessen ganzes Leben nicht die strenge Sonde hält, gehört unter die moralischen Blendlinge.

Eine gute Tat, wenn sie wirklich die Probe hält, ist besser als Millionen guter Worte, aber manchmal ist das Wort die Tat selbst, und dann hat es hohen Wert.

Wenn dem Menschen nicht immer etwas teurer ist als das Leben, so ist das Leben nicht viel wert.

Die Sittenlosigkeit hat mit ihrer Eutrapelie sich so der Sprache bemächtigt, daß ein ehrlicher, unbefangener, mit den Weltlastern unbekannter Mensch fast kein Wort sprechen kann, ohne eine Zweideutigkeit zu sagen. Die größte Herrschaft usurpiert die Geschlechtsbeziehung.

Wenn der Mensch aufhört, in irgendeinem Punkte eine Tinktur von Narrheit zu haben, so ist es mit seiner Weisheit und bald auch mit seiner Existenz zu Ende. Der Himmel behüte mich also vor der absoluten Weisheit, nach der ich strebe!

Ich habe in der Geschichte und im Leben immer gefunden, daß die Könige im kleinen soviel Gerechtigkeit als möglich zeigen, um im großen sowenig als möglich zu haben.

Die Menschen sind durch die täglichen Erscheinungen um sich her so an Schändlichkeiten gewöhnt, daß sie alle Augenblicke von einer künftigen Infamie mit aller Unbefangenheit als von einer Sache sprechen, die zu der sogenannten guten Ordnung der Dinge gehöre.

Aufklärung ist richtige, volle, bestimmte Einsicht in unsere Natur, unsere Fähigkeiten und Verhältnisse, heller Begriff über unsere Rechte und Pflichten und ihren gegenseitigen Zusammenhang. Wer diese Aufklärung hemmen will, ist ganz sicher ein Gauner oder ein Dummkopf, oft auch beides; nur zuweilen eins mehr als das andere.

Wo gemeine, schwache Menschen in Bewunderung ausbrechen und die Huldigung anfangen, da gerät der Mann von Sinn und Stärke in Mißtrauen; und wo kurzsichtige Menschen mit Unzufriedenheit zu tadeln beginnen, fängt sehr oft des Weiseren bessere Billigung an.

Wer mit einem guten Gedanken stirbt, ist immer glücklicher, als wer als Sieger über ein Schlachtfeld zieht.

Wer nicht seines guten Gedankenganges sehr gewiß ist, der wird bei dem Anblick auf die öffentliche Welt gleichgiltig, nicht allein gegen Leben und Tod, sondern auch gegen Tugend und Laster.

Unsere Zeit ist ein blutig praktischer Kommentar über die Erbärmlichkeit des Fürstenwesens, aber die Erbärmlichkeit des Fürstenwesens kann ihn nicht begreifen.

Wer frei und wahr denken will, sei allein, oder er hoffe nichts und fürchte nichts, denn für ihn sind der Dolch, der Giftbecher, die Bastille in hundert Gestalten, alten und neuen, von Potosi bis nach Kolivan.

Gewisse Dinge glaube ich sogleich, wenn ich sie höre, so sehr haben sie den Stempel der Wahrheit; gewisse Dinge, wenn ich sie sehe; gewisse Dinge muß ich sehen und hören, um sie zu glauben; und gewisse Dinge glaube ich nicht, wenn ich sie auch sehe und höre.

Die meisten Leidenschaften scheuen den Tag und sind schon gefährlich genug, aber furchtbar verheerend sind die, die in der Finsternis geboren werden und sich am Sonnenlicht nähren: Ruhmsucht und Herrschsucht.

Die Pfaffen haben die Erbsünde geschaffen, und der Adel verewigt sie; die Despotie verewigt alles zusammen.

Johann Wolfgang Goethe

1809

Wir blicken so gern in die Zukunft, weil wir das Ungefähre, was sich in ihr hin und her bewegt, durch stille Wünsche gern zu unsern Gunsten heranleiten möchten.

Man mag noch so eingezogen leben, so wird man, ehe man sich's versieht, ein Schuldner oder ein Gläubiger.

Begegnet uns jemand, der uns Dank schuldig ist, gleich fällt es uns ein. Wie oft können wir jemand begegnen, dem wir Dank schuldig sind, ohne daran zu denken.

Sich mitzuteilen ist Natur; Mitgeteiltes aufzunehmen, wie es gegeben wird, ist Bildung.

Durch nichts bezeichnen die Menschen mehr ihren Charakter als durch das, was sie lächerlich finden.

Das Lächerliche entspringt aus einem sittlichen Kontrast, der auf eine unschädliche Weise für die Sinne in Verbindung gebracht wird.

Man läßt sich seine Mängel vorhalten, man läßt sich strafen, man leidet manches um ihrer willen mit Geduld; aber ungeduldig wird man, wenn man sie ablegen soll.

Die Leidenschaften sind Mängel oder Tugenden, nur gesteigerte.

Man kann der Gesellschaft alles aufdringen, nur nicht, was eine Folge hat.

Durch das, was wir Betragen und gute Sitten nennen, soll das erreicht werden, was außerdem nur durch Gewalt oder auch nicht einmal durch Gewalt zu erreichen ist.

Der Umgang mit Frauen ist das Element guter Sitten.

Das Betragen ist ein Spiegel, in welchem jeder sein Bild zeigt.

Freiwillige Abhängigkeit ist der schönste Zustand, und wie wäre der möglich ohne Liebe!

Wir sind nie entfernter von unsern Wünschen, als wenn wir uns einbilden, das Gewünschte zu besitzen.

Es darf sich einer nur für frei erklären, so fühlt er sich den Augenblick als bedingt. Wagt er es, sich für bedingt zu erklären, so fühlt er sich frei.

Gegen große Vorzüge eines andern gibt es kein Rettungsmittel als die Liebe.

Toren und gescheite Leute sind gleich unschädlich. Nur die Halbnarren und Halbweisen, das sind die Gefährlichsten.

Man weicht der Welt nicht sicherer aus als durch die Kunst, und man verknüpft sich nicht sicherer mit ihr als durch die Kunst.

Die Schwierigkeiten wachsen, je näher man dem Ziele kommt.

Über Kunst und Altertum

1818

Die Kunst an und für sich selbst ist edel; deshalb fürchtet sich der Künstler nicht vor dem Gemeinen. Ja indem er es aufnimmt, ist es schon geadelt, und so sehen wir die größten Künstler mit Kühnheit ihr Majestätsrecht ausüben.

In jedem Künstler liegt ein Keim von Verwegenheit, ohne den kein Talent denkbar ist, und dieser wird besonders rege, wenn man den Fähigen einschränken und zu einseitigen Zwecken dingen und brauchen will.

Der Humor ist eins der Elemente des Genies, aber, sobald er vorwaltet, nur ein Surrogat desselben; er begleitet die abnehmende Kunst, zerstört, vernichtet sie zuletzt.

1820

Gar oft im Laufe des Lebens, mitten in der größten Sicherheit des Wandels bemerken wir auf einmal, daß wir in einem Irrtum befangen sind, daß wir uns für Personen, für Gegenstände einnehmen ließen, ein Verhältnis zu ihnen erträumten, das dem erwachten Auge sogleich verschwindet; und doch können wir uns nicht losreißen, eine Macht hält uns fest, die uns unbegreiflich scheint. Manchmal jedoch kommen wir zum völligen Bewußtsein und begreifen, daß ein Irrtum so gut als ein Wahres zur Tätigkeit bewegen und antreiben kann. Weil nun die Tat überall entscheidend ist, so kann aus einem tätigen Irrtum etwas Treffliches entstehen, weil die Wirkung jedes Getanen ins Unendliche reicht. So ist das Hervorbringen freilich immer das Beste, aber auch das Zerstören ist nicht ohne glückliche Folge.

Der wunderbarste Irrtum aber ist derjenige, der sich auf uns selbst und unsere Kräfte bezieht, daß wir uns einem würdigen Geschäft, einem ehrsamen Unternehmen widmen, dem wir nicht gewachsen sind, daß wir nach einem Ziel streben, das wir nie erreichen können. Die daraus entspringende tantalisch-sisyphische Qual empfindet jeder nur um desto bitterer, je redlicher er es meinte. Und doch sehr oft, wenn wir uns von dem Beabsichtigten für ewig getrennt sehen, haben wir schon auf unserm Wege irgendein anderes Wünschenswerte gefunden, etwas uns Gemäßes, mit dem uns zu begnügen wir eigentlich geboren sind.

1821

Gewisse Bücher scheinen geschrieben zu sein, nicht damit man daraus lerne, sondern damit man wisse, daß der Verfasser etwas gewußt hat.

Sie peitschen den Quark, ob nicht etwa Creme daraus werden wolle.

Die größte Achtung, die ein Autor für sein Publikum haben kann, ist, daß er niemals bringt, was man erwartet, sondern was er selbst auf der jedesmaligen Stufe eigner und fremder Bildung für recht und nützlich hält.

Die Weisheit ist nur in der Wahrheit.

Ist denn die Welt nicht schon voller Rätsel genug, daß man die einfachsten Erscheinungen auch noch zu Rätseln machen soll?

Das kleinste Haar wirft seinen Schatten.

Vor dem Gewitter erhebt sich zum letzten Male der Staub gewaltsam, der nun bald für lange getilgt sein soll.

Nicht überall, wo Wasser ist, sind Frösche; aber wo man Frösche hört, ist Wasser.

Wer fremde Sprachen nicht kennt, weiß nichts von seiner eigenen.

Die Natur gerät auf Spezifikationen wie in eine Sackgasse: sie kann nicht durch und mag nicht wieder zurück; daher die Hartnäckigkeit der Nationalbildung.

Es ist eine Forderung der Natur, daß der Mensch mitunter betäubt werde, ohne zu schlafen; daher der Genuß im Tabakrauchen, Branntweintrinken, Opiaten.

Dem tätigen Menschen kommt es darauf an, daß er das Rechte tue; ob das Rechte geschehe, soll ihn nicht kümmern.

Mancher klopft mit dem Hammer an der Wand herum und glaubt, er treffe jedesmal den Nagel auf den Kopf.

Das Zufällig-Wirkliche, an dem wir weder ein Gesetz der Natur noch der Freiheit für den Augenblick entdecken, nennen wir das Gemeine.

Geschichte schreiben ist eine Art, sich das Vergangene vom Halse zu schaffen.

Es bleibt einem jeden immer noch soviel Kraft, das auszuführen, wovon er überzeugt ist.

Die Menschen verdrießt's, daß das Wahre so einfach ist; sie sollten bedenken, daß sie noch Mühe genug haben, es praktisch zu ihrem Nutzen anzuwenden.

Eine Schule ist als einziger Mensch anzusehen, der hundert Jahre mit sich selbst spricht und sich in seinem eignen Wesen, und wenn es auch noch so albern wäre, ganz außerordentlich gefällt.

Eine falsche Lehre läßt sich nicht widerlegen, denn sie ruht ja auf der Überzeugung, daß das Falsche wahr sei. Aber das Gegenteil kann, darf und muß man wiederholt aussprechen.

Alle Gegner einer geistreichen Sache schlagen nur in die Kohlen, diese springen umher und zünden da, wo sie sonst nicht gewirkt hätten.

Der Mensch wäre nicht der Vornehmste auf der Erde, wenn er nicht zu vornehm für sie wäre.

Es werden jetzt Produktionen möglich, die Null sind, ohne schlecht zu sein, Null, weil sie keinen Gehalt haben, nicht schlecht, weil eine allgemeine Form guter Muster den Verfassern vorschwebt.

Der Schnee ist eine erlogene Reinlichkeit.

Alles Lyrische muß im Ganzen sehr vernünftig, im Einzelnen ein bißchen unvernünftig sein.

Der Roman ist eine subjektive Epopöe, in welcher der Verfasser sich die Erlaubnis ausbittet, die Welt nach seiner Weise zu behandeln. Es fragt sich also nur, ob er eine Weise habe; das andere wird sich schon finden.

Es gibt problematische Naturen, die keiner Lage gewachsen sind, in der sie sich befinden, und denen keine gut genug tut. Daraus entsteht der ungeheure Widerstreit, der das Leben ohne Genuß verzehrt.

Der Schmutz ist glänzend, wenn die Sonne scheinen mag.

Es ist schwer, gegen den Augenblick gerecht sein: der gleichgültige macht uns Langeweile, am guten hat man zu tragen und am bösen zu schleppen.

So eigensinnig widersprechend ist der Mensch: zu seinem Vorteil will er keine Nötigung, zu seinem Schaden leidet er jeden Zwang.

Ein Zustand, der alle Tage neuen Verdruß zuzieht, ist nicht der rechte.

Die Hindus der Wüste geloben, keine Fische zu essen.

Ein unzulängliches Wahre wirkt eine Zeitlang fort, statt völliger Aufklärung aber tritt auf einmal ein blendendes Falsche herein; das genügt der Welt, und so sind Jahrhunderte betört.

Es ist mit Meinungen, die man wagt, wie mit Steinen, die man voran im Brette bewegt: sie können geschlagen werden, aber sie haben ein Spiel eingeleitet, das gewonnen wird.

Es ist so gewiß als wunderbar, daß Wahrheit und Irrtum aus *einer* Quelle entstehen; deswegen man oft dem Irrtum nicht schaden darf, weil man zugleich der Wahrheit schadet.

In Kunst und Wissenschaft sowie im Tun und Handeln kommt alles darauf an, daß die Objekte rein aufgefaßt und ihrer Natur gemäß behandelt werden.

Ich bedauere die Menschen, welche von der Vergänglichkeit der Dinge viel Wesens machen und sich in Betrachtung irdischer Nichtigkeit verlieren. Sind wir ja eben deshalb da, um das Vergängliche unvergänglich zu machen; das kann ja nur dadurch geschehen, wenn man beides zu schätzen weiß.

Ein Phänomen, ein Versuch kann nichts beweisen, es ist das Glied einer großen Kette, das erst im Zusammenhange gilt. Wer eine Perlenschnur verdecken und nur die schönste einzelne vorzeigen wollte, verlangend, wir sollten ihm glauben, die übrigen seien alle so: schwerlich würde sich jemand auf den Handel einlassen.

Einen Regenbogen, der eine Viertelstunde steht, sieht man nicht mehr an.

Der Irrtum ist viel leichter zu erkennen, als die Wahrheit zu finden; jener liegt auf der Oberfläche, damit läßt sich wohl fertig werden; diese ruht in der Tiefe, danach zu forschen, ist nicht jedermanns Sache.

Wir alle leben vom Vergangnen und gehen am Vergangenen zugrunde.

Der Aberglaube ist die Poesie des Lebens; deswegen schadet's dem Dichter nicht, abergläubisch zu sein.

Wer keine Liebe fühlt, muß schmeicheln lernen, sonst kommt er nicht aus.

Gegen die Kritik kann man sich weder schützen noch wehren; man muß ihr zum Trutz handeln, und das läßt sie sich nach und nach gefallen.

Wer meine Fehler überträgt, ist mein Herr, und wenn's mein Diener wäre.

Wenn man von den Leuten Pflichten fordert und ihnen keine Rechte zugestehen will, muß man sie gut bezahlen.

Das Schöne ist eine Manifestation geheimer Naturgesetze, die uns ohne dessen Erscheinung ewig wären verborgen geblieben.

Aufrichtig zu sein, kann ich versprechen, unparteiisch zu sein, aber nicht.

Der Undank ist immer eine Art Schwäche. Ich habe nie gesehen, daß tüchtige Menschen wären undankbar gewesen.

Die Welt ist eine Glocke, die einen Riß hat: sie klappert, aber klingt nicht.

Kenne ich mein Verhältnis zu mir selbst und zur Außenwelt, so heiß' ich's Wahrheit. Und so kann jeder seine eigene Wahrheit haben, und es ist doch immer dieselbige.

Vom eigentlichen Produktiven ist niemand Herr, und sie müssen es alle nur so gewähren lassen.

Die Zeit ist selbst ein Element.

Ein Unterschied, der dem Verstand nichts gibt, ist kein Unterschied.

Wenn man alle Gesetze studieren sollte, so hätte man gar keine Zeit, sie zu übertreten.

Geheimnisse sind noch keine Wunder.

Wenn ich von liberalen Ideen reden höre, so verwundere ich mich immer, wie die Menschen sich gern mit leeren Wortschällen hinhalten: eine Idee darf nicht liberal sein! Kräftig sei sie, tüchtig, in sich selbst abgeschlossen, damit sie den göttlichen Auftrag, produktiv zu sein, erfülle. Noch weniger darf der Begriff liberal sein; denn der hat einen ganz andern Auftrag.

Wo man die Liberalität aber suchen muß, das ist in den Gesinnungen, und diese sind das lebendige Gemüt.

Gesinnungen aber sind selten liberal, weil die Gesinnung unmittelbar aus der Person, ihren nächsten Beziehungen und Bedürfnissen hervorgeht.

Weiter schreiben wir nicht; an diesem Maßstab halte man, was man tagtäglich hört!

Bei jedem Kunstwerk, groß oder klein, bis ins Kleinste kommt alles auf die *Konzeption* an.

Das Fürtreffliche ist unergründlich, man mag damit anfangen, was man will.

Ich habe mich so lange ums Allgemeine bemüht, bis ich einsehen lernte, was vorzügliche Menschen im Besondern leisten.

1824

Poesie wirkt am meisten im Anfang der Zustände, sie seien nun ganz roh, halbkultiviert oder bei Abänderung einer Kultur, beim Gewahrwerden einer fremden Kultur, daß man also sagen kann, die Wirkung der Neuheit findet durchaus statt.

Das Wahre ist eine Fackel, aber eine ungeheure; deswegen suchen wir alle nur blinzend so daran vorbei zu kommen, in Furcht sogar, uns zu verbrennen.

Der Handelnde ist immer gewissenlos; es hat niemand Gewissen als der Betrachtende.

Der Haß ist ein aktives Mißvergnügen, der Neid ein passives; deshalb darf man sich nicht wundern, wenn der Neid so schnell in Haß übergeht.

Der törigste von allen Irrtümern ist, wenn junge gute Köpfe glauben, ihre Originalität zu verlieren, indem sie das Wahre anerkennen, was von andern schon anerkannt worden.

Die Schönheit kann nie über sich selbst deutlich werden.

1825

Vom Absoluten in theoretischem Sinne wag ich nicht zu reden; behaupten aber darf ich, daß, wer es in der Erscheinung anerkannt und immer im Auge behalten hat, sehr großen Gewinn davon erfahren wird.

Der Mensch ist als wirklich in die Mitte einer wirklichen Welt gesetzt und mit solchen Organen begabt, daß er das Wirkliche und nebenbei das Mögliche erkennen und hervorbringen kann. Alle gesunde Menschen haben die Überzeugung ihres Daseins und eines Daseienden um sie her. Indessen gibt es auch einen hohlen Fleck im Gehirn, das heißt eine Stelle, wo sich kein Gegenstand abspiegelt, wie denn auch im Auge selbst ein Fleckchen ist, das nicht sieht. Wird der Mensch auf diese Stelle besonders aufmerksam, vertieft er sich darin, so verfällt er in eine Geisteskrankheit, ahnet hier *Dinge aus einer andern Welt*, die aber eigentlich Undinge sind und weder Gestalt noch Begrenzung haben, sondern als leere Nacht-Räumlichkeit ängstigen und den, der sich nicht losreißt, mehr als gespensterhaft verfolgen.

Es geht uns mit Büchern wie mit neuen Bekanntschaften. Die erste Zeit sind wir hoch vergnügt, wenn wir im Allgemeinen Übereinstimmung finden, wenn wir uns an irgendeiner Hauptseite unserer Existenz freundlich berührt fühlen; bei näherer Bekanntschaft treten alsdann erst die Differenzen hervor, und da ist denn die Hauptsache eines vernünftigen Betragens, daß man nicht, wie etwa in der Jugend geschieht, sogleich zurückschaudere, sondern daß man gerade das Übereinstimmende recht festhalte und sich über die Differenzen vollkommen aufkläre, ohne sich deshalb vereinigen zu wollen.

Wer viel mit Kindern lebt, wird finden, daß keine äußere Einwirkung auf sie ohne Gegenwirkung bleibt.

Die Gegenwirkung eines vorzüglich kindlichen Wesens ist sogar leidenschaftlich, das Eingreifen tüchtig.

Deshalb leben Kinder in Schnellurteilen, um nicht zu sagen in Vorurteilen; denn bis das schnell, aber einseitig Gefaßte sich auslöscht, um einem Allgemeinern Platz zu machen, erfordert es Zeit. Hierauf zu achten, ist eine der größten Pflichten des Erziehers.

Den einzelnen Verkehrtheiten des Tags sollte man immer nur große weltgeschichtliche Massen entgegensetzen.

1826

Eigentlich weiß man nur, wenn man wenig weiß; mit dem Wissen wächst der Zweifel.

Die Irrtümer des Menschen machen ihn eigentlich liebenswürdig.

Den Stoff sieht jedermann vor sich, den Gehalt findet nur der, der etwas dazuzutun hat, und die Form ist ein Geheimnis den meisten.

Wir mögen die Welt kennenlernen, wie wir wollen, sie wird immer eine Tag- und eine Nachtseite behalten.

Der Irrtum wiederholt sich immerfort in der Tat, deswegen muß man das Wahre unermüdlich in Worten wiederholen.

Wie in Rom außer den Römern noch ein Volk von Statuen war, so ist außer dieser realen Welt noch eine Welt des Wahns, viel mächtiger beinahe, in der die meisten leben.

Pflicht des Historikers, das Wahre vom Falschen, das Gewisse vom Ungewissen, das Zweifelhafte vom Verwerflichen zu unterscheiden.

Eine Chronik schreibt nur derjenige, dem die Gegenwart wichtig ist.

Die Gedanken kommen wieder, die Überzeugungen pflanzen sich fort; die Zustände gehen unwiederbringlich vorüber.

Unser ganzes Kunststück besteht darin, daß wir unsere Existenz aufgeben, um zu existieren.

Alles, was wir treiben und tun, ist ein Abmüden; wohl dem, der nicht müde wird!

Die Wahrheit widerspricht unserer Natur, der Irrtum nicht, und zwar aus einem sehr einfachen Grunde: die Wahrheit fordert, daß wir uns für beschränkt erkennen sollen, der Irrtum schmeichelt uns, wir seien auf ein oder die andere Weise unbegrenzt.

Zu allen Zeiten sind es nur die Individuen, welche für die Wissenschaft gewirkt, nicht das Zeitalter. Das Zeitalter war's, das den Sokrates durch Gift hinrichtete, das Zeitalter, das Hussen verbrannte: die Zeitalter sind sich immer gleichgeblieben.

Alles Ideelle, sobald es vom Realen gefordert wird, zehrt endlich dieses und sich selbst auf. So der Kredit (Papiergeld) das Silber und sich selbst.

Man muß seine Irrtümer teuer bezahlen, wenn man sie loswerden will, und dann hat man noch von Glück zu sagen.

Es gibt eine enthusiastische Reflexion, die von dem größten Wert ist, wenn man sich von ihr nur nicht hinreißen läßt.

Ein jeder leidet, der nicht für sich selbst handelt. Man handelt für andere, um mit ihnen zu genießen.

Eigentlich lernen wir nur von Büchern, die wir nicht beurteilen können. Der Autor eines Buchs, das wir beurteilen könnten, müßte von uns lernen.

Alle Mystik ist ein Transzendieren und ein Ablösen von irgendeinem Gegenstande, den man hinter sich zu lassen glaubt. Je größer und bedeutender dasjenige war, dem man absagt, desto reicher sind die Produktionen des Mystikers.

Alles Vortreffliche beschränkt uns für einen Augenblick, indem wir uns demselben nicht gewachsen fühlen; nur insofern wir es nachher in unsere Kultur aufnehmen, es unsern Geist- und Gemütskräften aneignen, wird es uns lieb und wert.

Kein Wunder, daß wir uns alle mehr oder weniger im Mittelmäßigen gefallen, weil es uns in Ruhe läßt; es gibt das behagliche Gefühl, als wenn man mit seinesgleichen umginge.

Welche Regierung die beste sei? Diejenige, die uns lehrt, uns selbst zu regieren.

Es kann wohl sein, daß der Mensch durch öffentliches und häusliches Geschick zuzeiten gräßlich gedroschen wird; allein das rücksichtslose Schicksal, wenn es die reichen Garben trifft, zerknittert nur das Stroh, die Körner aber spüren nichts davon und springen lustig auf der Tenne hin und wider, unbekümmert, ob sie zur Mühle, ob sie zum Saatfeld wandern.

Allen andern Künsten muß man etwas vorgeben, der griechischen allein bleibt man ewig Schuldner.

Das Absurde, mit Geschmack dargestellt, erregt Widerwillen und Bewunderung.

Der Alte verliert eins der größten Menschenrechte: er wird nicht mehr von seinesgleichen beurteilt.

1827

Das Erste und Letzte, was vom Genie gefordert wird, ist Wahrheitsliebe.

Wer gegen sich selbst und andere wahr ist und bleibt, besitzt die schönste Eigenschaft der größten Talente.

Zur Morphologie

1822

Man mag nicht *mit* jedem leben, und so kann man auch nicht *für* jeden leben; wer das recht einsieht, wird seine Freunde höchlich zu schätzen wissen, seine Feinde nicht hassen noch verfolgen; vielmehr erlangt der Mensch nicht leicht einen größeren Vorteil, als wenn er die Vorzüge seiner Widersacher gewahr werden kann: dies gibt ihm ein entschiedenes Übergewicht über sie.

Das Erlebte weiß jeder zu schätzen, am meisten der Denkende und Nachsinnende im Alter; er fühlt mit Zuversicht und Behaglichkeit, daß ihm das niemand rauben kann.

Die schönste Metempsychose ist die, wenn wir uns im andern wieder auftreten sehn.

Gar selten tun wir uns selbst genug; desto tröstender ist es, andern genug getan zu haben.

Wir sehen in unser Leben doch nur als in ein Zerstückeltes zurück, weil das Versäumte, Mißlungene uns immer zuerst entgegentritt und das Geleistete, Erreichte in der Einbildungskraft überwiegt.

Die Wissenschaft wird dadurch sehr zurückgehalten, daß man sich abgibt mit dem, was nicht wissenswert, und mit dem, was nicht wißbar ist.

Auch in Wissenschaften kann man eigentlich nichts wissen, es will immer getan sein.

Die Wissenschaft hilft uns vor allem, daß sie das Staunen, wozu wir von Natur berufen sind, einigermaßen erleichtere; sodann aber, daß sie dem immer gesteigerten Leben neue Fertigkeiten erwecke zu Abwendung des Schädlichen und Einleitung des Nutzbaren.

Zur Naturwissenschaft überhaupt

1823

Allein kann der Mensch nicht wohl bestehen, daher schlägt er sich gern zu einer Partei, weil er da, wenn auch nicht Ruhe, doch Beruhigung und Sicherheit findet.

Theorien sind gewöhnlich Übereilungen eines ungeduldigen Verstandes, der die Phänomene gern los sein möchte und an ihrer Stelle deswegen Bilder, Begriffe, ja oft nur Worte einschiebt. Man ahnet, man sieht auch wohl, daß es nur ein Behelf ist; liebt sich nicht aber Leidenschaft und Parteigeist jederzeit Behelfe? Und mit Recht, da sie ihrer so sehr bedürfen.

Alles Lebendige bildet eine Atmosphäre um sich her.

Die Natur hat sich so viel Freiheit vorbehalten, daß wir mit Wissen und Wissenschaft ihr nicht durchgängig beikommen oder sie in die Enge treiben können.

Mit den Irrtümern der Zeit ist schwer sich abzufinden: widerstrebt man ihnen, so steht man allein; läßt man sich davon befangen, so hat man auch weder Ehre noch Freude davon.

Wilhelm Meisters Wanderjahre

1829

Alles Gescheite ist schon gedacht worden, man muß nur versuchen, es noch einmal zu denken.

Wie kann man sich selbst kennenlernen? Durch Betrachten niemals, wohl aber durch Handeln. Versuche, deine Pflicht zu tun, und du weißt gleich, was an dir ist.

Was aber ist deine Pflicht? Die Forderung des Tages.

Die vernünftige Welt ist als ein großes unsterbliches Individuum zu betrachten, das unaufhaltsam das Notwendige bewirkt und dadurch sich sogar über das Zufällige zum Herrn macht.

Mir wird, je länger ich lebe, immer verdrießlicher, wenn ich den Menschen sehe, der eigentlich auf seiner höchsten Stelle da ist, um der Natur zu gebieten, um sich und die Seinigen von der gewalttätigen Notwendigkeit zu befreien, wenn ich sehe, wie er aus irgendeinem vorgefaßten falschen Begriff gerade das Gegenteil tut von dem, was er will, und sich alsdann, weil die Anlage im Ganzen verdorben ist, im Einzelnen kümmerlich herumpfuschet.

Die Dilettanten, wenn sie das Möglichste getan haben, pflegen zu ihrer Entschuldigung zu sagen, die Arbeit sei noch nicht fertig. Freilich kann sie nie fertig werden, weil sie nie recht angefangen ward. Der Meister stellt sein Werk mit wenigen Strichen als fertig dar; ausgeführt oder nicht, schon ist es vollendet. Der geschickteste Dilettant tastet im Ungewissen, und wie die Ausführung wächst, kommt die Unsicherheit der ersten Anlage immer mehr zum Vorschein. Ganz zuletzt entdeckt sich erst das Verfehlte, das nicht auszugleichen ist, und so kann das Werk freilich nicht fertig werden.

Jeder Mensch muß nach seiner Weise denken; denn er findet auf seinem Wege immer ein Wahres oder eine Art von Wahrem, die ihm durchs Leben hilft. Nur darf er sich nicht gehenlassen, er muß sich kontrollieren; der bloße nackte Instinkt geziemt nicht dem Menschen.

Unbedingte Tätigkeit, von welcher Art sie sei, macht zuletzt bankerott.

In den Werken des Menschen wie in denen der Natur sind eigentlich die Absichten vorzüglich der Aufmerksamkeit wert.

Die Menschen werden an sich und andern irre, weil sie die Mittel als Zweck behandeln, da denn vor lauter Tätigkeit gar nichts geschieht oder vielleicht gar das Widerwärtige.

Der geringste Mensch kann komplett sein, wenn er sich innerhalb der Grenzen seiner Fähigkeiten und Fertigkeiten bewegt; aber selbst schöne Vorzüge werden verdunkelt, aufgehoben und vernichtet, wenn jenes unerläßlich geforderte Ebenmaß abgeht. Dieses Unheil wird sich in der neuern Zeit noch öfter hervortun; denn wer wird wohl den Forderungen einer durchaus gesteigerten Gegenwart und zwar in schnellster Bewegung genugtun können?

Es begegnet mir von Zeit zu Zeit ein Jüngling, an dem ich nichts verändert noch gebessert wünschte; nur macht mir bange, daß ich manchen vollkommen geeignet sehe, im Zeitstrom mit fortzuschwimmen, und hier ist's, wo ich immerfort aufmerksam machen möchte: daß dem Menschen in seinem zerbrechlichen Kahn eben deshalb das Ruder in die Hand gegeben ist, damit er nicht der Willkür der Wellen, sondern dem Willen seiner Einsicht Folge leiste.

So wenig nun die Dampfmaschinen zu dämpfen sind, so wenig ist dies auch im Sittlichen möglich: die Lebhaftigkeit des Handels, das Durchrauschen des Papiergelds, das Anschwellen der Schulden, um Schulden zu bezahlen, das alles sind die ungeheuern Elemente, auf die gegenwärtig ein junger Mann gesetzt ist. Wohl ihm, wenn er von der Natur mit mäßigem, ruhigem Sinn begabt ist, um weder unverhältnismäßige Forderungen an die Welt zu machen, noch auch von ihr sich bestimmen zu lassen!

Die Bedeutsamkeit der unschuldigsten Reden und Handlungen wächst mit den Jahren, und wen ich länger um mich sehe, den suche ich immerfort aufmerksam zu machen, welch ein Unterschied stattfinde zwischen Aufrichtigkeit, Vertrauen und Indiskretion, ja daß eigentlich kein Unterschied sei, vielmehr nur ein leiser Übergang vom Unverfänglichsten zum Schädlichsten, welcher bemerkt oder vielmehr empfunden werden müsse.

Das Verhältnis der Künste und Wissenschaften zum Leben ist nach Verhältnis der Stufen, worauf sie stehen, nach Beschaffenheit der Zeiten und tausend andern Zufälligkeiten sehr verschieden; deswegen auch niemand darüber im Ganzen leicht klug werden kann.

Musik im besten Sinne bedarf weniger der Neuheit, ja vielmehr je älter sie ist, je gewohnter man sie ist, desto mehr wirkt sie.

Die Würde der Kunst erscheint bei der Musik vielleicht am eminentesten, weil sie keinen Stoff hat, der abgerechnet werden müßte. Sie ist ganz Form und Gehalt und erhöht und veredelt alles, was sie ausdrückt.

Die Musik ist heilig oder profan. Das Heilige ist ihrer Würde ganz gemäß, und hier hat sie die größte Wirkung aufs Leben, welche sich durch alle Zeiten und Epochen gleich bleibt. Die profane sollte durchaus heiter sein.

Wahrheitsliebe zeigt sich darin, daß man überall *das* Gute zu finden und zu schätzen weiß.

Ein historisches Menschengefühl heißt ein dergestalt gebildetes, daß es bei Schätzung gleichzeitiger Verdienste und Verdienstlichkeiten auch die Vergangenheit mit in Anschlag bringt.

Das Beste, was wir von der Geschichte haben, ist der Enthusiasmus, den sie erregt.

Man muß bedenken, daß unter den Menschen gar viele sind, die doch auch etwas Bedeutendes sagen wollen, ohne produktiv zu sein, und da kommen die wunderlichsten Dinge an den Tag.

Wenn ich die Meinung eines andern anhören soll, so muß sie positiv ausgesprochen werden; Problematisches hab ich in mir selbst genug.

Der Aberglaube gehört zum Wesen des Menschen und flüchtet sich, wenn man ihn ganz und gar zu verdrängen denkt, in die wunderlichsten Ecken und Winkel, von wo er auf einmal, wenn er einigermaßen sicher zu sein glaubt, wieder hervortritt.

Wir würden gar vieles besser kennen, wenn wir es nicht zu genau erkennen wollten. Wird uns doch ein Gegenstand unter einem Winkel von fünfundvierzig Graden erst faßlich.

Mikroskope und Fernröhre verwirren eigentlich den reinen Menschensinn.

Das *Was* des Kunstwerks interessiert die Menschen mehr als das *Wie;* jenes können sie einzeln ergreifen, dieses im Ganzen nicht fassen. Daher kommt das Herausheben von Stellen, wobei zuletzt, wenn man wohl aufmerkt, die Wirkung der Totalität auch nicht ausbleibt, aber jedem unbewußt.

Einbildungskraft wird nur durch Kunst, besonders durch Poesie geregelt. Es ist nichts fürchterlicher als Einbildungskraft ohne Geschmack.

Der Dichter ist angewiesen auf Darstellung. Das Höchste derselben ist, wenn sie mit der Wirklichkeit wetteifert, das heißt, wenn ihre Schilderungen durch den Geist dergestalt lebendig sind, daß sie als gegenwärtig für jedermann gelten können. Auf ihrem höchsten Gipfel scheint die Poesie ganz äußerlich; je mehr sie sich ins Innere zurückzieht, ist sie auf dem Wege zu sinken. – Diejenige, die nur das Innere darstellt, ohne es durch ein Äußeres zu verkörpern, oder ohne das Äußere durch das Innere durchfühlen zu lassen, sind beides die letzten Stufen, von welchen aus sie ins gemeine Leben hineintritt.

Literatur ist das Fragment der Fragmente; das wenigste dessen, was geschah und gesprochen worden, ward geschrieben, vom Geschriebenen ist das wenigste übriggeblieben.

Über Geschichte kann niemand urteilen, als wer an sich selbst Geschichte erlebt hat. So geht es ganzen Nationen. Die Deutschen können erst über Literatur urteilen, seitdem sie selbst eine Literatur haben.

Man ist nur eigentlich lebendig, wenn man sich des Wohlwollens andrer freut.

Die Mängel erkennt nur der Lieblose; deshalb, um sie einzusehen, muß man auch lieblos werden, aber nicht mehr, als hiezu nötig ist.

Das höchste Glück ist das, welches unsere Mängel verbessert und unsere Fehler ausgleicht.

Kannst du lesen, so sollst du verstehen; kannst du schreiben, so mußt du etwas wissen; kannst du glauben, so sollst du begreifen; wenn du begehrst, wirst du sollen; wenn du forderst, wirst du nicht erlangen, und wenn du erfahren bist, sollst du nutzen.

Wer sich mit reiner Erfahrung begnügt und darnach handelt, der hat Wahres genug. Das heranwachsende Kind ist weise in diesem Sinne.

Die Theorie an und für sich ist nichts nütze, als insofern sie uns an den Zusammenhang der Erscheinungen glauben macht.

Alles Abstrakte wird durch Anwendung dem Menschenverstand genähert, und so gelangt der Menschenverstand durch Handeln und Beobachten zur Abstraktion.

Nach Analogien denken ist nicht zu schelten: die Analogie hat den Vorteil, daß sie nicht abschließt und eigentlich nichts Letztes will; dagegen die Induktion verderblich ist, die einen vorgesetzten Zweck im Auge trägt und, auf denselben losarbeitend, Falsches und Wahres mit sich fortreißt.

Es geschieht nichts Unvernünftiges, das nicht Verstand oder Zufall wieder in die Richte brächten; nichts Vernünftiges, das Unverstand und Zufall nicht mißleiten könnten.

Jede große Idee, sobald sie in die Erscheinung tritt, wirkt tyrannisch; daher die Vorteile, die sie hervorbringt, sich nur allzubald in Nachteile verwandeln. Man kann deshalb eine jede Institution verteidigen und rühmen, wenn man an ihre Anfänge erinnert und darzutun weiß, daß alles, was von ihr im Anfange gegolten, auch jetzt noch gelte.

Die Geschichte der Wissenschaften ist eine große Fuge, in der die Stimmen der Völker nach und nach zum Vorschein kommen.

Beharre, wo du stehst! – Maxime, notwendiger als je, indem einerseits die Menschen in große Parteien gerissen werden, sodann aber auch jeder einzelne nach individueller Einsicht und Vermögen sich geltend machen will.

Man tut immer besser, daß man sich grad ausspricht, wie man denkt, ohne viel beweisen zu wollen; denn alle Beweise, die wir vorbringen, sind doch nur Variationen unserer Meinungen, und die Widriggesinnten hören weder auf das eine noch auf das andere.

Da nun den Menschen eigentlich nichts interessiert als seine Meinung, so sieht jedermann, der eine Meinung vorträgt, sich rechts und links nach Hülfsmitteln um, damit er sich und andere bestärken möge. Des Wahren bedient man sich, solange es brauchbar ist; aber leidenschaftlich-rhetorisch ergreift man das Falsche, sobald man es für den Augenblick nutzen, damit als einem Halbargumente blenden, als mit einem Lückenbüßer das Zerstückelte scheinbar vereinigen kann. Dieses zu erfahren war mir erst ein Ärgernis, dann betrübte ich mich darüber, und nun macht es mir Schadenfreude: ich habe mir das Wort gegeben, ein solches Verfahren niemals wieder aufzudecken.

Jedes Existierende ist ein Analogon alles Existierenden; daher erscheint uns das Dasein immer zu gleicher Zeit gesondert und verknüpft. Folgt man der Analogie zu sehr, so fällt alles identisch zusammen; meidet man sie, so zerstreut sich alles ins Unendliche. In beiden Fällen stagniert die Betrachtung, einmal als überlebendig, das andere Mal als getötet.

Die Vernunft ist auf das Werdende, der Verstand auf das Gewordene angewiesen; jene bekümmert sich nicht: wozu? dieser fragt nicht: woher? – Sie erfreut sich am Entwickeln; er wünscht alles festzuhalten, damit er es nutzen könne.

Die Analogie hat zwei Verirrungen zu fürchten: einmal, sich dem Witz hinzugeben, wo sie in nichts zerfließt, die andere, sich mit Tropen und Gleichnissen zu umhüllen, welches jedoch weniger schädlich ist.

Um mich zu retten, betrachte ich alle Erscheinungen als unabhängig voneinander und suche sie gewaltsam zu isolieren; dann betrachte ich sie als Korrelate, und sie verbinden sich zu einem entschiedenen Leben. Dies bezieh ich vorzüglich auf Natur; aber auch in bezug auf die neueste, um uns her bewegte Weltgeschichte ist diese Betrachtungsweise fruchtbar.

Alles, was wir Erfinden, Entdecken im höheren Sinne nennen, ist die bedeutende Ausübung, Bestätigung eines originalen

Wahrheitsgefühles, das, im stillen längst ausgebildet, unversehens, mit Blitzesschnelle zu einer fruchtbaren Erkenntnis führt. Es ist eine aus dem Innern am Äußern sich entwickelnde Offenbarung, die den Menschen seine Gottähnlichkeit vorahnen läßt. Es ist eine Synthese von Welt und Geist, welche von der ewigen Harmonie des Daseins die seligste Versicherung gibt.

Der Mensch muß bei dem Glauben verharren, daß das Unbegreifliche begreiflich sei; er würde sonst nicht forschen.

Es gibt Pedanten, die zugleich Schelme sind, und das sind die allerschlimmsten.

Um zu begreifen, daß der Himmel überall blau ist, braucht man nicht um die Welt zu reisen.

Das Allgemeine und Besondere fallen zusammen: das Besondere ist das Allgemeine, unter verschiedenen Bedingungen erscheinend.

Ist das ganze Dasein ein ewiges Trennen und Verbinden, so folgt auch, daß die Menschen im Betrachten des ungeheuren Zustandes auch bald trennen, bald verbinden werden.

In den Wissenschaften ist viel Gewisses, sobald man sich von den Ausnahmen nicht irre machen läßt und die Probleme zu ehren weiß.

Wenn ich mich beim Urphänomen zuletzt beruhige, so ist es doch auch nur Resignation; aber es bleibt ein großer Unterschied, ob ich mich an den Grenzen der Menschheit resigniere oder innerhalb einer hypothetischen Beschränktheit meines bornierten Individuums.

Hypothesen sind Wiegenlieder, womit der Lehrer seine Schüler einlullt; der denkende treue Beobachter lernt immer mehr seine Beschränkung kennen, er sieht: je weiter sich das Wissen ausbreitet, desto mehr Probleme kommen zum Vorschein.

Wie wollte einer als Meister in seinem Fach erscheinen, wenn er nichts Unnützes lehrte!

Das Närrischste ist, daß jeder glaubt, überliefern zu müssen, was man gewußt zu haben glaubt.

Das Falsche hat den Vorteil, daß man immer darüber schwätzen kann; das Wahre muß gleich genutzt werden, sonst ist es nicht da.

Die Deutschen, und sie nicht allein, besitzen die Gabe, die Wissenschaften unzugänglich zu machen.

Es gehört eine eigene Geisteswendung dazu, um das gestaltlose Wirkliche in seiner eigensten Art zu fassen und es von Hirngespinsten zu unterscheiden, die sich denn doch auch mit einer gewissen Wirklichkeit lebhaft aufdringen.

Das Wahre fördert; aus dem Irrtum entwickelt sich nichts, es verwickelt uns nur.

Der Mensch findet sich mitten unter Wirkungen und kann sich nicht enthalten, nach den Ursachen zu fragen; als ein bequemes Wesen greift er nach der nächsten als der besten und beruhigt sich dabei; besonders ist dies die Art des allgemeinen Menschenverstandes.

Sieht man ein Übel, so wirkt man unmittelbar daraus, das heißt, man kuriert unmittelbar aufs Symptom los.

Was nicht mehr entsteht, können wir uns als entstehend nicht denken; das Entstandene begreifen wir nicht.

Die Mathematik ist wie die Dialektik ein Organ des inneren höheren Sinnes; in der Ausübung ist sie eine Kunst wie die Beredsamkeit. Für beide hat nichts Wert als die Form; der Gehalt ist ihnen gleichgültig. Ob die Mathematik Pfennige oder Guineen berechne, die Rhetorik Wahres oder Falsches verteidige, ist beiden vollkommen gleich.

Die Mathematik vermag kein Vorurteil wegzuheben, sie kann den Eigensinn nicht lindern, den Parteigeist nicht beschwichtigen, nichts von allem Sittlichen vermag sie.

Nicht die Sprache an und für sich ist richtig, tüchtig, zierlich, sondern der Geist ist es, der sich darin verkörpert, und so kommt es nicht auf einen jeden an, ob er seinen Rechnungen, Reden oder Gedichten die wünschenswerten Eigenschaften verleihen will: es ist die Frage, ob ihm die Natur hiezu die geistigen und sittlichen Eigenschaften verliehen hat. Die geistigen: das Vermögen der An- und Durchschauung, die sittlichen: daß er die bösen Dämonen ablehne, die ihn hindern könnten, dem Wahren die Ehre zu geben.

Das Einfache durch das Zusammengesetzte, das Leichte durch das Schwierige erklären zu wollen ist ein Unheil, das in dem ganzen Körper der Wissenschaft verteilt ist, von den Einsichtigen wohl anerkannt, aber nicht überall eingestanden.

Ein großes Übel in den Wissenschaften, ja überall, entsteht daher, daß Menschen, die kein Ideenvermögen haben, zu theoretisieren sich vermessen, weil sie nicht begreifen, daß noch so vieles Wissen hiezu nicht berechtigt. Sie gehen im Anfange wohl mit einem löblichen Menschenverstand zu Werke, dieser aber hat seine Grenzen, und wenn er sie überschreitet, kommt er in Gefahr, absurd zu werden. Des Menschenverstandes angewiesenes Gebiet und Erbteil ist der Bezirk des Tuns und Handelns. Tätig wird er sich selten verirren; das höhere Denken, Schließen und Urteilen jedoch ist nicht seine Sache.

Man sagt, zwischen zwei entgegengesetzten Meinungen liege die Wahrheit mitten inne. Keineswegs! Das Problem liegt dazwischen, das Unschaubare, das ewig tätige Leben, in Ruhe gedacht.

Der echte Schüler lernt aus dem Bekannten das Unbekannte entwickeln und nähert sich dem Meister.

Man kann den Idealisten alter und neuer Zeit nicht verargen, wenn sie so lebhaft auf Beherzigung des *einen* dringen, woher alles entspringt und worauf alles wieder zurückzuführen wäre. Denn freilich ist das belebende und ordnende Prinzip in der Erscheinung dergestalt bedrängt, daß es sich kaum zu retten weiß. Allein wir verkürzen uns an der andern Seite wieder, wenn wir das Formende und die höhere Form selbst in eine vor unserm äußern und innern Sinn verschwindende Einheit zurückdrängen.

Eine eklektische Philosophie kann es nicht geben, wohl aber eklektische Philosophen.

Verschiedene Sprüche der Alten, die man sich öfters zu wiederholen pflegt, hatten eine ganz andere Bedeutung, als man ihnen in späteren Zeiten geben möchte.

Der für dichterische und bildnerische Schöpfungen empfängliche Geist fühlt sich dem Altertum gegenüber in den anmutigst-ideellen Naturzustand versetzt, und noch auf den heutigen Tag haben die Homerischen Gesänge die Kraft, uns wenigstens für Augenblicke von der furchtbaren Last zu befreien, welche die Überlieferung von mehrern tausend Jahren auf uns gewälzt hat.

Man rühmt das achtzehnte Jahrhundert, daß es sich hauptsächlich mit Analyse abgegeben; dem neunzehnten bleibt nun die Aufgabe, die falschen obwaltenden Synthesen zu entdecken und deren Inhalt aufs neue zu analysieren.

Es gibt nur zwei wahre Religionen, die eine, die das Heilige, das in und um uns wohnt, ganz formlos, die andere, die es in der schönsten Form anerkennt und anbetet. Alles, was dazwischenliegt, ist Götzendienst.

Genaubesehen, haben wir uns noch alle Tage zu reformieren und gegen andere zu protestieren, wenn auch nicht in religiösem Sinne.

Mit den Jahren steigern sich die Prüfungen.

Wo ich aufhören muß, sittlich zu sein, habe ich keine Gewalt mehr.

Man wird nie betrogen, man betrügt sich selbst.

Alle Gesetze sind von Alten und Männern gemacht. Junge und Weiber wollen die Ausnahme, Alte die Regel.

Es ist nicht genug zu wissen, man muß auch anwenden; es ist nicht genug zu wollen, man muß auch tun.

Es gibt keine patriotische Kunst und keine patriotische Wissenschaft. Beide gehören wie alles hohe Gute der ganzen Welt an und können nur durch allgemeine freie Wechselwirkung aller zugleich Lebenden in steter Rücksicht auf das, was uns vom Vergangenen übrig und bekannt ist, gefördert werden.

Wissenschaften entfernen sich im ganzen immer vom Leben und kehren nur durch einen Umweg wieder dahin zurück.

Die Menge fragt bei einer jeden neuen bedeutenden Erscheinung, was sie nutze, und sie hat nicht unrecht; denn sie kann bloß durch den Nutzen den Wert einer Sache gewahr werden.

Die wahren Weisen fragen, wie sich die Sache verhalte in sich selbst und zu andern Dingen, unbekümmert um den Nutzen, das heißt, um die Anwendung auf das Bekannte und zum Leben Notwendige, welche ganz andere Geister, scharfsinnige, lebenslustige, technisch geübte und gewandte, schon finden werden.

Das schädlichste Vorurteil ist, daß irgendeine Art Naturuntersuchung mit dem Bann belegt werden könne.

Die Geschichte der Philosophie, der Wissenschaften, der Religion, alles zeigt, daß die Meinungen massenweis sich verbreiten, immer aber diejenige den Vorrang gewinnt, welche faßlicher, das heißt, dem menschlichen Geiste in seinem gemeinen Zustande gemäß und bequem ist. Ja derjenige, der sich in höherem Sinne ausgebildet, kann immer voraussetzen, daß er die Majorität gegen sich habe.

Jeder Denkende, der seinen Kalender ansieht, nach seiner Uhr blickt, wird sich erinnern, wem er diese Wohltaten schuldig ist. Wenn man sie aber auch auf ehrfurchtsvolle Weise in Zeit und Raum gewähren läßt, so werden sie erkennen, daß wir etwas gewahr werden, was weit darüber hinausgeht, welches allen angehört und ohne welches sie selbst weder tun noch wirken könnten: *Idee* und *Liebe*.

Lichtenbergs Schriften können wir uns als der wunderbarsten Wünschelrute bedienen: wo er einen Spaß macht, liegt ein Problem verborgen.

Einer neuen Wahrheit ist nichts schädlicher als ein alter Irrtum.

Was ich recht weiß, weiß ich nur mir selbst; ein ausgesprochenes Wort fördert selten, es erregt meistens Widerspruch, Stokken und Stillstehen.

Wie manches Bedeutende sieht man aus Teilen zusammensetzen: man betrachte die Werke der Baukunst; man sieht manches sich regel- und unregelmäßig anhäufen. Daher ist uns der atomistische Begriff nah und bequem zur Hand; deshalb wir uns nicht scheuen, ihn auch in organischen Fällen anzuwenden.

Für die vorzüglichste Frau wird diejenige gehalten, welche ihren Kindern den Vater, wenn er abgeht, zu ersetzen imstande wäre.

Möge das Studium der griechischen und römischen Literatur immerfort die Basis der höhern Bildung bleiben!

Wer sich von nun an nicht auf eine Kunst oder Handwerk legt, der wird übel dran sein. Das Wissen fördert nicht mehr bei dem schnellen Umtriebe der Welt; bis man von allem Notiz genommen hat, verliert man sich selbst.

Eine allgemeine Ausbildung dringt uns jetzt die Welt ohnehin auf, wir brauchen uns deshalb darum nicht weiter zu bemühen; das Besondere müssen wir uns zueignen.

Viele Gedanken heben sich erst aus der allgemeinen Kultur hervor wie die Blüten aus den grünen Zweigen. Zur Rosenzeit sieht man Rosen überall blühen.

Eigentlich kommt alles auf die Gesinnungen an; wo diese sind, treten auch die Gedanken hervor, und nachdem sie sind, sind auch die Gedanken.

Aus dem Nachlaß

Eine jede Idee tritt als ein fremder Gast in die Erscheinung, und wie sie sich zu realisieren beginnt, ist sie kaum von Phantasie und Phantasterei zu unterscheiden.

Dies ist es, was man Ideologie im guten und bösen Sinne genannt hat und warum der Ideolog den lebhaft wirkenden praktischen Tagesmenschen so sehr zuwider war.

Man kann die Nützlichkeit einer Idee anerkennen und doch nicht recht verstehen, sie vollkommen zu nutzen.

Wir sind naturforschend Pantheisten, dichtend Polytheisten, sittlich Monotheisten.

Gott, wenn wir hoch stehen, ist alles; stehen wir niedrig, so ist er ein Supplement unsrer Armseligkeit.

Glaube ist Liebe zum Unsichtbaren, Vertrauen aufs Unmögliche, Unwahrscheinliche.

Die christliche Religion ist eine intentionierte politische Revolution, die, verfehlt, nachher moralisch geworden ist.

Alle Gesetze sind Versuche, sich den Absichten der moralischen Weltordnung im Welt- und Lebenslaufe zu nähern.

Es ist besser, es geschehe dir Unrecht, als die Welt sei ohne Gesetz. Deshalb füge sich jeder dem Gesetze.

Wäre es Gott darum zu tun gewesen, daß die Menschen in der Wahrheit leben und handeln sollten, so hätte er seine Einrichtung anders machen müssen.

Nicht allein das Angeborene, sondern auch das Erworbene ist der Mensch.

Charakter im Großen und Kleinen ist, daß der Mensch demjenigen eine stete Folge gibt, dessen er sich fähig fühlt.

Man sieht gleich, wo die zwei notwendigsten Eigenschaften fehlen: Geist und Gewalt.

Historisch betrachtet, erscheint unser Gutes in mäßigem Lichte, und unsere Mängel entschuldigen sich.

Der liebt nicht, der die Fehler des Geliebten nicht für Tugenden hält.

Man kann niemand lieben, als dessen Gegenwart man sicher ist, wenn man sein bedarf.

Man kennt nur diejenigen, von denen man leidet.

Mit jemand leben oder *in* jemand leben ist ein großer Unterschied. Es gibt Menschen, in denen man leben kann, ohne mit ihnen zu leben, und umgekehrt. Beides zu verbinden ist nur der reinsten Liebe und Freundschaft möglich.

Der Wolf im Schafpelze ist weniger gefährlich als das Schaf in irgendeinem Pelze, wo man es für mehr als einen Schöps nimmt.

Glaube, Liebe, Hoffnung fühlten einst in ruhiger geselliger Stunde einen plastischen Trieb in ihrer Natur; sie befleißigten sich zusammen und schufen ein liebliches Gebild, ein Pandora im höhern Sinne: die Geduld.

Ein Mensch zeigt nicht eher seinen Charakter, als wenn er von einem großen Menschen oder irgend von etwas Außerordentlichem spricht. Es ist der rechte Probierstein aufs Kupfer.

Dem Menschen ist verhaßt, was er nicht glaubt, selbst getan zu haben; deswegen der Parteigeist so eifrig ist. Jeder Alberne glaubt, ins Beste einzugreifen, und alle Welt, die nichts ist, wird zu was.

Egoistische Kleinstädterei, die sich Zentrum deucht.

Toleranz sollte eigentlich nur eine vorübergehende Gesinnung sein: sie muß zur Anerkennung führen. Dulden heißt beleidigen.

Die wahre Liberalität ist Anerkennung.

Es gibt Menschen, die auf die Mängel ihrer Freunde sinnen; dabei ist nichts zu gewinnen. Ich habe immer auf die Verdienste meiner Widersacher achtgehabt und davon Vorteil gezogen.

Gegner glauben, uns zu widerlegen, wenn sie ihre Meinung wiederholen und auf die unsrige nicht achten.

Diejenigen, welche widersprechen und streiten, sollten mitunter bedenken, daß nicht jede Sprache jedem verständlich sei.

Es hört doch jeder nur, was er versteht.

Es gibt viele Menschen, die sich einbilden, was sie erfahren, das verstünden sie auch.

Wer kann sagen, er erfahre was, wenn er nicht ein *Erfahrender* ist?

Was man mündlich ausspricht, muß der Gegenwart, dem Augenblick gewidmet sein; was man schreibt, widme man der Ferne, der Folge.

Die gegenwärtige Welt ist nicht wert, daß wir etwas für sie tun; denn die bestehende kann in dem Augenblick abscheiden. Für die vergangne und künftige müssen wir arbeiten: für jene, daß wir ihr Verdienst anerkennen, für diese, daß wir ihren Wert zu erhöhen suchen.

Wie viele Jahre muß man nicht *tun*, um nur einigermaßen zu wissen, was und wie es zu tun sei!

Es ist nichts inkonsequenter als die höchste Konsequenz, weil sie unnatürliche Phänomene hervorbringt, die zuletzt umschlagen.

Wer das erste Knopfloch verfehlt, kommt mit dem Zuknöpfen nicht zu Rande.

Man geht nie weiter, als wenn man nicht mehr weiß, wohin man geht.

Frage sich doch jeder, mit welchem Organ er allenfalls in seine Zeit einwirken kann und wird!

Ein schäbiges Kamel trägt immer noch die Lasten vieler Esel.

Wer tätig sein will und muß, hat nur das Gehörige des Augenblicks zu bedenken, und so kommt er ohne Weitläufigkeit durch. Das ist der Vorteil der Frauen, wenn sie ihn verstehen.

Der Augenblick ist eine Art von Publikum: man muß ihn betrügen, daß er glaube, man tue was; dann läßt er uns gewähren und im geheimen fortführen, worüber seine Enkel erstaunen müssen.

Der Tag an und für sich ist gar zu miserabel; wenn man nicht ein Lustrum anpackt, so gibt's keine Garbe.

Wenn die Affen es dahin bringen könnten, Langeweile zu haben, so könnten sie Menschen werden.

Alle praktische Menschen suchen sich die Welt handrecht zu machen; alle Denker wollen sie kopfrecht haben. Wie weit es jedem gelingt, mögen sie zusehen.

Das Wunderlichste im Leben ist das Vertrauen, daß andre uns führen werden. Haben wir's nicht, so tappen und tolpen wir unsern eignen Weg hin; haben wir's, so sind wir auch, eh' wir's uns versehen, auf das schlechteste geführt.

Wenn mir eine Sache mißfällt, so laß ich sie liegen oder mache sie besser.

Weiß denn der Sperling, wie dem Storch zumute sei?

Der Tiger, der dem Hirsch begreiflich machen will, wie köstlich es ist, Blut zu schlürfen.

Wenn weise Männer nicht irrten, müßten die Narren verzweifeln.

Der höchste Zweck der Gesellschaft ist Konsequenz der Vorteile, jedem gesichert. Jeder einzelne Vernünftige opfert schon der Konsequenz vieles auf, geschweige die Gesellschaft. Über diese Konsequenz geht fast der momentane Vorteil der Glieder zugrunde.

In der Gesellschaft sind alle gleich. Es kann keine Gesellschaft anders als auf den Begriff der Gleichheit gegründet sein, keineswegs aber auf den Begriff der Freiheit. Die Gleichheit will ich in der Gesellschaft finden; die Freiheit, nämlich die sittliche, daß ich mich subordinieren mag, bringe ich mit.

Gesetzgeber oder Revolutionärs, die Gleichsein und Freiheit zugleich versprechen, sind Phantasten oder Scharlatans.

Die Menschen sind als Organe ihres Jahrhunderts anzusehen, die sich meist unbewußt bewegen.

Fehler der sogenannten Aufklärung: daß sie Menschen Vielseitigkeit gibt, deren einseitige Lage man nicht ändern kann.

Einen gerüsteten, auf die *Defensive* berechneten Zustand kann kein Staat aushalten.

In den Zeitungen ist alles Offizielle geschraubt, das übrige platt.

Was man Mode heißt, ist augenblickliche Überlieferung. Alle Überlieferung führt eine gewisse Notwendigkeit mit sich, sich ihr gleichzustellen.

Wenn man älter wird, muß man mit Bewußtsein auf einer gewissen Stufe stehenbleiben.

Wenn die Jugend ein Fehler ist, so legt man ihn sehr bald ab.

In der Jugend bald die Vorzüge des Alters gewahr werden, im Alter die Vorzüge der Jugend zu erhalten, beides ist nur ein Glück.

In jeder großen Trennung liegt ein Keim von Wahnsinn; man muß sich hüten, ihn nachdenklich auszubrüten und zu pflegen.

Höchst merkwürdig ist, daß von dem menschlichen Wesen das Entgegengesetzte übrigbleibt: Gehäus und Gerüst, worin und womit sich der Geist hienieden genügte, sodann aber die idealen Wirkungen, die in Wort und Tat von ihm ausgingen.

Mystik: eine unreife Poesie, eine unreife Philosophie;
Poesie: eine reife Natur;
Philosophie: eine reife Vernunft.

Poesie deutet auf die Geheimnisse der Natur und sucht sie durchs Bild zu lösen;
Philosophie deutet auf die Geheimnisse der Vernunft und sucht sie durchs Wort zu lösen (Naturphilosophie, Experimentalphilosophie); Mystik deutet auf die Geheimnisse der Natur und Vernunft und sucht sie durch Wort und Bild zu lösen.

Sähe man Kunst und Wissenschaft nicht als ein Ewiges, in sich selbst Lebendig-Fertiges verehrend an, das im Zeitverlaufe nur

Vorzüge und Mängel durcheinandermischt, so würde man selbst irre werden und sich betrüben, daß Reichtum in eine solche Verlegenheit setzen kann.

Was ist das für eine Zeit, wo man die Begrabenen beneiden muß?

Was nicht originell ist, daran ist nichts gelegen, und was originell ist, trägt immer die Gebrechen des Individuums an sich.

Man spricht soviel von Geschmack: der Geschmack besteht in Euphemismen. Diese sind Schonungen des Ohrs mit Aufregung des Sinnes.

Das Publikum will wie Frauenzimmer behandelt sein: man soll ihnen durchaus nichts sagen, als was sie hören möchten.

Das Publikum beklagt sich lieber unaufhörlich, übel bedient worden zu sein, als daß es sich bemühte, besser bedient zu werden.

Innerhalb einer Epoche gibt es keinen Standpunkt, eine Epoche zu betrachten.

Wahre, in alle Zeiten und Nationen eingreifende Urteile sind sehr selten.

Die Kritik erscheint wie Ate: sie verfolgt die Autoren, aber hinkend.

Die Literatur verdirbt sich nur in dem Maße, als die Menschen verdorbener werden.

Klassisch ist das Gesunde, romantisch das Kranke.

Märchen: das uns unmögliche Begebenheiten unter möglichen oder unmöglichen Bedingungen als möglich darstellt.

Roman: der uns mögliche Begebenheiten unter unmöglichen oder beinahe unmöglichen Bedingungen als wirklich darstellt.

Es ist ein großer Unterschied, ob ich lese zu Genuß und Belebung oder zu Erkenntnis und Belehrung.

Es gibt Bücher, durch welche man alles erfährt und doch zuletzt von der Sache nichts begreift.

Ich denke immer, wenn ich einen Druckfehler sehe, es sei etwas Neues erfunden.

Wer gegenwärtig über Kunst schreiben oder gar streiten will, der sollte einige Ahndung haben von dem, was die Philosophie in unsern Tagen geleistet hat und zu leisten fortfährt.

Natur und Idee läßt sich nicht trennen, ohne daß die Kunst sowie das Leben zerstört werde.

Wir wissen von keiner Welt als im Bezug auf den Menschen; wir wollen keine Kunst, als die ein Abdruck dieses Bezugs ist.

Die höheren Forderungen sind an sich schon schätzbarer, auch unerfüllt, als niedrige, ganz erfüllte.

Laßt uns doch vielseitig sein! Märkische Rübchen schmecken gut, am besten gemischt mit Kastanien, und diese beiden edlen Früchte wachsen weit auseinander.

Man ist nur vielseitig, wenn man zum Höchsten strebt, weil man muß (im Ernst), und zum Geringern herabsteigt, wenn man will (zum Spaß).

Kunst: eine andere Natur, auch geheimnisvoll, aber verständlicher; denn sie entspringt aus dem Verstande.

Die Allegorie verwandelt die Erscheinung in einen Begriff, den Begriff in ein Bild, doch so, daß der Begriff im Bilde immer noch begrenzt und vollständig zu halten und zu haben und an demselben auszusprechen sei.

Die Symbolik verwandelt die Erscheinung in Idee, die Idee in ein Bild, und so, daß die Idee im Bild immer unendlich wirksam und unerreichbar bleibt und, selbst in allen Sprachen ausgesprochen, doch unaussprechlich bliebe.

In allen Künsten gibt es einen gewissen Grad, den man mit den natürlichen Anlagen, sozusagen allein erreichen kann. Zugleich aber ist es unmöglich, denselben zu überschreiten, wenn nicht die Kunst zu Hülfe kommt.

Aus vielen Skizzen endlich ein Ganzes hervorzubringen, gelingt selbst den Besten nicht immer.

Die Technik im Bündnis mit dem Abgeschmackten ist die fürchterlichste Feindin der Kunst.

Antike Tempel konzentrieren den Gott im Menschen; des Mittelalters Kirchen streben nach dem Gott in der Höhe.

Begriff ist *Summe*, Idee *Resultat* der Erfahrung; jene zu ziehen, wird Verstand, dieses zu erfahren, Vernunft erfordert.

Was man Idee nennt: das, was immer zur Erscheinung kommt und daher als Gesetz aller Erscheinungen uns entgegentritt.

Nur im Höchsten und im Gemeinsten trifft Idee und Erscheinung zusammen; auf allen mittlern Stufen des Betrachtens und Erfahrens trennen sie sich. Das Höchste ist das Anschauen des Verschiednen als identisch; das Gemeinste ist die Tat, das aktive Verbinden des Getrennten zur Identität.

Sich den Objekten in der Breite gleichstellen heißt lernen; die Objekte in ihrer Tiefe auffassen heißt erfinden.

Was ist denn das Erfinden? Es ist der Abschluß des Gesuchten.

Mit den Ansichten, wenn sie aus der Welt verschwinden, gehen oft die Gegenstände selbst verloren. Kann man doch im höheren Sinne sagen, daß die Ansicht der Gegenstand sei.

Das Wissen beruht auf der Kenntnis des zu Unterscheidenden, die Wissenschaft auf der Anerkennung des nicht zu Unterscheidenden.

Das Wissen wird durch das Gewahr werden seiner Lücken, durch das Gefühl seiner Mängel zur Wissenschaft geführt, welche vor, mit und nach allem Wissen besteht.

Wir würden unser Wissen nicht für Stückwerk erklären, wenn wir nicht einen Begriff von einem Ganzen hätten.

Nach unserm Rat bleibe jeder auf dem eingeschlagenen Wege und lasse sich ja nicht durch Autorität imponieren, durch allgemeine Übereinstimmung bedrängen und durch Mode hinreißen.

Autorität: ohne sie kann der Mensch nicht existieren, und doch bringt sie ebensoviel Irrtum als Wahrheit mit sich. Sie verewigt im einzelnen, was einzeln vorübergehen sollte, lehnt ab und läßt vorübergehen, was festgehalten werden sollte, und ist hauptsächlich Ursache, daß die Menschheit nicht vom Flecke kommt.

Vor zwei Dingen kann man sich nicht genug in acht nehmen: beschränkt man sich in seinem Fache, vor Starrsinn, tritt man heraus, vor Unzulänglichkeit.

Von dem, was sie verstehen, wollen sie nichts wissen.

Nicht alles Wünschenswerte ist erreichbar, nicht alles Erkennenswerte erkennbar.

Die Menschen, da sie zum Notwendigen nicht hinreichen, bemühen sich ums Unnütze.

Das Tier wird durch seine Organe belehrt; der Mensch belehrt die seinigen und beherrscht sie.

Die Sinne trügen nicht, das Urteil trügt.

Der Mensch ist genugsam ausgestattet zu allen wahren irdischen Bedürfnissen, wenn er seinen Sinnen traut und sie dergestalt ausbildet, daß sie des Vertrauens wert bleiben.

Die Dialektik ist die Ausbildung des Widersprechungsgeistes, welcher dem Menschen gegeben, damit er den Unterschied der Dinge erkennen lerne.

Das schönste Glück des denkenden Menschen ist, das Erforschliche erforscht zu haben und das Unerforschliche ruhig zu verehren.

Wir leben innerhalb der abgeleiteten Erscheinungen und wissen keineswegs, wie wir zur Urfrage kommen sollen.

Man nehme das nicht übel. Eben dasjenige, was niemand zugibt, niemand hören will, muß desto öfter wiederholt werden.

Wer das Falsche verteidigen will, hat alle Ursache, leise aufzutreten und sich zu einer feinen Lebensart zu bekennen. Wer das Recht auf seiner Seite fühlt, muß derb auftreten: ein höfliches Recht will gar nichts heißen.

Hypothesen sind Gerüste, die man vor dem Gebäude aufführt und die man abträgt, wenn das Gebäude fertig ist. Sie sind dem Arbeiter unentbehrlich; nur muß er das Gerüste nicht für das Gebäude ansehn.

Die Erscheinung ist vom Beobachter nicht losgelöst, vielmehr in die Individualität desselben verschlungen und verwickelt.

Die Phänomene sind nichts wert, als wenn sie uns eine tiefere reichere Einsicht in die Natur gewähren oder wenn sie uns zum Nutzen anzuwenden sind.

Die Konstanz der Phänomene ist allein bedeutend; was wir dabei denken, ist ganz einerlei.

Etwas Theoretisches populär zu machen, muß man es absurd darstellen. Man muß es erst selbst ins Praktische einführen; dann gilt's für alle Welt.

Ein großer Fehler, den wir begehen, ist, die Ursache der Wirkung immer nahe zu denken wie die Sehne dem Pfeil, den sie fortschnellt, und doch können wir ihn nicht vermeiden, weil Ursache und Wirkung immer zusammengedacht und also im Geiste angenähert werden.

Das Zurückführen der Wirkung auf die Ursache ist bloß ein historisches Verfahren, zum Beispiel die Wirkung, daß ein Mensch getötet, auf die Ursache der losgefeuerten Büchse.

Irren heißt, sich in einem Zustande befinden, als wenn das Wahre gar nicht wäre; den Irrtum sich und andern entdecken, heißt rückwärts erfinden.

Die Natur bekümmert sich nicht um irgendeinen Irrtum; sie selbst kann nicht anders als ewig recht handeln, unbekümmert, was daraus erfolgen möge.

Lehrbücher sollen anlockend sein; das werden sie nur, wenn sie die heiterste zugänglichste Seite des Wissens und der Wissenschaft hinbieten.

Männer vom Fach bleiben im Zusammenhange; dem Liebhaber dagegen wird es schwerer, wenn er die Notwendigkeit fühlt nachzufolgen.

Falsche Vorstellung, daß man ein Phänomen durch Kalkül oder durch Worte abtun und beseitigen könne.

Darzutun wäre, welches der wahre Weg der Naturforschung sei: wie derselbe auf dem einfachsten Fortgange der Beobachtung beruhe, die Beobachtung zum Versuch zu steigern sei und wie dieser endlich zum Resultat führe.

Der Mathematiker ist angewiesen aufs Quantitative, auf alles, was sich durch Zahl und Maß bestimmen läßt, und also gewissermaßen auf das äußerlich erkennbare Universum. Betrachten wir aber dieses, insofern uns Fähigkeit gegeben ist, mit vollem Geiste und aus allen Kräften, so erkennen wir, daß Quantität und *Qualität* als die zwei Pole des erscheinenden Daseins gelten müssen; daher denn auch der Mathematiker seine Formelsprache so hoch steigert, um, insofern es möglich, in der meßbaren und zählbaren Welt die unmeßbare mitzubegreifen. Nun erscheint ihm alles greifbar, faßlich und mechanisch, und er kommt in den Verdacht eines heimlichen Atheismus, indem er ja das Unmeßbarste, welches wir Gott nennen, zugleich mitzuerfassen glaubt und daher dessen besonderes oder vorzügliches Dasein aufzugeben scheint.

Hundert graue Pferde machen nicht einen einzigen Schimmel.

Licht und Geist, jenes im Psychischen, dieser im Sittlichen herrschend, sind die höchsten denkbaren unteilbaren Energien.

Heinrich Heine

Wir haben das körperliche Indien gesucht und haben Amerika gefunden; wir suchen jetzt das geistige Indien – was werden wir finden?

Wie die Griechen das Leben blühend und heiter darstellten und zur Aussicht gaben die trübe Schattenwelt des Todes, so hingegen ist nach christlichen Begriffen das jetzige Leben trüb und schattenhaft, und erst nach dem Tod kommt das heitre Blütenleben. Das mag Trost im Unglück geben, aber taugt nicht für den plastischen Dichter. Drum ist die «Ilias» so heiter jauchzend, das Leben wird um so heiterer erfaßt, je näher unsre Abfahrt zur zweiten Schattenwelt, z.B. von Achilles.

Clauren ist jetzt in Deutschland so berühmt, daß man in keinem Bordell eingelassen wird, wenn man ihn nicht gelesen hat –

Blinder Scharlatan auf dem Markt, verkauft Augenwasser, das gegen Blindheit schützt, er hat selbst nicht dran geglaubt und ist blind geworden. Tragische Schilderung der Blindheit –

Eine Dame, welche schon anfing, nicht mehr jung zu sein –

Die Toren meinen, um das Kapitol zu erobern, müsse man zuerst die Gänse angreifen –

Da und da hatte ich einen großen Gedanken, hab ihn aber vergessen. Was mag es wohl sein? Plage mich mit Erraten –

Süßlich zerquetschtes eingemachtes Gesicht mit ängstlich kleinlichen Augen – lächelnder Gang – Er sprudelte von Dummheit.

Er ist der witzigste Kopf – es wird interessant und wichtig für die Wissenschaft sein, wenn man an seinem Schädel einst phrenologische Untersuchungen machen kann. Ich wünsche, daß man ihm den Kopf schone, wenn man ihn prügelt, damit die Beulen, die neu sind, nicht für Witz und Poesie gehalten werden –

Er lobt sich so stark, daß die Räucherkerzchen im Preise steigen.

Bei keinem Volke ist der Glaube an Unsterblichkeit stärker gewesen wie bei den Kelten; man konnte Geld bei ihnen geliehen bekommen, um es in der anderen Welt wiederzugeben. Fromme christliche Wucherer sollten sich daran spiegeln!

Kritiker – wie Lakaien vor der Saaltür bei einem Hofball, sie können schlechtgekleidete und unberechtigte Leute abweisen und gute einlassen, aber sie selbst, die Türsteher, dürfen nicht hinein.

In der Kirche – wehmütiger Orgelton – die letzten Seufzer des Christentums –

Ich liebe sie persönlich –

Eine Partei sagt: sie rebelliere, weil sie doch wisse, daß sie nächsten Winter verhungern müsse – der Pöbel tut nichts aus Furcht vor künftiger Not, nur die gegenwärtige Not treibt ihn, sich gegenwärtigen Gefahren auszusetzen – wer die Zukunft fürchtet, der ist in der Gegenwart wenig gefährlich –

– Suchst du die Märtyrer der Franzosen, der Platz mit dem schwarzen Kreuz – suchst du die der Hamburger, im Backhaus – Etymologie – das Volk von Paris hat die Welt befreit und keinmal ein Trinkgeld dafür angenommen.

Steuern, erhöht wegen der Entfestigung und Promenaden, die sehr schön sind, wie sich denn Hamburg überhaupt gern ein schönes Äußere geben will und Promenaden anlegt, damit der, welcher im Innern der Stadt nichts mehr zu essen hat, während den Mittagstunden eine Promenade um die Stadt machen kann auch Bänke zum Lesen, z.B. ein Kochbuch, elegische Trauerweiden –

Wenn ich von Pöbel spreche, nehme davon aus: erstens alle, die im Adreßbuch stehen, und zweitens alle, die nicht drin stehen.

Juden – sie waren die einzigen, die bei der Christlichwerdung Europas sich ihre Glaubensfreiheit behaupteten –

In der Poetenwelt ist der tiers état nicht nützlich, sondern schädlich.

Demagogie, die heilige Allianz der Völker.

Der Taufzettel ist das Entréebillet zur europäischen Kultur.

Die Sonettenwut grassiert so in Deutschland, daß man eine Sonettensteuer einrichten sollte.

Die Form alles, der Stoff gilt nichts; Staub berechnet für den Frack, den er ohne Tuch geliefert, denselben Preis, als wenn ihm das Tuch geliefert worden. Er lasse sich nur die Fasson bezahlen, und das Tuch schenke er.

Nach den fetten Kühen die mageren, nach den mageren gar kein Fleisch.

Geflügel bekommen wir nur dann, wenn uns etwa eine Fliege in die Suppe fällt.

Die Affen sehen auf die Menschen herab wie auf eine Entartung ihrer Rasse, so wie die Holländer das Deutsche für verdorbenes Holländisch erklären.

Diese Bankiers, so reich sie sind, setzen sie doch das Geschäft des Gelderwerbens fort = der Junge, der seine Schweine zu Pferd hüten will.

Lessing sagt: hätte man Raffael die Hände abgeschnitten, so wär er doch ein Maler gewesen; in derselben Weise können wir sagen: schnitte man Herrn* den Kopf ab, er bliebe doch ein Maler, er würde weiter malen, ohne Kopf, und ohne daß man merkte, daß er keinen Kopf –

Einfluß der Zeit – mildernde Gesinnung durch beständige Beschäftigung mit dem Gegensatz – der Gardemunizipal, welcher den Cancan am Ende gar nicht mehr so unanständig findet und wohl gar mittanzen möchte – der Protestant, der nach langer Polemik mit dem Katholizismus ihn nicht mehr für so greulhaft ansieht und vielleicht nicht ungern eine Messe hörte –

Gibt's in der Geschichte auch Tag und Nacht wie in der Natur? – Mit den drei ersten Jahrhunderten des Christentums beginnt die Dämmerung, wehmütiges Abendrot der Neoplatoniker, Mittelalter dicke Nacht, jetzt Morgenlicht – ich grüße dich, Phöbus Apollo – welche Träume in jener Nacht, welche Gespenster, welche Nachtwandler, welcher Straßenlärm, Mord und Totschlag – ich werde davon erzählen –

Wieviel hat Gott schon getan, um das Weltübel zu heilen! Zu Mosis' Zeit tat er Wunder über Wunder, später in der Gestalt Christi ließ er sich sogar geißeln und kreuzigen, endlich in der Gestalt Enfantins tat er das Ungeheurste, um die Welt zu retten: er machte sich lächerlich – aber vergebens. Am Ende erfaßt ihn vielleicht der Wahnsinn der Verzweiflung, und er zerschellt sein Haupt an der Welt, und er und die Welt zertrümmern.

Weise erdenken die neuen Gedanken, und Narren verbreiten sie.

Luther erschütterte Deutschland – aber Franz Drake beruhigte es wieder: er gab uns die Kartoffel.

Sklaverei der Deutschen. Der Sklave, der dem Herrn gehorcht ohne Fessel, ohne Peitsche, durch das bloße Wort, ja durch einen Blick – die Knechtschaft ist in ihm selbst, in seiner Seele – schlimmer als die materielle Sklaverei die spiritualisierte – Man muß sie von innen befreien, von außen hilft nichts –

Deutsche – werden nicht besser im Ausland, wie das exportierte Bier –

Im Christentum kommt der Mensch zum Selbstbewußtsein des Geistes durch den Schmerz – Krankheit vergeistigt, selbst die Tiere –

Daß der Gatte Xanthippes ein so großer Philosoph geworden, ist merkwürdig. Während allem Gezank noch denken! Aber *schreiben* konnte er nicht, das war unmöglich: Sokrates hat kein einziges Buch hinterlassen.

Musik bei Hochzeitgeleit, wie bei in die Schlacht ziehenden Soldaten –

Kampf der Philosophen gegen die Religion – zerstören die heidnische, aber eine neue, die christliche, steigt hervor, auch diese ist bald abgefertigt, doch es kommt gewiß eine neue, und die Philosophen werden wieder eine neue Arbeit bekommen, jedoch wieder vergeblich: die Welt ist ein großer Viehstall, der nicht so leicht wie der des Augias gereinigt werden kann, weil, während gefegt wird, die Ochsen drinbleiben und immer neuen Mist anhäufen –

Dichter – während des Dichtens wird ihm zumute, als habe er, nach der Seelenwandrungslehre der Pythagoreer, in den verschiedensten Gestalten ein Vorleben geführt – ihre Intuition ist wie Erinnerung –

Neue Periode in der Kunst: man entdeckt in der Natur dieselben Gesetze, die auch in unserem Menschengeiste walten, vermenschlicht sie (Novalis), man entdeckt in dem Menschengeiste die Gesetze der Natur, Magnetismus, Elektrizität, anziehende und abstoßende Pole (Kleist) – Goethe zeigt das Wechselverhältnis zwischen Natur und Mensch – Schiller ist ganz Spiritualist, abstrahiert von der Natur, Kantische Ästhetik–

In der Zeit der Romantiker liebte man in der Blume nur den Duft – in unserer Zeit liebt man in ihr die keimende Frucht – Neigung zur praktischen, zur Prosa – zum Hausbackenen –

Ein Buch will seine Zeit, wie ein Kind. Alle schnell in wenigen Wochen geschriebenen Bücher erregen bei mir ein gewisses Vorurteil gegen den Verfasser: Eine honette Frau bringt ihr Kind nicht vor dem neunten Monat zur Welt.

Die Franzosen sind sicherer im Umgang, eben weil sie positiv und traumlos – der träumende Deutsche schneidet dir eines Morgens ein finsteres Gesicht, weil ihm geträumt, du hättest ihn beleidigt oder sein Großvater hätte von dem deinigen einen Fußtritt bekommen usw.

Die Herrlichkeit der Welt ist immer adäquat der Herrlichkeit des Geistes, der sie betrachtet – Der Gute findet hier sein Paradies – der Schlechte genießt schon hier seine Hölle –

Christen – die, welche den Kelch der Freude hienieden getrunken, bekommen dort oben den Katzenjammer.

Autoren, Restaurants à 2 Francs – anfangs munden sie, später entdeckt man, daß sie die Materialien aus zweiter und dritter Hand und schon alt oder verfault bezogen –

Traum Metternichs: er sieht sich im Sarg mit einer roten Jakobinermütze.
Traum Rothschilds – er träumt, er habe 100000 Francs den Armen geschenkt und wird krank davon –

Gebt Gott, was Gottes, dem Cäsar, was des Cäsars – Aber das gilt vom Geben, nicht vom Nehmen –

Ließ mich nicht naturalisieren aus Furcht, daß ich alsdann Frankreich weniger lieben würde, wie man für seine Mätresse erkühlt, sobald man bei der Mairie ihr legal angetraut – werde mit Frankreich in wilder Ehe fortleben –

Mein Geist fühlt sich in Frankreich exiliert, in eine fremde Sprache verbannt.

Napoleon – er war nicht von jenem Holz, woraus man die Könige macht – er war von jenem Marmor, woraus man Götter macht –

Sie schimpfen auf ihn, aber doch immer mit einem gewissen Respekt – während sie mit der rechten Hand Kot auf ihn werfen, halten sie in der linken den Hut –

Neben dem Denker ein prosaischer Mensch, der ruhig sein Geschäft treibt – neben jeder Krippe, worin ein Heiland, eine welterlösende Idee, den Tag erblickt, steht auch ein Ochse, der ruhig frißt –

Die Erde der große Felsen, woran die Menschheit, der eigentliche Prometheus, gefesselt ist und vom Geier [des Zweifels] zerfleischt wird – Sie hat das Licht gestohlen und leidet Marter –

Wenn ich Weltgeschichte lese und irgendeine Tat oder Erscheinung mich frappiert, so möchte ich manchmal das Weib sehen, das als geheime Triebfeder dahintersteckt (als Agens mittel- oder unmittelbar) – Die Weiber regieren, obgleich der «Moniteur» nur Männernamen verzeichnet – sie machen Geschichte, obgleich der Historiker nur Männernamen kennt – Herodots Anfang ist ingenios –

Wie vernünftige Menschen oft sehr dumm sind, so sind die Dummen manchmal sehr gescheut.

Im Altertum kein Gespensterglauben – die Leiche wurde verbrannt, der Mensch entschwand als Rauch in die Höhe, er ging auf in dem reinsten, geistigsten Element, im Feuer – Bei den Christen wird der Leib (aus Hohn oder Verachtung?) der Erde zurückgegeben – er ist wie das Korn und sproßt wieder hervor als Gespenst (ein körperlicher Leib wird gesät, ein geistiger entsproßt – er behält die Schauer der Verwesung – die Ertrunkenen, als Gespenster, nicht so schaurig –

In dunkeln Zeiten wurden die Völker am besten durch die Religion geleitet, wie in stockfinstrer Nacht ein Blinder unser bester Wegweiser ist; er kennt dann Wege und Stege besser als ein Sehender – Es ist aber töricht, sobald es Tag ist, noch immer die alten Blinden als Wegweiser zu gebrauchen –

Persönlichkeit Gottes als Geist ist ebenso absurd wie der rohe Anthropomorphismus. Denn die geistigen Attribute bedeuten nichts und sind lächerlich ohne die körperlichen. Zum Beispiel Gott ist die Liebe (er hat ja keine Galle), Gott ist gerecht (er hat keinen Magen, der ihn zwingt, um gefüttert zu werden, Ungerechtigkeiten zu begehen), er ist weise (kein Schnupfen hindert ihn am Nachdenken), er ist die Tugend selbst (er hat ja keine Geschlechtsteile) –

Der tugendhafte Fleischerhund, welcher immer den Fleischkorb unangetastet zu den Kunden seines Herrn brachte, ward von andern Hunden überfallen, die sich über das Fleisch hermachten. Als er sah, daß die ganze Welt aß, aß er mit.

Um meine Wiege spielten die letzten Mondlichter des achtzehnten und das erste Morgenrot des neunzehnten Jahrhunderts.

Wo das Weib aufhört, fängt der schlechte Mann an –

In dem öden ausgestorbenen Himmel sitzt auf eisernem Stuhl die letzte Göttin, die Notwendigkeit, mit ihrem traurigen Herzen –

Plagiatismus in Frankreich. Hier hat ein Geist die Hand in der Tasche des andern, und das gibt ihnen einen gewissen Zusammenhang. – Bei diesem Talent des Gedankendiebstahls, wo einer dem andern den Gedanken stiehlt, ehe er noch ganz gedacht, wird der Geist Gemeingut – In der Republik des lettres ist Gedankengütergemeinschaft.

Ist die Teilung der Arbeit auch im geistigen Produzieren vorteilhaft? Das Höchste wird nur dadurch erreicht –

Wie Homer nicht allein die «Ilias» gemacht, hat auch Shakespeare nicht allein seine Tragödien geliefert – er gab nur den Geist, der die Vorarbeiten beseelte –

Bei Goethe sehen wir Ähnliches, seine Plagiate –

Es gibt Leute, welche den Vogel ganz genau zu kennen glauben, weil sie das Ei gesehen, woraus er hervorgekrochen.

Der Diamant könnte sich etwas drauf einbilden, wenn ihn ein Dichter mit einem Menschenherzen vergliche –

Die höchste Blüte des deutschen Geistes: Philosophie und Lied – Die Zeit ist vorbei, es gehörte dazu die idyllische Ruhe, Deutschland ist fortgerissen in die Bewegung – der Gedanke ist nicht mehr uneigennützig, in seine abstrakte Welt stürzt die rohe Tatsache – Der Dampfwagen der Eisenbahn gibt uns eine zittrige Gemütserschüttrung, wobei kein Lied aufgehen kann, der Kohlendampf verscheucht die Sangesvögel, und der Gasbeleuchtungsgestank verdirbt die duftige Mondnacht.

De mortuis nil nisi bene – man soll von den Lebenden nur Böses reden.

Ein Gesicht wie ein Fötus in Weingeist –

Friedliche Gesinnung. Wünsche: bescheidene Hütte, Strohdach, aber gutes Bett, gutes Essen, Milch und Butter, sehr frisch, vor dem Fenster Blumen, vor der Türe einige schöne Bäume, und wenn der liebe Gott mich ganz glücklich machen will, läßt er mir die Freude erleben, daß an diesen Bäumen etwa sechs bis sieben meiner Feinde aufgehängt werden – Mit gerührtem Herzen werde ich ihnen vor ihrem Tode alle Unbill verzeihen, die sie mir im Leben zugefügt – ja, man muß seinen Feinden verzeihen, aber nicht früher, als bis sie gehenkt worden. – Versöhnlichkeit, Liebe, Barmherzigkeit.

Demokratische Wut gegen das Besingen der Liebe – warum die Rose besingen, Aristokrat! besing die demokratische Kartoffel, die das Volk nährt –

Gedanken, schön gekämmt, frisiert.

Der Hund, dem man einen Maulkorb anlegte, bellt mit dem Hintern – Das Denken auf Umweg äußert sich noch mißduftiger, durch Perfidie des Ausdrucks –

Die Gesellschaft ist immer Republik – die einzelnen streben immer empor, und die Gesamtheit drängt sie zurück.

Ich sehe die Wunden der Vergangenheit klar. Ein Schleier lag auf der Zukunft, aber ein rosafarbiger, und hindurch schimmern goldene Säulen und Geschmeide und klingt es süß –

Das alte Märchen der drei Brüder realisiert sich. Der eine läuft hundert Meilen in einigen Stunden, der andre sieht hundert Meilen weit, der dritte schießt so weit, der vierte bläst Armeen fort – Eisenbahn, Fernrohr, Pulver [oder Presse] – er hält das eine Nasloch zu – wird

Es ist erstaunlich, wie in so kleinem Köpfchen eine solche Masse von Unwissenheit stecken kann –

Die Verfertiger des Codex hatten glücklicherweise in Revolutionszeiten gelebt, wo sie die Leidenschaften und höchsten Lebensfragen mitfühlen lernten –

Ob sie tugendhaft war, weiß ich nicht – aber sie war immer häßlich, und Häßlichkeit bei einem Weibe ist schon der halbe Weg zur Tugend –

Er hat es in der Ignoranz am weitesten gebracht.

Ich betrachtete den Dombau immer als ein Spielzeug, ich dachte, ein Riesenkind, wie das deutsche Volk, bedarf ebenfalls eines so kolossalen Spielzeugs, wie der Kölner Dom ist – aber jetzt denk ich anders. Ich glaube nicht mehr, daß das deutsche Volk ein Riesenkind, jedenfalls ist es kein Kind mehr, es ist ein großer Junge, der viel natürliche Anlagen hat, aus dem aber doch nichts Ordentliches wird, wenn er nicht ernsthaft die Gegenwart benutzt und die Zukunft ins Auge faßt. Wir haben keine Zeit mehr zum Spielen oder die Träume der Vergangenheit auszubauen –

Demokratischer Haß gegen die Poesie – der Parnaß soll geebnet werden, nivelliert, makadamisiert – und wo einst der müßige Dichter geklettert und die Nachtigallen belauscht, wird bald eine platte Landstraße sein, eine Eisenbahn, wo der Dampfkessel wiehert und der geschäftigen Gesellschaft vorübereilt.

Deutsche Ehe keine wahre Ehe. Der Ehemann hat keine Ehefrau, sondern eine Magd, und lebt sein isoliertes Hagestolzleben im Geiste fort, selbst im Kreis der Familie. Ich will darum nicht sagen, daß er der Herr sei, im Gegenteil, er ist zuweilen nur der Bediente seiner Magd, und den Servilismus verleugnet er auch im Hause nicht.

Die Deutschen arbeiten an ihrer Nationalität, kommen aber damit zu spät. Wenn sie dieselbe fertig haben, wird das Nationalitätswesen in der Welt aufgehört haben, und sie werden auch ihre Nationalität gleich wieder aufgeben müssen, ohne, wie Franzosen oder Briten, Nutzen davon gezogen zu haben –

Deutsche und französische Frauen: Die deutschen Öfen wärmen besser als die französischen Kamine, aber daß man hier das Feuer lodern sieht, ist angenehmer; freudiger Anblick, aber Frost im Rücken –
Deutsche Öfin, wie wärmst du treu und scheinlos!

Bediente, die keinen Herrn haben, sind darum doch keine freie Menschen – die Dienstbarkeit ist in ihrer Seele –

Wie kommt es, daß der Reichtum seinen Besitzern eher Unglück bringt als Glück, wo nicht gar das furchtbarste Verderben? Die uralten Mythen vom Goldnen Vlies und vom Niblungshort sind sehr bedeutungsvoll. Das Gold ist ein Talisman, worin Dämonen hausen, die alle unsre Wünsche erfüllen, aber uns dennoch gram sind ob des knechtischen Gehorsams, womit sie uns dienen müssen, und diesen Zwang tränken sie uns ein durch geheime Tücke, indem sie eben die Erfüllung unserer Wünsche zu unserem Unheil verkehren und uns daraus alle möglichen Nöten bereiten.

Sonne und Mond – Fußschemel Gottes – die alternden Füße zu wärmen – grauwollne Jacke mit Sternen gestickt –

Der Engländer, der mit seiner Miß an den Badestrand immer geht, damit der Anblick der nackten Männer sie gegen Sinnlichkeit abstumpfe –

Courtoisie: Wenn man einen König prügelt, muß man zugleich aus Leibeskräften «Es lebe der König!» rufen.

Beweis der Güte der Republik gleich demjenigen, den Boccaccio für die Religion anführt: sie besteht trotz ihrer Beamten –

Es gibt kein deutsches Volk: Adel, Bürgerstand, Bauern, heterogener als bei den Franzosen vor der Revolution –

Man wird am Kamin sich erzählen von Christentum wie von einer Gespenstergeschichte – man wird die Symbole des Christentums zeigen, um die Lebenslust zu wecken, wie die Mumien bei den Ägyptern – man wird sich bekränzt umarmen – Wein und Brot genießen – und das Brot wird kein Leichnam und der Wein kein Blut bedeuten –

Jeder, wer heuratet, ist wie der Doge, der sich mit Adriatische Meer vermählt – er weiß nicht, was drin, was er heuratet: Schätze, Perlen, Ungetüme, unbekannte Stürme –

Bei der Erklärung der Liebe muß entweder ein physikalisches Phänomen oder ein historisches Faktum angenommen werden. Ist es Sympathie, wie der dumme Magnet das rohe Eisen anzieht? Oder ist eine Vorgeschichte vorhanden, deren dunkles Bewußtsein uns blieb und in unerklärliche Anziehung und Abstoßung sich ausspricht? –

Gott wird mir die Torheiten verzeihen, die ich über ihn vorgebracht, wie ich meinen Gegnern die Torheiten verzeihe, die sie gegen mich geschrieben, obgleich sie geistig so tief unter mir standen, wie ich unter dir stehe, o mein Gott!

Friedrich Hebbel

1835

Die Dankbarkeit soll eine der schwersten Tugenden sein. Eine noch schwerere möchte sein, die Ansprüche auf Dank nicht zu übertreiben.

Sehr oft ist das Wiedersehen erst die rechte Trennung. Wir sehen, daß der andere uns entbehren konnte, er betrachtet uns wie ein Buch, dessen letzte Kapitel er nicht gelesen hat, er will uns studieren, und wir haben ihn ausstudiert!

Die Seelenwanderung – ein Dieb könnte ehemals Herr der Sachen gewesen sein, die er jetzt stiehlt.

Wenn man die Menschen am Abend ihr Butterbrot essen sieht, so kann die Bemühung, das Leben zu erklären, sehr lächerlich erscheinen. Butter und Brot erklären alles.

Religion ist die höchste Eitelkeit.

Wenn Seele und Leib keinen gemeinsamen Punkt hätten, wovon sie ausgehen, wie könnten sie zusammen ausdauern? Anziehungskraft ist doch die allgemeinste Kraft der Welt.

Der Unterschied zwischen dem Phantasten und dem phantasiereichen Dichter besteht darin, daß jener die abweichenden Erscheinungen der Natur bloß abgerissen und vereinzelt darstellt, während dieser sie auf die Natur zurückführt und erklärt.

Die Eifersucht nimmt zu, wie die Schönheit abnimmt.

Aufgabe aller Kunst ist Darstellung des Lebens, d.h. Veranschaulichung des Unendlichen an der singulären Erscheinung. Dies erzielt sie durch Ergreifung der für eine Individualität oder einen Zustand derselben bedeutenden Momente.

1836

Selbst im Fall einer Revolution würden die Deutschen sich nur *Steuer*freiheit, nie *Gedanken*freiheit zu erkämpfen suchen.

Das gesellschaftliche Leben in all seinen Nuancen ist kein bloßer Konflux bodenloser Zufälligkeiten; es ist das Produkt der Erfahrung ganzer Jahrtausende, und unsere Aufgabe ist, die Richtigkeit dieser Erfahrungen aufzufassen.

Weil die Deutschen wissen, daß die wilden Tiere frei sind, fürchten sie, durch die Freiheit zu wilden Tieren zu werden.

Die Weiber wollen keine Verhältnisse, als ewige.

Die Natur – man darf's in guter Gesellschaft freilich nicht sagen – spricht sich in höchster Naivität in einem Hund aus, der eine Petze, die, bevor er seine Triebe befriedigt hat, ihm fortrennen will, ins Ohr beißt.

Kein Mensch hat mehr Selbstgefühl als Lebensgefühl.

Das Christentum schlägt den Menschen tot, damit er nicht sündigen kann, wie jener verrückte Bauer sein Pferd, damit es ihm die Saat nicht zertrete.

Siehst du einen bedeutenden Mann in einer dir widrigen oder widerlichen Sphäre, so lache nicht ins Fäustchen und denke: Ei, welch ein Mensch bin ich; ich habe die Kraft, dort wegzubleiben, und jener hat sie nicht einmal! Sondern denke: Jener hat die Kraft, in einer Region zu existieren, die mich erdrücken würde!

Jede Nation findet einen Genius, der in ihrem Kostüm die *ganze* Menschheit repräsentiert, die deutsche Goethen.

Die Französische Revolution lehrt eigentlich recht, wie unendlich viel Menschen von Bedeutung, die sich sonst im gemeinen Leben verpuffen, zu jeder Zeit vorhanden sind. Darum darf uns kein Abgrund erschrecken, kein Gipfel verwundern, der unerwartet und plötzlich erscheint oder hervortritt.

Unendlich viele Menschen haben nie einen Gedanken gehabt und sehen doch wie Denker aus; sie sind wie Kartenspieler: unendliche Kombinationen durch wenige, gegebene Blätter. Solchen Menschen ist nichts begreiflich zu machen.

Der Schmerz ist ein *Eigentum*, wie das Glück und die Freude.

Die Natur wiederholt ewig in weiterer Ausdehnung *denselben* Gedanken; darum ist der Tropfen ein Bild des Meeres.

Das Steckenpferd ist das einzige Pferd, welches über jeden Abgrund trägt.

Das Weib ist in den engsten Kreis gebannt; wenn die Blumenzwiebel ihr Glas zersprengt, geht sie aus.

Entschuldige sich nur keiner damit, daß er in der langen Kette zuunterst stehe; er bildet ein Glied, ob das erste oder das letzte, ist gleichgültig, und der elektrische Funke könnte nicht hindurchfahren, wenn er nicht da *stände*. Darum zählen sie alle für einen und einer für alle, und die letzten sind wie die ersten. Ein Dieb suchte einmal seinen Diebstahl zu rechtfertigen, ja zur Tugend zu erheben, indem er anführte: es ging einer hinter oder neben mir, der war ärger wie ich, und hätte nicht allein die Früchte gepflückt, sondern auch die Zweige geknickt.

Zum *Mitleiden* gab die Natur vielen ein Talent, zur *Mitfreude* wenigen.

Der Witz ist das einzige Ding, was um so weniger gefunden wird, je eifriger man es sucht.

Jeden bedeutenden Schriftsteller muß man einmal lesen, um so weit zu kommen, daß man ihn lesen kann.

Die Weiber kennen keinen Gott, als den Gott der Liebe, und kein Sakrament, als das Sakrament der Ehe.

Zwei Menschen sind immer zwei Extreme.

Alle *Belehrung* geht vom Herzen aus, alle Bildung vom *Leben*.

Das vornehmste Bestreben der Welt sei darauf gerichtet, keines Herkules zu *bedürfen*. Das ist die einzige Klugheitsmaßregel, die ich zur Zeit zugestehe. Es gilt nicht sowohl, einen Augiasstall zu misten, als aufzupassen, daß keiner entstehe.

Für den Menschen, der Geist und Herz möglichst nach allen Seiten sich frei erhalten oder befreit hat, ist jede Zeit schlimm, denn jede führt, da sie auf bestimmte Interessen verwiesen ist, etwas Ausschließendes mit sich. Die aber ist die schlimmste, die, wegen wirklicher oder vermeinter Schwäche ihres Fundaments, Mut und Kraft verdammt, so, daß nur Kranke und *Verschnittene* ihr Dienste tun können oder dürfen.

Wir zehren immer auf Rechnung der Zukunft. Kein Wunder, daß sie Konkurs macht.

Unsre Zeit ist eine Parodie aller vorhergehenden.

Genie ist *Bewußtsein* der Welt.

Lichtenberg ist allenthalben vortrefflich, aber er wird ein Pedant, sobald er auf Poesie kommt, von der ihm, außer dem Rhetorischen, nichts zugänglich gewesen zu sein scheint.

Der Philister hat *oft* in der *Sache* recht, *nie* in den *Gründen*.

Wiederholen alter Lektüre ist der sicherste Probierstein gewonnener weiterer Bildung.

Wenn man weit gekommen ist, aber noch nicht weit genug, das ist sehr schlimm, und diesem Fluch erliegt unsere Zeit.

Wir Menschen haben darum so *oft* recht, weil wir so selten *ganz* recht haben.

Es gibt keinen Weg zur Natur der Dinge, der nicht von ihnen zu entfernen schiene.

Manche Menschen glauben nur darum einen Gott, eine Unsterblichkeit, weil sie sich so ungeheuren Ideen nicht zu opponieren wagen.

Gewiß ist es ein guter und insbesondere mir für Erlangung weiterer Bildung anzuratender Weg, von irgendeinem Punkt in irgendeiner Wissenschaft auszugehen und sich dabei über alles, was aus anderen Wissenschaften dahin einschlägt, nebenbei zu belehren.

Große Menschen sind Inhaltsverzeichnisse der Menschheit.

Wenn eine Revolution verunglückt, so verunglückt ein ganzes Jahrhundert, denn dann hat der Philister einen *Sach*beweis.

Die Menschen helfen lieber dem, der ihrer Hilfe nicht bedarf, als dem, welchem sie nötig ist.

Wer die Menschen kennenlernen will, der studiere ihre Entschuldigungsgründe.

Es gibt nur *eine* Sünde, die gegen die ganze Menschheit mit allen ihren Geschlechtern begangen werden kann, und dies ist die Verfälschung der Geschichte.

Sich selbst etwas versprechen und es nicht halten, ist der nächste Weg zur Nullität und Charakterlosigkeit.

Niemand schreibt, der nicht seine Selbstbiographie schriebe, und dann am besten, wenn er am wenigsten darum weiß.

Die Bestialität hat jetzt Handschuh über die Tatzen gezogen! Das ist das Resultat der ganzen Weltgeschichte.

Es gibt keine reine Wahrheit, aber ebensowenig einen reinen Irrtum.

Das Publikum beklatscht ein Feuerwerk, doch keinen Sonnenaufgang.

Mit jedem Menschen verschwindet (er sei auch, wer er sei) ein Geheimnis aus der Welt, das vermöge seiner besonderen Konstruktion nur *er* entdecken konnte das nach ihm niemand wieder entdecken wird.

Erkenntnis und Empfindung gehen immer Hand in Hand.

Der gesunde Mensch findet viel leichter ein richtiges Verhältnis gegen die Natur als gegen die Kunst.

Das Urteilen der meisten Menschen ist ein vergleichendes Anatomieren.

Nur schärfstes Trennen führt weiter zur Erkenntnis und die zur Bewältigung.

Für uns Menschen muß überall der Punkt, bis zu dem wir vordringen können, anstatt der Wahrheit gelten.

Das Spiel enträtselt nicht den Zufall, aber wohl einen Mitspieler dem anderen.

Aller Irrtum ist maskierte Wahrheit.

Ob es wohl 6000jährige Irrtümer gibt, ich meine solche, zu denen alle, auch die größten Geister Gevatter gestanden haben? Von der Antwort auf diese Frage könnte das Schicksal der Welt abhängen.

Das Wort *Wenn* ist das deutscheste aller deutschen Worte.

Ich glaube, das goldene Zeitalter der wahren Freiheit wird durch nichts mehr zurückgehalten, als dadurch, daß es für so sehr viel Menschen keins wäre. Denn in einer Zeit, wo die Individualität Geltung und Spielraum hat, wird auch von ihr etwas *verlangt* werden.

Alle Teilnahme an der Kunst beruht auf der Teilnahme an fremden Existenzen.

Viele Menschen sind beständige Schemata, die der nächste beste Zufall ausfüllt.

Das Leben hat keinen anderen Zweck, als daß sich der Mensch in seinen Kräften, Mängeln und Bedürfnissen kennenlernen soll. Wenigstens ist dies der einzige Zweck, der immer erreicht wird, das Leben mag nun sein, wie es will.

Oft ist es, als ob im Menschen ein hohes geistiges Bedürfnis erwachte, indem er ein körperliches befriedigt. Gewiß ist die Sinnlichkeit die Klaviatur des Geistes.

Glücklich ist nur derjenige, in dem die Natur gewissermaßen unmittelbar und ohne sich durch individuelle Schranken gehemmt zu sehen, wirkt, wie in Goethe und Shakespeare.

Der Mensch liebt es, an sich zu experimentieren, anstatt sich ruhig zu entwickeln. Es kann zu etwas führen, ist aber sehr riskant.

Es gibt Leute, die gar nicht ins Allgemeine denken können, sondern immer am Faktum (das sie oft erst selbst in Gedanken erschaffen) kleben bleiben.

Die Natur gab dem Menschen die Willenskraft, damit er sich selbst forthelfe, wenn sie ihn etwa auf der Hälfte des Weges fallen läßt.

Die Naturwissenschaft gibt den besten Maßstab für die Fortschritte der Menschheit ab: nur so weit sie die Natur kennt, kennt sie sich selbst.

Es ist am Ende an der Religion das beste, daß sie Ketzer hervorruft.

Wer Geschmack hat, ist sogar schwerer zu betrügen wie ein anderer, denn er kann die wahre Stimme der Natur von der nachgemachten unterscheiden. Übt doch jeder, der nicht sein eignes Herz gibt, gut oder schlecht das dichterische Vermögen aus.

Daß die Natur ruhig und gleichgültig das Schönste, was sie hervorgebracht hat, zerstört, erregt die Empfindung ihres unermeßlichen Reichtums, ihrer unerschütterlichen Sicherheit, ihres unverrückbaren Ziels.

Lebensschmerz! Mit keinem Wort wird mehr Schlechtigkeit getrieben. Nur der spreche von Lebensschmerz, dem von vornherein das Leben völlig unmöglich gemacht, dem ein Ding daraus gedreht wird, das er nicht brauchen kann und doch nicht wegzuwerfen wagt. Der Verlust eines einzelnen Guts erzeugt keinen Lebensschmerz.

So viele Hoffnungen der Menschheit sind wie Lichtfunken in der Nacht: sie erleuchten nichts als sich selbst. Und dennoch hat schon die Existenz des Lichts an sich etwas unendlich Beruhigendes.

Man nehme das Komische, woher man wolle, nur nicht aus der Natur und ihren großen Verhältnissen. Müßte man an der Würde und Wahrheit des Weltfundaments zweifeln, so müßte man untergehen. Dies Komische höbe sich mithin selbst auf.

In dem echten Dichtergeist muß, bevor er etwas ausbilden kann, ein doppelter Prozeß vorgehen. Der gemeine Stoff muß sich in eine Idee auflösen und die Idee sich wieder zur Gestalt verdichten.

Das Genie ist der Fühlfaden seiner Zeit.

Es ist ein bedeutender tragischer Zug des Lebens, daß derjenige, der ein Verbrechen straft, dadurch meistens selbst Verbrecher wird.

Das ganze Leben ist ein verdaulicher Widerspruch.

Es ist ein in der Kritik oft mit Erfolg angewandter Kniff, weitläufig auseinanderzusetzen: die Sache ist nicht so, und es ununtersucht zu lassen, ob sie denn so sein müsse.

Es gibt ein sicheres Zeichen der Selbstkenntnis: wenn man an sich selbst weit mehr Fehler bemerkt als an andern.

Daß die Schmerzen miteinander abwechseln, macht das Leben erträglich.

Es läßt sich im Leben doch nichts, gar nichts nachholen, keine Arbeit, keine Freude, ja, sogar das Leid kann zu spät kommen. Jeder Moment hat seine eigentümlichen, unabweisbaren Forderungen. Die Kunst zu leben besteht in dem Vermögen, die Reste der Vergangenheit zu jeder Zeit durchstreichen zu können.

Der Gedanke der Erbsünde ist der natürlichste, auf den der Mensch verfallen konnte. Wie oft tut der Mensch etwas, was er schon, indem und bevor er es tut, bereut; wie oft ruft er pfui, und spuckt ins Glas und leert es dennoch! Es ist übrigens von der höchsten Wichtigkeit, alles, was im Lauf der Zeit allgemeiner Glaube, unumstößlich scheinende Satzung geworden ist, auf das persönliche, individuelle Bedürfnis zurückzuführen; nur dadurch gelangt man zu einiger Freiheit der Erkenntnis. Man macht auf diesem Wege die merkwürdigsten Entdeckungen, z.B. daß Gottes Mantel aus dem Schlafrock des Menschen und aus dem Gespensteranzug seines Gewissens zusammengestückt ist.

Man altert nur von 25 bis 30, was sich bis dahin erhält, wird sich wohl auf immer erhalten.

Nicht was der Mensch *soll: was* und *wie* er's vermag, zeige die Kunst.

«Form ist Ausdruck der Notwendigkeit!» sag' ich in einer Kritik. Beste Definition! Stoff ist Aufgabe; Form ist Lösung.

In vielen Menschen ist ihr bißchen Verstand eine kümmerliche Leuchte, die nichts als ihre eigene Kläglichkeit bescheint.

Wenn ein Paar Liebende einander versprechen, daß sie aneinander *denken* wollen, so versprechen sie sich eigentlich, daß sie *atmen* wollen.

1839

Sich schöne Träume zu bilden, mögen diese nun Realität haben oder nicht, ist doch immer ein herrliches Vermögen der Menschheit.

Viele würden sehen können, trügen sie nur keine Brillen.

Die Ehe gibt dem Einzelnen Begrenzung und dadurch dem Ganzen Sicherheit.

Ausnahmen sollen geduldet werden, aber nur, solange sie selbst dulden.

Wie andere ihn betrachten und wofür sie ihn halten: das ist die Atmosphäre, worin der Mensch lebt, und der beste kann in der schlechtesten ersticken.

Der Glaube ist der beste, bei welchem der Mensch am meisten gewinnt und Gott am meisten verliert.

Der Mensch tut wohl, sich nach allen Seiten zu verbreiten, ohne sich viel um das innere Zentrum zu bekümmern, das die vielen verschiedenen Richtungen zusammenhalten soll. Dies letztere geschieht ohnehin, unmittelbar und ohne sein Zutun; und fehlte es an einem solchen Zentrum, so wird niemand eins in sich hineinflicken, sich nachträglich damit versehen können.

Die Poesie gehört dem Leben an und ist aufs Leben verwiesen.

Die Welt verliert (im Toten) nur einen Menschen; aber der Mensch verliert die Welt.

Humor ist Zweiheit, die sich selbst empfindet. Daher das Umgekehrte von Form und Inhalt.

Die meisten Menschen sind nur so lange gut, als sie andere für gut halten; sie wollen nicht geben, sie wollen nur eine Schuldigkeit abtragen.

Subjektiv ist alles, was innerlich fertig werden kann; objektiv, was hinaus muß in die Welt. Darum gibt es in einem und demselben Wesen Subjektives und Objektives.

Die Literatur ist zu keiner Zeit unbedeutend, höchstens kann ihre hohe Form zuweilen leer an Gehalt sein, und doch ist's immer der Gehalt der Zeit!

Einen Menschen zum bloßen Mittel herabzuwürdigen: ärgste Sünde.

Die Wissenschaft hat dann ein Ende, wenn ihre tiefsten Resultate plan und deutlich geworden sind, wie ein Abc. Solch ein Abc sollen wir machen.

Die Form ist der höchste Inhalt.

Manche Menschen sind die Zifferblätter der Zeit. Aber es ändert die Zeit nicht, wenn man ihr Zifferblatt zerschlägt.

Der Gedanke ist das Produkt der Individualität.

Ein Mädchen vorm Spiegel ist die Frucht, die sich selber ißt.

Die Diplomatie sucht aus der neuesten Geschichte ein Stück Gummi elastikum zu machen, um damit die Revolution auszuradieren.

Die Menschheit verurteilt den einzelnen zur Todesstrafe und begeht dadurch gegen ihn ein größeres Verbrechen, als er gegen sie begangen hat, indem sie ihm die Besserung unmöglich macht.

Der Mensch lebt zwar aus sich selbst, aber nur die äußeren Eindrücke geben ihm das Bewußtsein seines Lebens.

Wie die Natur die Dinge äußerlich gestaltet, soll die Kunst sie innerlich entfalten und beleuchten. Sie soll die in allem Existierenden wohnenden Geister verkörpern.

Die Schranke der Kreatur ist die Freiheit der Natur.

Nach der Seelenwanderung ist es möglich, daß Plato jetzt wieder auf einer Schulbank Prügel bekommt, weil er den Plato nicht versteht.

Ein Philister, der mit seiner Frau das Liebeswerk vollzieht, um in Transpiration zu kommen.

Schlaf ist ein Hineinkriechen des Menschen in sich selbst.

Das Wesen der Form liegt in dem harmonischen Verhältnis des ausgesprochenen Individuellen zu dem vorausgesetzten Allgemeinen.

Der Herbst stellt die Grenzen zwischen Innen und Außen fest, er sondert den Menschen von der Natur und gibt ihm das Gefühl seiner selbst. Winter und Sommer greifen in den Menschen hinein, der Frühling lockert sein Fundament auf.

Der letzte Zustand ist immer eine Satire auf die vorhergehenden.

Das Auge ist der Punkt, in welchem Seele und Körper sich vermischen.

Die Geschichte ist das Bett, das der Strom des Lebens sich selbst gräbt.

Das Auge: ein Verkleinerungsglas nach innen.

Ein toter Körper wiegt ebensoviel wie ein lebendiger, die *Seele* fügt dem Gewicht keine Unze hinzu.

Die größte Torheit ist's, gebeugt ins Leben einzutreten. Das Leben ist dem Widerstreben geweiht. Wir sollen uns aufrichten, so hoch wir können, und so lange, bis wir anstoßen.

Das Leben ist nie Etwas, es ist nur die Gelegenheit zu einem Etwas.

1840

Lieben heißt: in dem anderen sich selbst erobern.

Das *Schöne* ist die Ausgleichung zwischen Inhalt und Form, nicht der Sieg, sondern der Waffenstillstand. Die Schönheit setzt Freiheit voraus, so sehr, daß, wenn uns bei einer Blume einfiele, daß sie nicht anders sein könne, als sie ist, die ganze schöne Wirkung zerstört sein würde. Das Schöne ist die Lüge des Sieges.

Die Ausübung der Gerechtigkeit in ihrer jetzt schon seit Jahrtausenden bestehenden Gestalt ist die stete Anhäufung von Blutschuld auf unserem Geschlecht.

Das Leben ist für die meisten ein Geschäft.

Der Mann weicht dem Stein, der ihn zu zerschmettern droht, aus und vermauert ihn in seine Gebäude!

Scham ist die innere Grenze gegen die Sünde.

Nicht was der Mensch ist, nur was er *tut*, ist sein unverlierbares Eigentum.

Selbstbeschauung wäre freilich sehr schön, aber man verändert sich, während man sich beobachtet.

Nicht bloß in den Handlungen eines Menschen, auch in den Begebenheiten, die ihn treffen, liegt Konsequenz und Übereinstimmung.

Das Kind sieht nur die Dinge, nicht den nexus der Dinge.

Liebe und Freundschaft der meisten Menschen ist ein *Füllen* ihrer eigenen Leere mit fremdem Inhalt.

Wenn ein begangener Fehler einen neuen, bisher verschlossenen Pflichtkreis öffnet, so ist er gerechtfertigt. Ein Mädchen, das Mutter wird.

Die Begriffe der Menschen von den Dingen sind meistens nur ihre Urteile über die Dinge.

Die menschliche Gesellschaft, als Ganzes, als Sozietät betrachtet, ist völlig so schlecht, wie ihr schlechtestes Individuum. Ihre Gesetze und Einrichtungen sind, was Mord, Raub und Totschlag des einzelnen. Fürchterlich, aber wahr!

Das Weib, sobald es ein Kind hat, liebt den Mann nur noch so, wie er selbst das Kind liebt.

Wer nie liebte, kann sich leicht einbilden, er liebte stets.

Der echte Dichter ist der Arzt, der falsche der Chirurg seiner Zeit.

Wer keine Grenzen hat, rechnet das Universum leicht mit zu seinem Individuum.

Liebe gleicht die natürliche Feindschaft aus zwischen Mann und Weib.

Die Eitelkeit ist der Triumph der Natur im Negativen.

Wenn mancher etwas wegwirft und sieht, daß einer es aufhebt, so reklamiert er's wieder, denn dann ist er belehrt, daß es noch etwas taugt.

Auf Selbstgenuß ist die Natur gerichtet, und alle ihre Geschöpfe sind nur Zungen, womit sie sich selbst schmeckt.

Nur der Mensch ist ruhig, den, wie das Wasser, der Frost zusammenhält.

Ich kann Gedanken erzeugen, die dennoch nicht meine eigenen, sondern nur durch fremde Befruchtung hervorgerufen sind.

Das Gewissen ist die Wunde, die nie heilt und an der keiner stirbt.

Die Kunst hat den Zweck, alles, was im Menschen und seiner irdischen Situation liegt, zum Bewußtsein zu bringen, so daß nach Jahrtausenden alle mögliche Erfahrung aus ihr genommen werden kann und das Geschlecht jedes Lehrgeld erspart.

Bei allen Geschichtsereignissen sehe man auf den Zeitpunkt, wo sie eintreten, dann wird Diagnose und Prognostikon leicht. Gewicht ruft immer Gegengewicht hervor, und sobald das Gegengewicht überwiegt, kehrt das Verhältnis sich um. Der ganze Weltprozeß wird am besten durch die zwei Eimer im Brunnen veranschaulicht.

Das Gefühl ist nur Lebensmaterial, das erst geformt werden soll.

Des Weibes Natur ist Beschränkung, Grenze, darum muß sie ins Unbegrenzte streben; des Mannes Natur ist das Unbegrenzte, darum muß er sich zu begrenzen suchen. Innerstes Vermögen und innerste Fessel sind immer eins; was die Uhr zur Uhr macht, hält sie zugleich ab, etwas anderes als Uhr zu sein.

Der Zufall ist ein Rätsel, welches das Schicksal dem Menschen aufgibt.

Alle Träume sind vielleicht nur Erinnerungen!

Bei der Begattung wird die Tiefe der Natur im Individuum erschlossen.

Menschen, die wenig Verstand haben, werden leicht viel Phantasie zu besitzen scheinen. Das kommt aber nicht daher, daß dies Vermögen bei ihnen wirklich in einem höheren als dem gewöhnlichen Grade vorhanden ist, es kommt nur daher, weil die Dinge auf sie verworrene Eindrücke machen und eben, weil der Verstand, der alles auf seine ursprünglichen Erscheinungsgründe zurückzuführen sucht, bei ihnen nicht tätig ist, zu allerlei wunderlichen Kombinationen Gelegenheit geben. Echte Phantasie geht immer mit der Vernunft und meistens auch mit dem Verstand Hand in Hand.

1842

Wahrheit ist das höchste Gut. Sehr richtig. Aber was ist Wahrheit? Dies ist auch die höchste Frage. Wem bin ich Wahrheit schuldig? Doch wohl nur dem, der selbst der Wahrheit fähig ist.

Der Jugend wird oft der Vorwurf gemacht, sie glaube immer, daß die Welt mit ihr erst anfange. Wahr. Aber das Alter glaubt noch öfterer, daß mit ihm die Welt aufhöre. Was ist schlimmer?

Ja, wenn es ein Kriterium gäbe! Ein höchstes, sicherstes! Daß wenigstens innerlich das Schwanken und Zweifeln aufhörte. Denn wenn man auch dem Maß seines Erkennens Genüge tut, wie ich mir das Zeugnis geben darf: wer bürgt für dies Maß selbst?

Alle Poesie, möchte ich sagen, ist dramatisch, das heißt lebendig zeugend und fortzeugend. Der Gedanke, der nichts bedeutet als sich selbst, der nicht auf einen zweiten, dritten und vierten usw. führt und so bis zur höchsten Spitze der Erkenntnis hinauf, der also nicht auf die gesamte Entwicklung, auf den ganzen Lebensprozeß Einfluß hat, ist so wenig poetisch als lebendig, er ist aber auch gar nicht möglich, denn das Leben zeigt sich nur in der Gestalt des Übergangs. Nun aber sind die Veränderungen, die der Gedanke im Inneren hervorbringt, völlig so gewichtig, als diejenigen, die er, den ihm zunächst liegenden inneren Stoff mit dem äußeren vertauschend, in der Welt bewirkt.

Die Natur hat dem Menschen doch wenig vertraut, als sie es für notwendig fand, selbst die Zeugung und das Essen und Trinken mit *Vergnügen* zu verbinden, um ihm einen Sporn zu geben, beides nicht zu verabsäumen.

Die Kunst ist das Gewissen der Menschheit.

Mit Blitzen kann man die Welt erleuchten, aber keinen Ofen heizen.

Der Mensch hat freien Willen – d.h. er kann einwilligen ins Notwendige.

Ein eigner Punkt ist es doch, daß alle menschliche Freuden sich an Befriedigung der Bedürfnisse knüpfen, also gewissermaßen nur ein Ergänzen des Daseins, ein Verstopfen seiner Lücken sind.

Den Augenblick immer als den höchsten Brennpunkt der Existenz, auf den die ganze Vergangenheit nur vorbereitete, ansehen und genießen: das würde leben heißen!

Im Gedanken fängt auf jeden Fall eine neue Welt an. Und selbst, wenn das Reiben der einen Gehirnfaser an der anderen ihn erzeugte, so ist er doch etwas anderes als die Gehirnfaser und als der Gehirnfaserstoff.

Hurerei, die Sünde, die die *Quelle* des Lebens vergiftet; alle anderen Sünden greifen doch nur Erscheinungen desselben an.

Handeln ist höchster Egoismus.

Jeder Schmerz entsteht aus Aufhebung des Gleichgewichts und der Harmonie; er ist als das das Gemeingefühl überragende Einzelgefühl des Teils zu definieren.

Die Existenz in unserer Zeit nur noch durch Aufopferung alles dessen, was ihr Würde und Wert verleiht, zu erkaufen.

Aus dem Nichts schaffen wollen ist Sache der Toren. Große Kunstschöpfungen setzen große Elemente in Welt und Zeit voraus. Aber, wenn solche Elemente vorhanden sind, erscheint auch jedesmal ein großes Kunstgenie. Wenn der Körper ausgebildet ist und einen Überfluß enthält, aus dem ein neues Geschöpf sich entwickeln kann, bilden sich die Zeugungsorgane aus. Ebenso erhält die Zeit im Künstler ihr Zeugungsorgan, sobald sie in sich gesättigt ist und Speise für die Nachwelt übrig hat.

Leben heißt parteiisch sein.

Die Krankheit selbst ist eine Erscheinung des Lebens, die Toten sind nicht mehr krank, nur die Lebendigen.

1843

Es gibt Egoisten, die nicht über ihren Kreis hinaussehen, die deshalb, wenn sie bloß für ihren Kreis tätig sind, für die ganze Welt tätig zu sein glauben. Diese sind die schlimmsten, denn nicht einmal das Bewußtsein setzt ihnen eine Grenze. Übrigens ist der Mensch mit Notwendigkeit Egoist, denn er ist ein Punkt, und der Punkt vertieft sich in sich selbst.

Die Schlange muß doch dem Menschen von jeher das gräßlichste Tier gewesen sein, daß schon das erste Menschenpaar mit ihr in feindliche Beziehung gebracht wird.

Die Lyrik ist das Elementarische der Poesie, die unmittelbarste Vermittlung zwischen Subjekt und Objekt.

Das Drama ist das lebendige Feuer inmitten des geschichtlichen Stoffes, das die starren Massen umschmilzt und dem Tode selbst wieder Leben gibt.

Das Leben und die Individuen darin: die Essig-Aale der Materie.

Ist es ein gerechter Zustand der Gesellschaft, in welchem der einzelne, wenn ihn die Verhältnisse begünstigen, das an sich raffen und, wofern es ihm beliebt, behalten, für die Gesellschaft unfruchtbar machen kann, was eben, weil er es besitzt, Tausenden fehlt und sie in Not und Tod hineintreibt?

Manches, was man ohne Grund verwirft, muß man studieren, um es – mit Grund verwerfen zu lernen.

Der Pauperismus ist doch eine ganz furchtbare Frage. Wie, wenn die Leute, die jetzt den Armen hinrichten lassen, weil er sich an ihrem Eigentum vergreift, einmal von den Armen hingerichtet würden, weil sie Eigentum besitzen? Das Recht des Besitzes hat scheußliche Konsequenzen. Wenn die Soldaten sich einmal plötzlich erinnerten, daß sie selbst zum Volk gehören, und wenn Feuer kommandiert würde, allerdings auch Feuer gäben, aber auf den, der kommandiert hätte? Ich wünsche solche Zustände nicht, aber sie scheinen mir sehr möglich!

Die Menschen haben viele absonderliche Tugenden erfunden, aber die absonderlichste von allen ist die Bescheidenheit. Das Nichts glaubt dadurch etwas zu werden, daß es bekennt: ich bin nichts!

Komische Verzweiflung eines Materialisten: Millionen Bäume haben Früchte getragen, und ich habe sie nicht gekostet, weil ich noch nicht geboren war; Millionen Bäume werden Früchte tragen, und ich werde sie nicht kosten, weil ich gestorben bin; das ist die Wahrheit, die ich nicht verwinden kann.

Bildung ist ein durchaus relativer Begriff. Gebildet ist jeder, der das hat, was er für seinen Lebenskreis braucht. Was darüber, das ist vom Übel.

Den Schmerz wie einen Mantel um sich schlagen.

Wenn man etwas recht gründlich haßt, ohne zu wissen, warum, so kann man überzeugt sein, daß man davon einen Zug in seiner eigenen Natur hat.

Gewisse moderne Autoren machen Toilette vor dem Publikum und bilden sich ein, diese große Unverschämtheit sei eine große Tat.

1844

Man kann kein Blut in sich hineintrinken, sondern der Organismus muß sich das Blut selbst aus den Nahrungsmitteln bereiten. Ebensowenig kann man sich im höchsten Sinn fremde Erfahrungen aneignen, sondern man muß sie selbst machen.

Das Weib wohnt im Moment, der Mann ragt immer mit Kopf und Füßen darüber hinaus und wird bei dem Frost in den Extremitäten, auch im Herzen nicht recht warm.

Nur dadurch, daß er den ganzen Kreis zurücklegt und wie einer, der einen Berg ersteigt, hundert anfangs beschränkte und sich mehr und mehr erweiternde Aussichten und Gesichtskreise hinter sich liegen läßt, gelangt der Künstler zum Vortrefflichen; sonst würde jeder nur *ein einziges Kunstwerk* erschaffen.

Die Revolution ist eine Krankheit des Volks; aber eine solche, an der die Könige sterben.

Logisch nennen es die Leute, wenn das Gedankenkind den Uterus hinter sich herschleppt.

Es wäre doch so unmöglich nicht, daß von der Läuterung des einzelnen auch für das Ganze etwas abhinge, und mehr, als man sich im ersten Augenblick bei diesen Worten denkt.

Der Traum ist der beste Beweis dafür, daß wir nicht so fest in unsere Haut eingeschlossen sind, als es scheint.

Das Universum, wie alles für sich besteht und doch wieder Teil und Glied eines größeren Ganzen ist, das sich wieder in ein noch größeres verliert, und so fort und fort, ist ein Gedanke, auf den der Mensch stolz sein darf.

Männer sind auf Vorzüge bei ihresgleichen nicht so neidisch wie Weiber. Jene rechnen sich alles zu, was ihrem Geschlecht angehört; jeder hat Amerika mit entdeckt und den Faust mitgemacht. Diese glauben sich immer um so viel verkürzt, als eine Mitschwester mehr besitzt.

Naivität in der Kunst, unstreitig das Höchste. Aber es gibt auch eine Naivität in der Kunst, die darin besteht, daß der sog. Künstler mit der Behaglichkeit des größten Genies seine Trivialitäten aus sich herausproduziert, weil er von der Idee, die sein Stroh in seinem eigenen Kopf verzehren würde, wenn auch nur einer ihrer Strahlen hineinfiele, nicht das geringste ahnt und weiß, und diese Naivität findet auch ihre Verehrer!

Was hat man nach einem *Fall* zu tun? Was die Kinder tun: wieder aufzustehen!

Man sollte seine Fehler immer für individuelle und seine Tugenden für allgemeine halten, man macht es leider aber immer umgekehrt.

1845

Woher kommt unsre tiefste Verzweiflung? Weil wir die Ohnmacht, die wir in gewissen Momenten empfinden, immer auf unser ganzes Dasein übertragen und dem gar nicht entgehen können.

Alles Sprechen und Schreiben heißt würfeln um den Gedanken. Wie oft fällt nur ein Auge, wenn alle sechs fallen sollten.

Die Weiber haben den Zweck, jung zu sein!

Nichts empört die Menschen mehr, als wenn man aus ihren eignen Behauptungen die Konsequenzen zieht, sie zu widerlegen. Und freilich heißt das auch selbst den Hanf zum Strick hergeben müssen.

Wie glücklich sind die Philister! möchte man oft ausrufen. Aber man beißt sich doch auf die Lippen, denn man müßte hinzusetzen: Wie glücklich sind die Steine!

Es gibt Verse in unserer neuen deutschen Literatur, die selbst dann noch nicht entschuldigt wären, wenn es in den Zehn Geboten hieße: Du sollst Verse machen!

Ein naives Mädchengesicht: Fragezeichen an die Welt.

Weiber werden in Krankheitsfällen, die ihre Männer oder Geliebten betreffen, aktiv; bei Männern ist's umgekehrt. Darum können jene sich auch besser dareinfinden wie Männer, die sich durchaus vernichtet fühlen. Weiber können überhaupt Schmerzen hegen wie Kinder; sie können in der Vergangenheit leben, Männer nur in der Zukunft.

Ich halte es für sehr möglich, daß die Medizin dereinst alle Krankheiten heilen und daß der Mensch nur noch am Leben, an dem allmählichen Verschwinden aller Kräfte, sterben wird.

Zeitungen sind die einzige dem Schießpulver analoge Erfindung, und eine noch gefährlichere als diese, denn sie dienen nur *einer* Partei.

1846

Es ist die charakterisierendste Eigenschaft des Enthusiasmus, daß er, wie die Liebe, gar nicht begreifen kann, wie es Menschen geben könne, die ihn nicht teilten.

In den Dichtern träumt die Menschheit.

Alle Regierungen fordern blinden Glauben, sogar die göttliche.

Nur durch Handlungen sollten wir rezensieren; im Handeln können wir unbedingt wahr sein, ohne zu verletzen, im Reden kaum.

Was wäre zu wählen: der Beste unter den Schlechten zu sein oder der Schlechteste unter den Besten?

Ich bin fest überzeugt, daß die Welt einmal eine Form erlangen wird, die dem entspricht, was die Edelsten des Geschlechts denken und fühlen. Aber auch dann werden Bestien und Teufel nicht verschwinden, sie werden nur gebunden werden.

Deutschland hat gerade soviel Fürsten als ein Mensch Zähne.

Für gewisse Leute ist die Zensur das größte Glück. Sie können behaupten, daß nur diese alles Shakespearesche, Schillersche, an ihren Gedanken abschneidet.

Was nur dem Meister der Kunst begreiflich ist: die Notwendigkeit, das Wesentlichste oft ganz beiläufig zu sagen, um den schönen Schein der Freiheit nicht aufzuheben!

Die Vernunft des Irrenhauses ist, daß die Menschen darin verrückt sind.

In meinen Augen ist die Journalistik eine große Nationalvergiftung. Die Folgen derselben werden schrecklich sein, denn sie wird, je mehr sie sich verbreitet, um so schlechter und ist schon jetzt fast ganz entsittlicht.

Es gibt gar keinen Tadel, der nicht nützlich wäre. Der Tadel, der mich nicht mit einem eignen Mangel bekannt macht, macht mich mit dem Mangel eines andern, des Tadlers selbst, bekannt.

1847

Warum haben die Menschen gegen die Verbindung mit einem Mädchen, das ein andrer schon bis in die tiefste Seele hinein besaß, so wenig Abneigung, und warum wird diese Abneigung gleich so groß, wenn der *Körper* mit ins Spiel gekommen ist?

Wenn mir jemand die Züge meines Gesichts rezensiert, so geb' ich ihm eine Ohrfeige, wenn er mir aber einen Flecken im Gesicht zeigt, so wasche ich mich.

Die Sprache ist wie Raum und Zeit eine dem menschlichen Geist notwendige Anschauungsform, die uns die unsrer Fassungskraft fort und fort sich entziehenden Objekte dadurch näher bringt, daß sie sie bricht und zerbricht.

Für jeden denkenden Menschen ist die Zeit, in der er lebt, schon dadurch wichtig genug, *daß* er in ihr lebt; es bedarf gar keines weiteren Grunds, um ihr seine rege Teilnahme zu sichern.

Ein kleines Kind und eine Mutter zusammen: ob noch gleiche Extreme von unbegrenztem Egoismus und ebenso unbegrenzter Aufopferung zu finden sind?

Der tiefe Mensch *arbeitet* in Gesellschaft, genießt in der Einsamkeit.

Die Erde ist vielleicht der Mittelplanet, auf dem das Bewußtsein erst dämmert, und darum der relativ schlechteste; auf dem niedrigeren existiert nur Tierleben, auf dem höheren reines Geistesleben.

Die Geschichte, das Gedächtnis der Menschheit.

Diejenigen, die den Zweck der Ehe in die Kindererzeugung setzen, müssen es höchst unsittlich finden, sich *vor* dem ersten

Kinde zu verheiraten, da erst dies Kind beweist, daß jener Zweck unter bestimmten Personen realisierbar ist.

Es gibt nur eine einzige Kritik, die zu respektieren ist. Diese entwickelt aus dem Innersten der Sache heraus. Sie sagt zum Dichter: dies hast du gewollt, denn dies hast du wollen müssen, und untersucht nun, in welchem Verhältnis sein Vollbringen zu seinem Wollen steht. Jede andere ist vom Übel.

Schönheit: das Genie der Materie.

Über alles hat der Mensch Gewalt, nur nicht über sein Herz. Er kann nicht lieben, wann er will.

Das Tunkönnen ist oft die Strafe für das Tunwollen.

Es ist unglaublich, wieviel Geist in der Welt aufgeboten wird, um Dummheiten zu beweisen.

Die Freude verallgemeinert, der Schmerz individualisiert den Menschen.

Dem einzelnen Menschen gegenüber führt die Menschheit in ihren Institutionen ein allgemeines Leben.

Mancher findet den elektrischen Funken, dessen Hervorspringen aus der Elektrisiermaschine ihn ergötzte, impertinent, sobald er sich zum Blitz verdichtet.

1848

Die Ernährungsfrage tritt immer mehr in den Vordergrund. Ob dabei von der Natur nicht ebensosehr auf das Meer wie auf die Erde und die Luft gerechnet war? Den Kraken einfangen, der ein Jahrhundert vorhielte.

Ein halber Sieg der Idee ist schlimmer als eine völlige Niederlage.

Es kommt zuweilen wie für den einzelnen Menschen, so für ein ganzes Volk ein Moment, wo es über sich selbst Gericht hält. Es wird ihm nämlich Gelegenheit gegeben, die Vergangenheit zu reparieren und sich der alten Sünden abzutun. Dann steht aber die Nemesis ihm zur linken Seite und wehe ihm, wenn es nun noch nicht den rechten Weg einschlägt. So steht es jetzt mit Deutschland.

Der Mensch kann die Natur nicht erreichen, nur übertreffen; er ist entweder über ihr oder unter ihr.

Daß die Tiere kein Bewußtsein und keine Intelligenz haben, wird durch nichts so schlagend erwiesen als dadurch, daß sie sich nicht untereinander gegen ihren Tyrannen, den Menschen, verbinden. Der Erfolg könnte nicht zweifelhaft sein.

Der Mensch ist eine vollständige Menagerie.

1849

Im Fieber lösen sich alle Gedanken des Menschen wieder in Bilder auf, daher sein Phantasieren. Nichts beweist aber mehr den Ursprung der Gedanken *aus* Bildern. Sie sind am Ende nur eine Art reduzierter Hieroglyphen.

Wenn ein Mensch einen schweren, sittlichen Sieg erringt: wer weiß, ob er nicht dadurch in demselben Augenblick auf der großen Wesenleiter höher steigt!

Man setzt sich nicht zum Klavierspielen nieder, um die mathematischen Gesetze zu beweisen. Ebensowenig dichtet man, um etwas darzutun. Ach, wenn die Leute das einmal begreifen lernten! Es ist ja an aller höheren Tätigkeit des Menschen gerade das das Schöne, daß Zwecke, an die das Subjekt gar nicht denkt, dadurch erreicht werden.

Warum ist der Dichter nicht auch gleich Mann der Tat? Warum das Gehirn nicht auch Faust?

Auch das ist eine wichtige Seite an der Liebe, daß der Liebende durch die Liebende eine Versicherung des persönlichen Wertes erhält, daß er sich sagen darf: Ich bin zu etwas da, ich bin kein leeres Nichts.

Nur derjenige Witz ist gut, der den Witz der Natur aufdeckt.

Viele Leute betrachten die poetische Literatur als eine Art Irrenhaus, worin sie alles sagen dürfen, was ihnen anderwärts die Zwangsjacke zuziehen würde.

1850

Die Krankheiten, die das Wachstum der Menschheit bezeichnen, nennt man Revolutionen.

Ein Tendenzstück, worin die Personen einfach die Parteiblätter ablesen.

Mit dem Feigenblatt begann die Kultur. Wenn man auf Frankreich sieht, so scheint sie mit dem Wegwerfen desselben zu enden.

Eine Frau wird älter, aber nicht alt.

1851

Die Natur hätte den Menschen nicht hervorbringen können, wenn sie sich seinen Hoffnungen und Wünschen nicht gewachsen fühlte. Die gehören zu ihm wie das Wasser zum Fisch.

Es gibt Verbrechen, die von selbst straflos werden, wenn Tausende sie begehen.

Die allgemeinen Organe der Menschheit, z.B. für Poesie, treten im einz. Individuum verselbständigt hervor.

Spielende Kinder sind lebendig gewordene Freuden.

Kunst und Gesellschaft verhalten sich jetzt zueinander wie Gewissen und Tun. Welch eine Zeit, wenn sie sich dereinst decken, wenn die Kunst gar nicht schöner träumen kann, als die Gesellschaft lebt!

1853

Wie entsteht eine Stadt? Dadurch, daß jeder ein Haus baut!

Der Tod begeht keinen Fehler, wenigstens macht er keinen wieder gut.

Die Menschheit ist ein Kapital, das nie zu heben ist. Von Zeit zu Zeit fallen in einem bedeutenden Individuum die Zinsen.

Es gibt keinen Weg zum Z, der nicht am A vorbeiführte.

Die theologischen Streitigkeiten sind unwichtig geworden, die Physiologie hat sie abgetan. Die ist weit gekommen, und wohin wird sie noch gelangen! Es kann noch einmal eine Welt geben, wo die Menschen sagen: ja, der Goethe, der hatte viel Stickstoff eingesogen, bei mir prävaliert leider der Sauerstoff usw.

1854

Dein Charakter ist das Wort, das du der ganzen Welt gibst. Wirst du also deinem Charakter ungetreu, so brichst du der ganzen Welt dein Wort.

Heines Ironie besteht sehr oft darin, daß er erst den *Kopf* und dann den *Hintern* zeigt.

Wäre Goethe in seiner letzten realistischen Periode zum König von Thule zurückgekehrt: er hätte den ins Meer geschleuderten Becher durch einen Taucher wieder auffischen und Dukaten daraus prägen lassen.

Wenn es mit Eisenbahnen und Dampfschiffen so fort geht, so wird man in künftigen Zeiten einen Schimmel durch die Lupe betrachten müssen, wenn man sich vergegenwärtigen will, wie ein Wald ausgesehen hat.

Die Höhe der Kultur ist die einzige, zu der viele Schritte hinaufführen und nur ein einziger herunter.

1855

Abstrahieren heißt die Luft melken.

Lessing war der Pflug der deutschen Literatur, aber den Pflug kann man nicht essen.

1856

Die Natur sorgt allerhöchst unmittelbar dafür, daß der Mensch Atem holt, aber sie überläßt es ihm selbst, ob er sich auch waschen und sich die Nägel putzen will. Der Staat sollte sie hierin zum Vorbild nehmen.

Ein schönes Mädchen loben ist so viel als eine Blume begießen.

Echte Anschauungen sind nicht Gedanken, sondern Gedankenmütter.

1857

Es gibt Leute, die nur aus dem Grunde in jeder Suppe ein Haar finden, weil sie, wenn sie davorsitzen, so lange den Kopf schütteln, bis eins hineinfällt.

Man kann gar wohl fragen: was wäre der Mensch ohne die Tiere? Aber nicht umgekehrt: was wären die Tiere ohne den Menschen?

Es gibt Leute, die heute Sozialisten und Rebellen sind und morgen Verwaltungsräte. Die sind Personifikationen der Seelenwanderung.

1858

Axiome sind dadurch, was sie sind, daß sie nicht überliefert zu werden brauchen, sondern in jedem Menschen ganz von selbst entstehen.

Wäre die Sprache ein Produkt des logischen Geistes anstatt des poetischen, so würden wir nur *eine* haben.

Die Selbsterkenntnis soll so schwer sein. Sie ist es ohne Frage. Ist es für den Menschen doch schon keine leichte Aufgabe, sein Äußeres, das er in jedem Spiegel, ja in dem stillen Wasser plastisch vor sich hat, richtig zu würdigen und die Zerstörungen, die Zeit und Umstände darin anrichten, gewahr zu werden, wie das Beispiel alter und junger Gecken beweist.

1859

Wer nicht im Weibe das Ideale sieht, wo soll der es überhaupt noch sehen, da das Weib doch offenbar in seiner Blüte die idealste Erscheinung der Natur ist.

Die Geschichte der Menschheit macht zuweilen einen Eindruck auf mich, als ob sie der Traum eines Raubtiers wäre.

Die Eitelkeit ist im höheren Menschen das erhaltende, im niederen das zerstörende Prinzip.

1861

Das Glück ist die Ausnahme von Regel und Gesetz und widerlegt darum keine und keins.

Man erobert die Welt nicht bloß als Feldherr, indem man sie unterwirft, sondern auch als Philosoph, indem man sie durchdringt, und als Künstler, indem man sie in sich aufnimmt und sie wieder gebiert.

1862

Eine Staatsreform und eine Wanzenjagd sind nah miteinander verwandt. Das Ungeziefer kommt immer wieder, aber es ist doch einstweilen dafür gesorgt, daß es den Menschen nicht bei lebendigem Leibe auffrißt.

Auch Napoleon wäre das Welterobererschwert aus der Hand gefallen, wenn er sich die Milchstraße einmal betrachtet und sich klargemacht hätte, was die Erde gegen die Welt vorstellt.

1863

Der Dichter verwandelt die Welt in ein Spiel. Was heißt das? Er kehrt das Ding um; wenn in der Welt das Gesetz der Erscheinung erliegt, so erliegt im Kunstwerk die Erscheinung dem Gesetz.

Marie von Ebner-Eschenbach

Ein Urteil läßt sich widerlegen, aber niemals ein Vorurteil.

Die glücklichen Pessimisten! Welche Freude empfinden sie, sooft sie bewiesen haben, daß es keine Freude gibt.

Es hat noch niemand etwas Ordentliches geleistet, der nicht etwas Außerordentliches leisten wollte.

Der Zufall ist die in Schleier gehüllte Notwendigkeit.

Die einfachste und bekannteste Wahrheit erscheint uns augenblicklich neu und wunderbar, sobald wir sie zum erstenmal an uns selbst erleben.

Nichts wird so oft unwiederbringlich versäumt wie eine Gelegenheit, die sich täglich bietet.

Die Konsequenzen unserer guten Handlungen verfolgen uns unerbittlich und sind oft schwerer zu tragen als die der bösen.

Wer an die Freiheit des menschlichen Willens glaubt, hat nie geliebt und nie gehaßt.

Ein Dichter, der einen Menschen kennt, kann hundert schildern.

Die meisten Nachahmer lockt das Unnachahmliche.

Vernunft annehmen kann niemand, der nicht schon welche hat.

Wenn jemand etwas kann, was gewöhnliche Menschen nicht können, so trösten diese sich damit, daß er gewiß von allem, was sie können, nichts kann.

Das Alter verklärt oder versteinert.

In einem guten Buche stehen mehr Wahrheiten, als sein Verfasser hineinzuschreiben meinte.

Natur ist Wahrheit; Kunst ist die höchste Wahrheit.

Wenn die Neugier sich auf ernsthafte Dinge richtet, dann nennt man sie Wissensdrang.

Die Liebe hat nicht nur Rechte, sie hat auch immer recht.

Nicht jene, die streiten, sind zu fürchten, sondern jene, die ausweichen.

Macht ist Pflicht – Freiheit ist Verantwortlichkeit.

Es würde viel weniger Böses auf Erden getan, wenn das Böse niemals im Namen des Guten getan werden könnte.

Der Gläubiger, der nie gezweifelt hat, wird schwerlich einen Zweifler bekehren.

Verständnis des Schönen und Begeisterung für das Schöne sind eins.

Wo wäre die Macht der Frauen, wenn die Eitelkeit der Männer nicht wäre?

Nichts ist erbärmlicher als die Resignation, die zu früh kommt.

Wer in Gegenwart von Kindern spottet oder lügt, begeht ein todeswürdiges Verbrechen.

Der alte Satz: Aller Anfang ist schwer, gilt nur für Fertigkeiten. In der Kunst ist nichts schwerer als beenden und bedeutet zugleich Vollenden.

Eine Vernunftehe schließen heißt in den meisten Fällen, alle seine Vernunft zusammenzunehmen, um die wahnsinnigste Handlung zu begehen, die ein Mensch begehen kann.

Im Laufe des Lebens verliert alles seine Reize wie seine Schrekken; nur eines hören wir nie auf zu fürchten: das Unbekannte.

Ausnahmen sind nicht immer Bestätigung der alten Regel; sie können auch die Vorboten einer neuen Regel sein.

Manche Leute wären frei, wenn sie zu dem Bewußtsein ihrer Freiheit kommen könnten.

Die Frau verliert in der Liebe zu einem ausgezeichneten Manne das Bewußtsein ihres eigenen Wertes; der Mann kommt erst recht zum Bewußtsein des seinen durch die Liebe einer edlen Frau.

So manche Wahrheit ging von einem Irrtum aus.

Wer an die Öffentlichkeit tritt, hat keine Nachsicht zu erwarten und keine zu fordern.

Respekt vor dem Gemeinplatz! Er ist seit Jahrhunderten aufgespeicherte Weisheit.

Es kommt alles auf die Umgebung an. Die Sonne im lichten Himmelsraume hat eine viel geringere Meinung von sich als die Unschlittkerze, die im Keller brennt.

Wenn die Zeit kommt, in der man könnte, ist die vorüber, in der man kann.

Der größte Feind des Rechtes ist das Vorrecht.

Es gibt überall verschämte Arme, nur nicht in der Literatur.

Ein guter Witz muß den Schein des Unabsichtlichen haben. Er gibt sich nicht dafür, aber siehe da, der Scharfsinn des Hörers entdeckt ihn, entdeckt den geistreichen Gedanken in der Maske eines schlichten Wortes. Ein guter Witz reist inkognito.

Nicht teilnehmen an dem geistigen Fortschreiten seiner Zeit, heißt moralisch im Rückschritt sein.

Wohlerzogene Menschen sprechen in Gesellschaft weder vom Wetter noch von der Religion.

Vieles erfahren haben heißt noch nicht, Erfahrung besitzen.

Die Langeweile, die in manchem Buche herrscht, gereicht ihm zum Heil; die Kritik, die schon ihren Speer erhoben hatte, schläft ein, bevor sie ihn geschleudert hat.

An Rheumatismen und an wahre Liebe glaubt man erst, wenn man davon befallen wird.

Die Ambrosia der früheren Jahrhunderte ist das tägliche Brot der späteren.

Nichts lernen wir so spät und verlernen wir so früh, als zugeben, daß wir unrecht haben.

Der Maßstab, den wir an die Dinge legen, ist das Maß unseres eigenen Geistes.

Die größte Gewalt über einen Mann hat die Frau, die sich ihm zwar versagt, ihn aber in dem Glauben zu erhalten versteht, daß sie seine Liebe erwidere.

Es darf so mancher Talentlose von dem Werke so manches Talentvollen sagen: Wenn ich das machen könnte, würde ich es besser machen.

Dilettanten haben nicht einmal in einer sekundären Kunst etwas Bleibendes geleistet, sich aber verdient gemacht um die höchste aller Wissenschaften, die Philosophie. Den Beweis dafür liefern: Montaigne, La Rochefoucauld, Vauvenargues.

Das Vernünftige ist durchaus nicht immer das Gute, das Vernünftigste jedoch muß auch das Beste sein.

Der Spott endet, wo das Verständnis beginnt.

Um ein öffentliches Amt glänzend zu verwalten, braucht man eine gewisse Anzahl guter und – schlechter Eigenschaften.

Weh der Frau, die nicht im Falle der Not ihren Mann zu stellen vermag.

Unser Stolz auf den Besitz irgendeiner guten Eigenschaft erleidet einen argen Stoß, wenn wir sehen, wie stolz andere auf das Nichtbesitzen derselben guten Eigenschaft sind.

Theorie und Praxis sind eins wie Seele und Leib, und wie Seele und Leib liegen sie großenteils miteinander in Streit.

Gedanken, die schockweise kommen, sind Gesindel. Gute Gedanken erscheinen in kleiner Gesellschaft. Ein göttlicher Gedanke kommt allein.

Als eine Frau lesen lernte, trat die Frauenfrage in die Welt.

Die Kunst ist im Niedergang begriffen, die sich von der Darstellung der Leidenschaft zu der des Lasters wendet.

Man darf anders denken als seine Zeit, aber man darf sich nicht anders kleiden.

Die Kritik ist von geringer Qualität, die meint, ein Kunstwerk nur dann richtig beurteilen zu können, wenn sie die Verhältnisse kennt, unter denen es entstanden ist.

Vorurteil stützt die Throne, Unwissenheit die Altäre.

Die großen Augenblicke im guten wie im bösen Sinne sind die, in denen wir getan haben, was wir uns nie zugetraut hätten.

Viele Worte sind lange zu Fuß gegangen, ehe sie geflügelte Worte wurden.

Die Katzen halten keinen für eloquent, der nicht miauen kann.

Das Leben erzieht die großen Menschen und läßt die kleinen laufen.

Bitter ist der Tadel, aus dem wir mit dem besten Willen keinen Nutzen ziehen können.

Der sich gar zu leicht bereit findet, seine Fehler einzusehen, ist selten der Besserung fähig.

Alle historischen Rechte veralten.

Wer hat nicht schon das, was er sich zutraut, für das gehalten, was er vermag?

Die Summe unserer Erkenntnisse besteht aus dem, was wir gelernt, und aus dem, was wir vergessen haben.

Eine stillstehende Uhr hat doch täglich zweimal richtig gezeit und darf nach Jahren auf eine lange Reihe von Erfolgen zurückblicken.

Was wissen wir nicht alles zur Entschuldigung von Fehlern und Übelständen vorzubringen, aus denen wir Nutzen ziehen!

Nichts bist du, nichts ohne die andern. Der verbissenste Misanthrop braucht die Menschen doch, wenn auch nur, um sie zu verachten.

Auch das kleinste Licht hat sein Atmosphärchen.

Nenne dich nicht arm, weil deine Träume nicht in Erfüllung gegangen sind; wirklich arm ist nur, der nie geträumt hat.

Wir suchen die Wahrheit, finden wollen wir sie aber nur dort, wo es uns beliebt.

Langeweile ist eine Halbschwester der Verzweiflung.

Wenn eine Frau sagt «Jeder», meint sie: jedermann. Wenn ein Mann sagt «Jeder», meint er: Jeder Mann.

Ihr jubelt über die Macht der Presse – graut euch nie vor ihrer Tyrannei?

Der Witz ist ein brillanter Emporkömmling von zweifelhafter Abstammung.

Charakter eines Menschen: seine gebändigte, zugehauene, zugeschliffene oder seine wild wuchernde Natur.

Geistlose kann man nicht begeistern, aber fanatisieren kann man sie.

Die Wahrheit hat Kinder, die sie nach einiger Zeit verleugnet; sie heißen Wahrheiten.

Die Moral, die gut genug war für unsere Väter, ist nicht gut genug für unsere Kinder.

«Du bist erbärmlich, du bist nichts», sprach der Gedanke zum Einfall. Dieser erwiderte: «Ich möchte wissen, ob du dich irgendwo einfinden kannst, wo ich nicht früher gewesen bin.»

Abgeschrieben kann das Leben nie werden, dazu ist es zu reich.

Zuviel Talent kann man nicht haben, aber zu viele Talente.

Zuhören können. Es gehört dazu die Fähigkeit der Selbstentäußerung und Aufnahmefähigkeit, und wenn es sich um ernste Dinge handelt, Wissensdurst. In vielen Fällen aber braucht man, um einen guten Zuhörer abzugeben, etwas schauspielerisches Talent.

Ohne unbewußte Voraussicht kein Talent.

Das Wort «unbeschreiblich» sollte der Schriftsteller nie gebrauchen. Freilich kann er nicht alles beschreiben, aber in seinem Leser muß er ein Bild, ein Gefühl, eine Ahnung dessen erwekken können, was sich nicht beschreiben läßt.

Es ist der Kunst zu eng geworden im Bereich des Schönen: sie hat sich ein ungeheures Gebiet erobert, in dem sie nun schwelgt – das Gebiet des Häßlichen.

Ein vortreffliches Buch: erstens verschlingt man's, zweitens liest man's, drittens schafft man sich's an.

Wilhelm Raabe

1864

Die schrecklichen Augenblicke, in welchen man in so kalter Verzweiflung zusammenzählt, wieviel man noch aufgeben könne, ohne die letzten Bedingungen seines Daseins aufzugeben.

Das Mal der Dichtung ist ein Kainsstempel, welcher einem auch nicht gratis aufgedrückt wird.

Man muß in den Dreck hineingeschlagen haben, um zu wissen, wie weit er spritzt. –

Sooft eine neue überraschende Erkenntnis durch die Wissenschaft gewonnen wird, ist das erste Wort der Philister: es sei nicht wahr; das zweite: es sei gegen die Religion; und das dritte: so etwas habe jedermann schon lange vorhergewußt.

1871

Das Pathos der Mittelmäßigkeit: Große Männer [sind] allein dadurch groß, daß sie sich von demselben nicht fortreißen lassen.

1873

Wer ist ein Humorist? Der den winzigsten aller Nägel in die Wand oder die Hirnschale des hochlöblichen Publikums schlägt – und die ganze Garderobe der Zeit und aller vergangenen Zeit dran aufhängt.

Man muß Bücher schreiben, die gewinnen, wenn das Geschlecht, das sie später liest, andere Röcke und Hosen trägt.

1874

Im Augenblick, wo der echte Künstler schafft, hat er weder Weib noch Kind und am allerwenigsten Freunde.

Die Menschen irren sich. Man hat nur Freude an dem, was einem *nicht* gehört. Alles Übrige ist eine Last.

Knie dem Philister auf der Seele und du drückst doch keinen Geist heraus.

Er war durch den fortwährenden Umgang mit sich selber grenzenlos verwöhnt worden.

Die Viecherei bleibt dieselbe, ob man sich heut mit Gewehr und Chasssepot zu Leibe geht oder wie vor längeren Jahren und Jahrtausenden seinen Stein in die Schleuder legt und sich den an die Köpfe wirft.

Dem ungebildeten Menschen erscheint alles als Einzelheit, dem gebildeten alles im Zusammenhange. Es gibt da aber allerlei Nuancen.

Ein wirkliches Buch muß so geschrieben sein, daß ihm weder eine Handvoll Druckfehler, noch eine schlechte Ausstattung, noch alberne Reklamen und dumme Kritiken im Laufe der Zeiten etwas anhaben. Es muß aus allem Wust und Unsinn auftauchen können – und es wird's –

Es will alles nach seiner Natur behandelt werden: Das Feuer im Ofen und das Wasser, wie es den Berg herunterläuft. Wer sich darauf versteht, der versteht auch mit Menschen umzugehen.

Das Original macht Fußtapfen. Die Nachahmer treten in diese Tapfen, aber *schief*.

Diese deutsche Nation gibt mehr für papierene Vatermörder und Halskragen aus als für *bedrucktes* Papier.

1875

Solche Schriftsteller, die ihrer Natur nach, und wenn sie noch soviel geschrieben haben, Dilettanti sind, hört man in ihrem Gedruckten sprechen, wenn man sie persönlich kennt.

Das wahre Kunstwerk ist seiner selbst wegen da, nicht dessen, der vor ihm steht, sitzt oder liegend auf dem Sofa ihm beizukommen sucht. Was geht den Lear, den Macbeth, den Hamlet etc. das an, was ihr über ihn denkt, – schreibt oder drucken laßt?

Jetzt zeigt mir das neue Werk, dem das letztere einerlei ist!

Ein echter Dichter sagt *Ich!* Dieses heißt: die Gebilde seiner Phantasie haben eine solche Wirklichkeit, daß sie die Gebilde des Tages ihm vollständig zurückdrängen oder *sich* subsumieren. – Nachher spricht die Nation von Vaterlandslosigkeit und dergleichen.

Der Mensch ist groß, wenn er menschlich ist; will er göttlich sein, wird er kindisch, und denkt er tierisch, wird er zum Vieh.

Lieber drei Jungfern als eine Witwe heiraten.

Die interessantesten Zeiten des Menschendaseins sind nicht die, in welchen man sich der Illusion hingibt, sein Leben selbst führen zu können, nach rechts oder links abzuweichen, zu beharren oder aufzugeben, sondern die, in denen man den Flügelschlag des Schicksals deutlich über seinem Kopfe rauschen hört. Und trotz aller möglichen Unruhe und Aufregung sind die letzten auch, so paradox es klingen mag, die normalen.

Von Biographien kann man dreist sagen: die am schlechtesten geschriebenen sind die besten, d.h. wahrsten.

Ruhm ist: mitgedacht zu werden, wenn an ein ganzes Volk gedacht wird.

Das Leben ausnutzen heißt nicht, sich dem hingeben, was die Leute so nennen, sondern seiner eigenen Natur folgen, sie in ihren vorteilhaften Seiten ausbilden und, was sie groß nennt, tun, wenn auch die Welt es gering und langweilig schätzt.

Das Mißbehagen der Menschen steigt verhältnismäßig. Ein Glücklicher wird grade so arg durch kleine Unbequemlichkeit gequält wie ein Unglücklicher durch großes Malheur.

Man sieht einem großen befruchtenden, wenn auch wildem Weltereignis zu wie einem Gewitter mit nachfolgendem Landregen. Man trinkt mit dem Erdboden. Und es ist ein Behagen in der Unbehaglichkeit, die man persönlich von wegen der Nässe auszustehen hat.

1876

Wenn einer eine Leiter emporgeklettert ist und sie nicht mehr braucht, dann kümmert's ihn auf der Höhe auch nicht, wenn ein anderer die Leiter wegträgt und seinerseits sie zum Emporklettern an eine andre Wand lehnt.

Auch dadurch, daß der Mensch mit dem Teufel in Person verkehrt, erhebt er sich über die allgemeine Menschheits-Gleichheitslinie.

Furcht ist nichts weiter als eine etwas prägnanter hervortretende Form als Äußerung des Egoismus.

Was ein bedeutender Mensch Mittelmäßiges gemacht hat, das ist von größerem Wert für die Menschheit, als was ein mittelmäßiger Mensch Bedeutendes gemacht.

Das Entwickeln der Charaktere mit zunehmendem Alter. Wie z.B. ein Ehepaar, das in jungen Jahren trefflich miteinander stimmte, allgemach von Tag zu Tage, von Woche zu Woche, von Jahr zu Jahr mehr auseinanderkommt. Die *vollständige Schuldlosigkeit* beider Teile in dieser Beziehung.

Dieses Deutschland hängt wie ein nasser Waschlappen zwischen den Völkern der Erde. –

Das hervorstechend Angenehme, was die Franzosen gezeugt haben, ist Paris, das, was den Deutschen gelungen ist, sind die deutschen Mittelstädte.

1877

O wie verschwenderisch gehen die Menschen jetzt mit dem kostbarsten Material, was es gibt, mit der Tinte um!

Diese moderne Literatur mit ihrem Feuilletonsgeruch!

Das ist unwahr und deshalb keine Dichtung. Lügen darfst du in politischen Abhandlungen, statistischen Aufstellungen und dergleichen. Das hat nichts zu sagen. Da lacht nur die pragmatische

Weltentwicklung. Lügst du aber in der Dichtkunst, so lacht die Natur, die Sterne schütteln sich vor Lachen und – Mitleid.

Ein rechter Künstler rechnet mit der Stunde, die nach dem Augenblick, in welchem er schafft, kommt, *nie!* – Das gilt aber nicht bloß von den Künstlern, sondern von jedem rechten Menschen.

Wir haben wohl das Wort gehört, wer nach dem 34. Lebensjahr sich noch an das Kreuz schlagen lasse, der sei ein Narr. Das ist ein schlechtes Wort. Das Verdienst steigt da mit den Jahren. Im 24sten ist der Opfertod noch leichter und kaum der Rede wert. Aber alt geworden zu sein und seine Ideale hochzuhalten und seinen Opfermut dafür zu erweisen: das macht den Heroen, den Menschheitserlöser.

Das Drama ist die Kunstform der Monarchie, der Roman die Kunstform der Demokratie. Ein dramatischer Republikaner ist ein Unding und wird sich immer als ein solches ausweisen. Daß Sophokles etc. in einer Republik geschrieben haben, beweist nichts. Ein Sklavenstaat ist immer ein absolutest monarchischer. Denn jeder Schuhmacher und Bürger ist seinem Leibeigenen gegenüber der König, fühlt königlich und – dramatisch, wenn es gilt, seine Würde aufrechtzuerhalten.

Das Exotische ist die Formel, unter der der Mensch die Welt zu sehen wünscht. Der deutsche Spießbürger aber ist ein Exotisches für den Pariser und umgekehrt.

Ein klassisches Kunstwerk – man sieht die Fäden nicht heraushängen, an denen die Puppen gezogen werden.

1878

Dieses verdammte Leben ist wahrhaftig nicht soviel wert, daß man sein Selbstbewußtsein einen Augenblick länger festhält, als es unbedingt nötig ist.

Genial ist das, was die arme, gequälte Menschenseele ans Licht bringt, sonst nichts.

Über den Tod kommt jeder leicht hinweg, aber mit dem Sterben ist's eine andere Sache.

Die ganz überflüssige Frage: «Darf er denn das?», die man so häufig hört. Man darf viele Ungerechtigkeiten ungestraft begehen; aber Wahrheit sprechen, Gerechtigkeit üben, ein großes Kunstwerk hinstellen geht wahrlich nicht so leicht straffrei durch.

Ach, das ist mit den Menschen wie mit dem Floh. Der Floh ist auch gar so grausam nicht. Wenn dich einer gebissen hat, so brauchst du ihn nur sanft zu nehmen, ihn eine Weile still zwischen dem Zeigefinger und Daumen zu reiben und ihm zu sagen: «Aber das war doch sehr unrecht von Dir!» – Wenn du ihn dann mit dem Daumennagel ein wenig auf die Tischplatte drückst, so tut er es gewiß nachher nie wieder.

1879

Das Empirische läßt man sich ästhetisch nur dann gefallen, wenn es in Reime eingekleidet ist. Es veraltet nichts leichter als die empirische Prosa – soweit es die Belletristik anbetrifft.

Es kann eine Welt geben, in der es eine Ehre ist, gehängt zu werden, und also auch zu einem Vergnügen werden kann.

Der schlechte Egoismus, der sein Ich immer nur an die Stelle eines andern Ichs setzt, und der große Egoismus, der in sein Herz «die Welt zurückeschlingt».

Nur die, welche in irgendeiner Weise ihre Unzulänglichkeit fühlen, sind, was man nennt, *nervös*.

1880

Wirklich vornehme Naturen schämen sich stets für viel, mit dem sie es im Wandel und Handel unserer Erde zu tun bekommen, mit; sie lassen sich aber grade deshalb desto williger bereit finden, alles das, was man von ihnen erlangen will, herzugeben, wenn auch nur, um so schnell als möglich wieder Ruhe zu haben vor der Narrheit und Unverschämtheit des laufenden Tages.

Ein Kunststück geht an den Menschen vorüber, und an einem Kunstwerk gehen die Menschen vorüber.

1881

Die ewige Illusion, daß das Leben noch vor einem liege. Das Leben liegt *immer* hinter einem.

Man erlebt nicht das, was man erlebt, sondern wie man es erlebt.

Die Menschen leben in der Illusion, daß jeder das, was er tut, für sich tut; und das ist der größeste der Urirrtümer der Individuen.

1889

Es gibt zweierlei Arten von Büchern. Die einen lesen die Leute, weil sie wollen, die andern, weil sie müssen. Die letztere Art ist die wahre. Die Generation, welche nicht gewollt hat, ist hin; jetzt kommen die Geschlechter, welche müssen.

Ein Weib möchte immer alles gern selber verrichten, aber zugleich immer einen haben, dem es die Verantwortung dafür in die Schuhe schieben könnte.

Sie bedenken nicht, daß die «Welt» immer nur aus dem Haufen kummerbelasteter, verdrußbeladener, sorgenvoller, zahn- und leibwehbehafteter Einzelwesen besteht, von dem der gekränkte Genius Unmögliches verlangt.

1890

Wie der Mensch körperlich auf das «Sich-selbst-satt-essen» gestellt ist, so steht er seelischerseits auf dem «Selber-sich-durchfressen». Es hilft ihm kein anderer zu dem einen wie zu dem andern. Man muß eben in dieser Welt alles selber machen.

Der Lyriker ist nur in seiner Balzzeit kritisch schußgerecht und ausstopfbar als gutes Muster für die Literaturgeschichtssammlung. Nachher schreibt er ein «Tagebuch», und das wird dann von der Polizei verboten.

1892

Erkenntnis macht frei, Bildung fesselt, Halbbildung stürzt in Sklaverei.

Kunstwerke sollen der Menschheit weiterhelfen, sie nicht zurückdrücken.

Wahre Dichtungen halten der Zeit den Spiegel nur insofern nützlich vor, daß sie die Zeit in der Ewigkeit sich spiegeln lassen.

1895

Der Mensch lebt von seinen Illusionen (Einbildungen).

1902

Das Weib: «Wenn ich mein Kind in seinem Kinderwagen vor mir herschiebe, brauche ich wahrhaftig nicht den «Faust» geschrieben oder die Schlacht bei Mars-la-Tour gewonnen zu haben. *Die* sollen mir nur kommen und mir einen Austausch unserer Gefühle anbieten!»

1895–1903

Wer denkt, wenn er in den Frieden seiner Kinderjahre zurückblickt, daran, daß damals seine Eltern auf dem Kampfplatz waren? Auf dem Kampfplatz in der bittersten, bösesten Bedeutung des Worts.

Wohnungswechsel – Seelenwanderung. Ob man sich beim Umzuge wohl sehr «verbessert»?

Früher achtete der Mensch nicht sehr auf sich. In der antiken Welt tat jeder das Seinige gut oder schlecht. Könige, Helden, Dichter «von Gottes Gnaden» gab es nicht. Miltiades und Themistokles taten ihre Schuldigkeit, und Ochlokrates und Komp[anie] steckten sie nach Salamis und Marathon ins Gefängnis, und kein Mensch fand was dran. – Heute ist die Menschheit als Ganzes nervös, erkennt sich im Einzelnen, und da – kommt ihr Wert heraus! Damals wurde aber auch keiner «verkannt»; – heute wimmelt es auf Erden von «Verkannten».

Und wenn der Tod kommt, meinen sie doch immer wieder, das sei das Neueste und noch nicht dagewesen.

Jemand, der im Nachdenken darüber, ob er «Perron» oder «Bahnsteig» sagen soll, den Zug versäumt.

Wenn die Frau die Tür schlägt und der Mann sie sacht schließt, gibt es, wenn nicht eine Musterehe, so doch eine erträgliche. Schlagen sie beide die Tür, so ist das freilich schon so etwas wie die «Hölle auf Erden». Schlägt der Mann sie und die Frau schließt sie sacht, nun, dann ist's manchmal der Himmel, aber manchmal auch die Langeweile auf Erden.

Die soziale Frage. Es geht nicht mehr alles so hin. Das Damoklesschwert des allgemeinen Durcheinander ist nichts. Aber daß jeder von oben bis unten sich zu sagen hat: Man achtet dir auf die Finger. Und die Finger anderer – auch unter dir – haben die Macht, sich zu einer Faust zu ballen –, das ist etwas und, alles in allem genommen, etwas recht Segensreiches.

Glück nehmen sie als etwas, was ihnen von Rechts wegen zukommt; Unglück macht sie verbissen. Sie nehmen es als eine ganz persönliche Beleidigung.

Das ist das menschliche Leben: bei dem einen raucht der Ofen, wenn der Wind von Nordwesten, bei dem andern, wenn er von Südosten kommt.

Und wenn der Mensch noch so gerne immer in das Fernste schweifen möchte; er wird doch immer wieder mit der Nase auf das Nächstliegende gestoßen. Schön ist es freilich nicht immer.

Jedes Wochenbett löst dem Weibe die «Frauenfrage». Und dem Manne auch.

Was einen, wenn man jung ist, als eine Mücke umschwirrte, das wird im Alter zu einer Hornisse.

Alles, was wir von der Welt «wissen», sind Umschreibungen unserer Unwissenheit.

Von allen Menschen traue dir am wenigsten.

Naturalismus: Die wundervollste Photographie ist nichts gegen das Bild eines wirklichen Künstlers.

Erst durch Lesen lernt man, wieviel man ungelesen lassen kann.

Alle Poesie ist symbolisch. Schilderung der Wirklichkeit höchstens nur ein interessantes Lesewerk. Hole ich das Bleibende aus der Tiefe, so hebe ich es über die tagtägliche Realität; ich gebe ihm das auf dem Blatt, und es hat durch sich selbst Gültigkeit über den Tag hinaus.

Die Beunruhigungen des menschlichen Lebens nehmen nur immer andere Gestalt an. Im Grunde sind es immer dieselben. Im Alter reichen dann die Nerven für die Beunruhigungen nicht mehr aus. Man erkennt die alten Feinde mit neuen Masken nicht mehr. Ein ruhiges Greisenalter? Welch eine Phrase! Was für eine Redensart jüngerer Leute! –

Das deutsche Reich ist mit der ersten Eisenbahn zwischen Nürnberg und Fürth gegründet worden.

Nachwort

Eine Gattungsgeschichte, die Aufeinanderfolge und Weitergabe bestimmter Formen und Errungenschaften aufweist, ist für die deutsche Aphoristik nahezu ausgeschlossen. Von den hier vertretenen Autoren veröffentlichten allein Novalis, Friedrich Schlegel, Klinger und Marie von Ebner-Eschenbach selbständige Aphorismensammlungen zu Lebzeiten, Jean Paul und Goethe fügten Aphoristisches in größere Werke ein, seien es Romane oder theoretische Schriften. Die Aphorismen aller anderen kamen postum ans Licht, teils weil sie von den Zeitgenossen zurückgehalten wurden, wie bei Seume, teils weil sie nie für eine Veröffentlichung bestimmt waren, wie bei Lichtenberg, und man kann sagen, daß die deutschen Aphoristiker in nahezu völliger Unkenntnis voneinander waren.

Eine einheitliche endgültige Bezeichnung für diese Art geistreicher, prägnant formulierter Kurzprosa gab es nie. Seinem Ursprung nach stammt der Begriff Aphorismus aus der griechischen Antike, wo er für spruchartige, einprägsame medizinische Weisheiten und Ratschläge benutzt wurde, so in den sieben Aphorismenbüchern des Hippokrates, der in diesen Kompendien alles aufbewahrte, was die griechische Antike über menschliche Physis und ihre Krankheiten wußte. Doch geriet diese Art Aphorismen, die noch bis ins Mittelalter als ein Dogma der Medizin galten, schließlich in Verruf, Dante kennzeichnet sie in der «Göttlichen Komödie» als «trügerisch in ihren Schlüssen», «abwärts die Flügel schlagend».

Lichtenberg nannte seine Notizsammlungen Sudelbücher, die Romantiker schrieben Fragmente, Goethe verwandte abwechselnd die Ausdrücke Aperçu und Maximen und Reflexionen, Seume schrieb Apokryphen, Hebbel Tagebücher, und einzig Marie von Ebner-Eschenbach nannte ihre 1880 veröffentlichte Sammlung Aphorismen. Wie dem auch sei: der Aphorismus ist, dem Publikum gegenüber, die zurückhaltendste und zurückgehaltenste literarische Form und steht zu Recht im Verdacht, sehr viel Persönliches und Intimes zu transportieren, mehr eine Methode der Zeugung zu sein als Erzeugtes, Verfahrensweise mehr als Produkt. Diese Erkenntnis ist zwar notwendig, zur Erklärung der Aphoristik, die man als eine Randerscheinung der Literaturgeschichte mit einer außerordentlichen Affinität zum Philosophischen bezeichnen kann und deren Entwicklung asynchron zur sonstigen literarischen Gattungsgeschichte verläuft, keineswegs aber ausreichend.

Ein Grundübel aller lexigraphischen Maßeinheiten für unsere Gattung ist die Annahme, es gebe *den* Aphorismus. Gerade Lichtenberg beweist, daß der Aphorismus nur als geselliges Wesen existiert. 35 Jahre, 1764–1799, war Lichtenberg aphoristisch tätig, vier Bände «Sudelbücher» brachten seine Nachlaßsichter ans Licht, und angesichts eines solchen Werkes drängt sich die Frage auf, welche Funktion diesem aphoristischen Prozeß zukommt.

Obwohl ein Kind der Aufklärung, gehörte der Physiker und Mathematiker Lichtenberg zu keiner der literarischen Strömungen seiner Zeit, seine gesellschaftlichen Zielvorstellungen besaßen wesentlich konkretere Züge als die der meisten deutschen Zeitgenossen. Während seiner Englandreise 1770 hatte Lichtenberg jene Gesellschaftsordnung kennengelernt, die nach seiner Ansicht an die Stelle der feudalistischen, an Stelle von Despotismus und deutscher Kleinstaaterei zu setzen war.

Gewährsmann für ein solches Gesellschaftsbild, in der die Ökonomie eindeutig vor der Politik rangierte, war der Philosoph, Naturwissenschaftler und Staatsmann Francis Bacon (1561 bis 1626), der den Zweck der Gesellschaft darin gesehen hatte, «die Ursachen und Bewegungen sowie die verborgenen Kräfte in der Natur zu ergründen und die Grenzen der menschlichen Macht so weit wie möglich zu erweitern». Diese Erweiterung der menschlichen Wesenskräfte wurde gerade in der wild gärenden Shakespeare-Zeit postuliert, als die junge bürgerliche Klasse nach der Macht griff und nichts gelten ließ, was sich der Erfahrung entzog, weil der tätige und forschende Mensch das Hauptargument bot gegen mittelalterlich-feudalistische Überlieferung und Dogmatisierung. *Materie* und *Bewegung*, als deren erste Eigenschaft, waren die Schlagworte der neuen Zeit. Das wissenschaftliche Denken bediente sich, wie Marx und Engels in der «Heiligen Familie» feststellten, der Induktion, Analyse, Vergleichung, Beobachtung, des Experimentierens und wurde

dadurch erst zum antischolastischen Denken. In einer solchen Gesellschaft kam auch der moderne Aphorismus in die Welt, freilich noch mit wesentlichen inhaltlichen Gebrechen der Vergangenheit, da sein Feld vorzüglich die Gesellschaftstheorie war und an ihr der Ballast des Tradierten von jeher am zähesten gehangen hat. «Die aphoristische Doktrin» Bacons wimmele, schrieben Marx und Engels, «noch von theologischen Inkonsequenzen», während die Materie «in poetisch-sinnlichem Glanze den ganzen Menschen» anlache. Immerhin hatte Bacon mit seiner aphoristischen Denkweise eine Methode geschaffen, die auch in den nicht-naturwissenschaftlichen Bereichen die Intentionen der neuen Klasse zu entwickeln geeignet war und die deren allerérstem Anspruch grundsätzlich entsprach: nichts gilt, wozu nicht das Individuum sein «es sei» gesprochen hat.
Das Durchbrechen spekulativer philosophischer Systeme und vorgegebener Denkschemata und die Freisetzung des bürgerlichen Individuums war auch das Ziel Lichtenbergs, und darin wurde für ihn die aphoristische Methode zur entscheidenden. Aufs Ganze gesehen, lag Lichtenbergs Anspruch darin, die im Laufe der bisherigen Menschheitsgeschichte vergegenständlichten menschlichen Wesenskräfte, sei es in Gestalt der Philosophie, der Wissenschaften, der Künste oder der gesellschaftlichen Institutionen, in konkreten Einzelbeobachtungen und ohne sich einem Systemzwang zu beugen, neu zu erfassen. Freilich war Lichtenbergs persönliche Basis als Physikprofessor in der Siebentausendseelengemeinde Göttingen winzig im Vergleich zu der Bacons, des zeitweilig einflußreichsten Mannes im weltmächtig werdenden England.
Programmatisch formulierte Lichtenberg zu Beginn seines aphoristischen Schaffens: «Eine Sprache, die allemal die Verwandtschaft der Dinge zugleich ausdrückte, wäre für den Staat nützlicher als Leibnizens Charakteristik. Ich meine solche wie zum Exempel Seelsorger statt Prediger, Dummkopf statt Stutzer, Wassertrinker statt anakreontischer Dichter.» Hierin wird einerseits die Ablehnung einer rationalisierten Wissenschaftssprache, wie sie Leibniz erträumt hatte, deutlich, andererseits ist dies ein Beispiel für Lichtenbergs eigene Weise, Sprache aphoristisch zu gebrauchen, orientiert am alltäglichen Sprechen,

am Umgang der Menschen, um Beziehungen, wie etwa Wassertrinker – anakreontischer Dichter, auf treffende und witzige Weise zu formulieren.

Lichtenberg hat in der deutschen Ideologiegeschichte die bis dahin entwickelten Wissenschaften aus ihrer dogmatischen rationalistischen Erstarrung befreit und sie dem Kriterium des alltäglichen Lebens unterworfen. Zerstörung war sein Amt, satirische Zerstörung seine größte Möglichkeit, und dafür stand ihm zur Verfügung, was einer intelligenten, gebildeten bürgerlichen Persönlichkeit, die auf der Höhe der Zeit stand und über die deutsche Enge hinaus geistig kommunizierte, nicht mehr zu nehmen war: genaue Beobachtung ohne jede Spekulation und Sprache.

Obwohl der Sudelbuchschreiber Lichtenberg erst viele Jahrzehnte nach seinem Tod entdeckt wurde, blieb seine aphoristische Methode schon zu Lebzeiten nicht gänzlich wirkungslos, denn manches, was er im steten Neuansatz seiner Tag-für-Tag-Hefte formuliert hatte, übernahm er in kleine Essays zu den verschiedenen Gegenständen des alltäglichen Lebens. Die Zeitgenossen konnten von Lichtenberg lernen, daß das bürgerliche Individuum deutscher Provenienz sich immerhin erst Individuum und Subjekt wähnen durfte, wenn es sich in den Dingen dieser Welt zurechtfand.

Dieser Anspruch, den Lichtenberg noch ausdrücklich in Hinblick auf die ökonomisch-politische Struktur Englands erhoben hatte, wurde sehr schnell Bestandteil eines kleinbürgerlich-demokratischen Bewußtseins, dessen Herausbildung vor allem Jean Paul beförderte. In seinem weithin berühmten Büchlein «Das Kampaner Tal oder Über die Unsterblichkeit der Seele» drückt er seine Art der Welterfassung auf folgende Weise aus: «... Man kann eine sehr hübsche, aber kleine zusammengeschmolzene Erde zusammenbringen, wenn man die Reize der alten exzerpiert und ordnet.» An anderer Stelle heißt es: «... und jedem Menschen erscheint eine andere Natur, und es kommt nur darauf an, welchem die schönste erscheint. Die Natur ist für den Menschen in ewiger Menschwerdung begriffen...» Menschwerdung heißt hier vor allem: im metaphorischen

Gebrauch für den Menschen erschlossen. Jean Pauls Aphoristik hat funktionale Bedeutung im Vorfeld dieser absolut integren und humanen Metaphorik, Aphoristik als Materialbereitstellung, als Kostüm- und Requisitenfundus eines selbstinszenierten Welttheaters. Jean Paul verschenkte keinen Einfall, für jedes neue Werk sah er seine Aphorismenhefte durch. Sein Weg zum Weltüberblick war der schwerste und extensivste, beschritten mit allen Energien zur Selbstbehauptung, und Goethe urteilte epigrammatisch: «Richter in London – was wär' ich geworden...»

Diese Art des Sammelns, die zum Ergebnis ein Bescheidwissen hat, letztlich aber gesellschaftlich unproduktiv bleibt, ein Grund, weshalb Marx und Engels vom «literarischen Apotheker Jean Paul» sprachen, ist ähnlich auch bei Wilhelm Heinse zu finden, der seinen Ruhm unter den Zeitgenossen mit seinem Roman «Ardinghello oder die glückseligen Inseln» (1787) erwarb und zugleich den Ruf des Skandalautors – der «Débauche des Geistes», wie Herder sagte. Ausschweifung also – nehmen wir dies wörtlich: der Geist schweift in alle Richtungen und holt sich herein, was immer er fassen kann. «Genuß jedes Augenblicks, fern von Vergangenheit und Zukunft» versetze «uns unter die Götter», diesem Grundsatz ist Heinses im Vergleich zu Jean Pauls unbedeutendere Aphoristik verpflichtet, die sich ganz auf den Augenblick beschränkt und im wesentlichen die Genievorstellungen des Sturm und Drang, überschwengliche Hingabe an Natur und Sinnenfreude thematisiert.

Während Lichtenberg Spuren seines aphoristischen Denkens nur in seinen Essays aufblitzen ließ, Wilhelm Heinse seine Aphorismen in vorwiegend kunsttheoretischen Tagebüchern verbarg und Jean Paul nur einen winzigen Bruchteil seiner quantitativ ungeheuren Aphoristik innerhalb seiner Romane preisgab, erschien der deutsche Aphorismus in der Gestalt romantischer Fragmente erstmals unmittelbar vor dem Publikum und zwar als wesentlicher Bestandteil der frühromantischen Programmzeitschrift «Athenaeum», die von August Wilhelm und Friedrich Schlegel herausgegeben wurde.

1798–1799–1800: gerade drei Jahre dauerte die romantische

Aphoristik, der Balanceakt zwischen umwälzender Wirklichkeitserfahrung, sei es auch nur als Widerschein aus Frankreich oder England, und Wirklichkeitsflucht. In Frankreich hatte soeben die Umwandlung des Citoyen, der in der Öffentlichkeit gesellschaftsverantwortlich wirkt, in den Bourgeois, für den die Welt ausschließlich in Gestalt des Kapitals existiert, stattgefunden.

Der romantische Gewährsmann war Chamfort (1741–1794), berühmt durch seinen Ruf «Krieg den Palästen, Friede den Hütten!» Bereits 1796 wußte August Wilhelm Schlegel die aphoristischen Teile von Chamforts Nachlaßwerk «Maximes et pensées, caractères et anecdotes» als dessen Bestes zu rühmen, und als Ostern 1797 die zweibändige deutsche Übersetzung «Maximen, Charakterzüge und Anekdoten» erschien, stand einer intensiven Nachwirkung nichts mehr im Weg. Die große Revolution war Geschichte geworden, große Geschichte, auch nach dem Verständnis der Romantiker, freilich mit miserablen Folgen. Entscheidend für die «Athenaeums»-Beiträger um die beiden Schlegel, Novalis und den Theologen Friedrich Schleiermacher war die Schlußfolgerung, fortan könne es nur noch darum gehen, eine Gegenwelt zu errichten, welche die kapitalistische Epoche nicht zur historisch notwendigen Voraussetzung hat. Ein verzweifelter Sprung aus der Geschichte: dies ist romantischer Utopismus, und hierin unterscheiden sich die Frühromantiker von Goethe, der sich einer kritischen Sichtung des Zeitgenössisch-Bürgerlichen keineswegs verschloß, aber Entwicklungen sah, wo jene vorwiegend Fäulnis witterten. Dieser Gegensatz wird andernorts kaum so schlagend deutlich wie in den jeweiligen Vorstellungen vom Aphorismus. Während Goethe – Jahrzehnte später freilich und nicht ohne die Erfahrungen der fragmenteschreibenden Romantik – sein Programm von der prozeßhaften Einheit der Welt und des Denkens formulierte: «Alles wahre Aperçu kommt aus einer Folge und bringt Folge. Es ist ein Mittelglied einer großen, produktiv aufsteigenden Kette», atomisierten die romantischen Fragmentaristen die Wirklichkeit, um die Atome gleichzeitig als Denkgebilde zu verabsolutieren. Friedrich Schlegel schrieb: «Ein Fragment muß gleich einem Kunstwerk von der

umgebenden Welt ganz abgesondert und in sich selbst vollendet sein wie ein Igel», und Novalis machte daraus kurzerhand: «Der Igel – ein Ideal.»
Dies bedeutete für den Aphorismus selbst eine Verengung, der, von den Romantikern kunstprogrammatisch gebraucht, seine thematische Offenheit verliert. Andererseits brachte die konzentrierte Beschäftigung mit ästhetischen Fragen die besten Leistungen der Romantik hervor: ihre Werkanalysen und -entdeckungen, ihre brillanten Formulierungen zu Problemen der Kunst, die in den «Fragmenten» allenthalben anzutreffen sind und in denen an Kunstwerke höchste Anforderungen gestellt werden.
Goethe verhielt sich zu den romantischen Fragmenten durchaus produktiv, er erkannte in ihnen ein «Wespennest», in dem «allgemeine Nichtigkeit, Parteisucht fürs äußerst Mittelmäßige, diese Augendienerei, diese Katzenbuckelgebärden, diese Leerheit und Lahmheit ... einen fürchterlichen Gegner» haben. Er fühlte sich durch die «Athenaeums»-Romantik zu Klärungen veranlaßt, die auch sein Verhältnis zu Schiller betrafen, mit dem sich im Sommer 1798 eine recht kontroverse Diskussion über die Fragmente entspann.
Was die Romantiker alternativ zur Vereinzelung der Individuen, die sie selbst äußerst schmerzlich durchlitten, anzubieten hatten, waren gewaltsam-utopische Konstruktionen mit momentaner Brillanz. Das «Athenaeum», das in einer Auflage von 1250 Exemplaren erschien und sich nur mäßig verkaufte, zeichnete sich durch eine hochgradige Abstraktheit aus und diente weniger einem Publikum als dem Selbstverständnis seiner Autoren.
Für die Romantiker reichte die Qualität der Kenntnisse ihrer Zeit nicht mehr aus, sie begriffen, daß das gesamte vorliegende Material auf qualitativ höherer Stufe zusammengefaßt werden mußte. Darin steckte ihr produktiver Ansatz, der in der Folge zu der Erkenntnis entwickelt wurde, die Einheit der Erscheinungen könne ausschließlich in der Bewegung von Natur und Gesellschaft liegen. In die Irre gingen die Romantiker allerdings, wenn sie enthusiastisch annahmen, dieses objektive Prinzip durch subjektives Zusammendenken ersetzen zu können,

durch *Symphilosophie* und *Sympoesie*, wie sie es nannten und wie sie es vor allem im «Athenaeum» und in den Fragmenten praktizierten. Auch diese Theorie des gemeinsamen Denkens und Dichtens ging von der falschen Relation zwischen der Geschichte und einzelnen Werken aus, von der Annahme, wahre Geschichte sei die Summe unsterblicher Hervorbringungen, nicht die prozeßhafte Entwicklung des Menschengeschlechts.

Wie wenig kontinuierlich sich die Gattungsgeschichte der deutschen Aphoristik vollzog, erwies sich besonders nachdrücklich um die Wende des 18. Jahrhunderts. Lichtenberg schrieb bis 1799, Heinse bis 1803, Jean Paul publizierte zwischen 1793 und 1805 seine bedeutendsten Werke, die Romantiker traten mit ihrer völlig neuen Konzeption hervor, Goethe begann seine aphoristischen Notierungen – und zur gleichen Zeit traten zwei Außenseiter hervor, deren Aphorismen Sprengladungen glichen.
Friedrich Maximilian Klinger, einst einer der Wortführer des Sturm und Drang, seit 1780 aber als Offizier in russischen Diensten, gelang es als einzigem, ein wirklich erfolgreiches aphoristisches Buch der Öffentlichkeit vorzulegen, denn die zwei Auflagen seiner «Betrachtungen und Gedanken über verschiedene Gegenstände der Welt und der Literatur» (1803 und 1809) müssen tatsächlich als ein seltener Erfolg betrachtet werden. Johann Gottfried Seume hingegen, der andere Außenseiter, Rezensent auch der Klingerschen «Betrachtungen», hinterließ nur ein Manuskript unter dem Titel «Apokryphen» (1806/07), das erst postum einen Verleger fand, 1811 verstümmelt und erst 1870 vollständig erschien. Klinger wie Seume schrieben aus unmittelbarem politischem Engagement in der politisch bewegten Zeit der Napoleonischen Kriege. Während die meisten deutschen Zeitgenossen zu jenem Zeitpunkt bereits die nachrevolutionäre bourgeoise Entwicklung in ihr Gesellschaftsverständnis einbezogen, richtete sich der Haß Seumes und Klingers gegen die feudale Ordnung mit all ihren Erscheinungsformen, und sie erkannten, daß sich das Wesen des Feudalismus seit der Zeit vor der Französischen Revolution kaum verändert hatte. Klingers «Betrachtungen und Gedanken» und geradezu extrem

Seumes «Apokryphen» sind politische Katechismen, die den Menschen in erster Linie als ein politisches Individuum sehen. Freilich ist dies nichts Geringeres als die Summe ihrer Lebenserfahrungen und ihres literarischen Werkes. Bei Seume ist der Zusammenhang zwischen persönlicher Erfahrung und aphoristischer Verallgemeinerung besonders augenscheinlich. Viele «Apokryphen» sind summierende Sätze aus dem Reisebuch «Mein Sommer 1805», in dem wirkliche Begegnungen mit dem Feudalismus in Polen, Litauen, Lettland, Estland und Rußland mit großer Anteilnahme geschildert werden, in dem zugleich deutlich gemacht wird, daß es auf nichts so sehr ankam wie auf die Ehrenhaftigkeit und Selbständigkeit des Mannes und daß nichts so wenig wie diese zu finden war: «Ich bin fest überzeugt, wo zehentausend rein aufgeklärte, fest ehrliche, nichts fürchtende, entschlossene Männer wären, würde die Wiege des Universalreichs der Vernunft sein. Aber wo sind zehen?...» Klinger wie Seume versuchten mit ihren Aphorismen vor allem moralische Qualitäten zu definieren, sie bewiesen politische Geradlinigkeit und gebrauchten in diesem Sinne den Aphorismus als Waffe.

In der ersten Hälfte des 19. Jahrhunderts gewann die Philosophie immer mehr ihre Selbständigkeit als Wissenschaft von den allgemeinsten Bewegungsgesetzen gegenüber der Dichtung und gegenüber den Einzelwissenschaften. Vermittlungen waren freilich unerläßlich, und sie fanden in nicht geringem Maße als aphoristische Vermittlungen statt, da der Aphorismus, wie die Dichtung, vom konkreten Individuum in einer konkreten Situation ausgeht und, insgesamt gesehen, wie die Philosophie auf Verallgemeinerung hinzielt. Herder, der kurz nach 1800 die Summe des vergangenen Säkulums zog, behandelte unter dessen «Früchten» auch «Gedanken (Pensées), Maximen»: «Sie stärken und entzünden: glühende Funken, Samen der Erkenntnis, Fermente des Lebens. In einem Samenkorn liegt oft ein System, eine Wissenschaft, wie ein Baum, mit allen seinen Zweigen; in andern weht ein Geist, ein Mut, der zu den dauerndsten Wirkungen aufruft...»
Umfassender als jede vorangegangene Aphoristik enthielt die

Goethesche Leitlinien, die einem Vereinigungspunkt jenseits der zeitgenössischen Möglichkeiten zustrebten, wobei alles, was Goethe in seinen insgesamt 1400 Aphorismen veröffentlichte, etwa 800 Nummern, im Kontext größerer Werke stand und letztlich durch kein anderes Ordnungsprinzip als durch die Persönlichkeit des Dichters verbunden ist.

Goethes Aphoristik begann mit den «Wahlverwandtschaften», gerade jenem «jugendlichen» Alterswerk, in dem der Stab gebrochen wird über die nachrevolutionäre bürgerliche Gesellschaft und zugleich Abschied genommen vom großen bürgerlichen Individuum, das Sturm und Drang wie Weimarer Klassik der Welt entdeckt und geschaffen hatten. Während sich Schiller in den neunziger Jahren darum bemüht hatte, die objektive Entwicklung der Arbeitsteilung mit ihren Folgen von einem vollkommenen, ästhetisch gebildeten Subjekt her zu besiegen, akzeptierte Goethe mehr und mehr die historische Notwendigkeit dieser Entwicklung und zog daraus eine entscheidende Konsequenz für sein Menschenbild, indem er menschliche Vollkommenheit jetzt als Ziel der Geschichte und nicht mehr als unabdingbare Voraussetzung geschichtlicher Veränderung betrachtete.

In seiner Aphoristik war Goethe darum bemüht, die geschichtliche Zielgröße mit der «Forderung des Tages» ins Verhältnis zu setzen. Der Wahrheitsanspruch des Goetheschen Denkens wurde am Sinnlich-Konkreten überprüft und korrigiert, und dies unter anderem meinte Friedrich Engels, wenn er Goethe «universell», «aktiver Natur» und «fleischlich» nannte.

Universalität muß stets mit der Anerkennung des Historisch-Möglichen verbunden sein. Hier nun setzt Goethe den Begriff der *Entsagung*, und Entsagen heißt, den Abschied vom totalen Individuum nicht als Verhängnis hinzunehmen, sondern bewußt zu machen, sich und die «Zustände der Außenwelt» allmählich kennenzulernen, um sich in seiner *Beschränktheit*, als *ein* Organ der Gesellschaft, voll ausbilden zu können, zugleich aber nicht das Ziel aus den Augen zu verlieren und die Grenzen des Möglichen handelnd auszuschreiten und dadurch zu erweitern.

Die Kategorie Entsagung und Goethes Aphoristik gehören unmittelbar zusammen, sowohl nach ihrer Entstehung wie nach

ihrer Intention, den Standpunkt des Individuums im beginnenden kapitalistischen Zeitalter zu orten. Die beiden Romane, in denen sich Goethe mit dieser neuen Geschichtsperiode auseinandersetzt, «Die Wahlverwandtschaften» (1808) und «Wilhelm Meisters Wanderjahre oder die Entsagenden» (1829), entwickeln den Entsagungsgedanken am entschiedensten und sind zugleich die wesentlichste Quelle für Goethes zu Lebzeiten veröffentlichte Aphoristik.
Wir haben es hier mit einer bedeutungsvollen mehrschichtigen Relation zu tun, die von Goethe entwickelt wurde und für die bürgerlich-kritische Literatur insgesamt große Bedeutung besitzt.

Die Individuen der neuen Periode sind in Beziehungen verstrickt, deren Vielfalt und Kompliziertheit sich kaum noch auf einen dramatischen Konflikt zwischen wenigen Personen reduzieren läßt, die deshalb zu ihrer literarischen Umsetzung der epischen Methode bedürfen, andererseits aber auch in der aphoristischen Methode bestimmte theoretische Verallgemeinerungen finden können. Es ist kein Zufall, daß alle wichtigen deutschsprachigen Aphoristiker, mit Ausnahme Hebbels, kaum Dramatiker waren oder doch, wie Klinger und Goethe, ihre dramatische Periode zum Zeitpunkt ihrer Aphoristik im wesentlichen abgeschlossen hatten, und es ist auch kein Zufall, daß ein Epiker wie Lew Tolstoi Aphorismen für «den besten Weg» hielt, «um philosophische Überzeugungen darzulegen», weil der systematische Philosoph «Sklave seines Systems» werden kann, «dessen Symmetrie zuliebe er oft bereit ist, die Wahrheit zu opfern».

Wenn Heinrich Heine von Goethe als dem Vollender der «Kunstperiode» sprach, so war damit zugleich die Würdigung seiner Leistung wie die Notwendigkeit ihrer dialektischen Aufhebung, Bewahrung und Überwindung ausgedrückt. Bei aller gesellschaftspraktischen Bezogenheit des Goetheschen Werkes, die in den «Wanderjahren» und, unter dem Gesichtspunkt der Aphoristik, in den «Sprüchen im Sinne der Wanderer» am sichtbarsten ist, war der Anteil an Symbolik und Utopismus außerordentlich hoch, besonders in jenen Teilen des Gesamtwerkes, die über die bürgerliche Gesellschaft hinausdachten. Dieser Mangel an historischer Konkretheit war untrennbar damit verbunden, daß sich Goethe vor allem am Menschenbild, relativ wenig aber an der unmittelbaren politischen Realität des beginnenden 19. Jahrhunderts zu orientieren vermochte. Goethe selbst erlebte noch die Kritik gegen seine, wie es hieß, «unpolitische» Haltung, am heftigsten von seiten kleinbürgerlich-demokratischer Schriftsteller, etwa Ludwig Börnes, der Jean Paul über Goethe stellte. In dieser Konfrontation wiederholte sich in gewisser Weise die politische Radikalität Klingers, besonders aber Seumes im ersten Jahrzehnt nach 1800. Der geschichtliche Weg erforderte die Vereinigung beider Tendenzen, die zunächst Heinrich Heine leistete.

Heines Aphoristik, unter dem Titel «Aphorismen und Fragmente» aus dem Nachlaß veröffentlicht, steht kaum im Zentrum seines Werks, obgleich man, wie wohl bei jedem Aphoristiker, davon ausgehen muß, daß nur ein Teil des aphoristisch Gedachten niedergeschrieben und davon wiederum nur ein Teil auf die Nachwelt gekommen ist. Wenn man den «idealen Platz» der Heineschen Aphoristik zu bestimmen hätte, so läge er wohl zwischen den «Reisebildern» wie der Lyrik auf der einen und den theoretischen Schriften – der «Romantischen Schule» etwa oder «Zur Geschichte der Religion und Philosophie in Deutschland» – auf der anderen Seite. Heine führte die Dogmenzerstörung Lichtenbergs, dem er, was Glanz und Witz der Formulierung betrifft, nahekommt, von einer neuen historischen Stufe aus weiter, bestimmt von der Erkenntnis, daß die philosophische Revolution in Deutschland beendet sei und nunmehr die leibhaftige kommen müsse. Die Verbindung beider sah, wie Friedrich Engels schrieb, «bereits 1833 wenigstens *ein* Mann, und der hieß allerdings Heinrich Heine».

Die gesellschaftlichen, politischen und ideologischen Veränderungen des 19. Jahrhunderts bekam auch die Aphoristik zu spüren; war sie von Lichtenberg bis Goethe Zeugnis und Instrumentarium dessen, wie das Subjekt die objektiven Gesetze erkennt und sich aneignet, so begann sie, um mit Dante zu sprechen, in der nachfolgenden Zeit «die Flügel abwärts zu schla-

gen». Hebbel, der mit seinen 1835 begonnenen Tagebüchern dem Aphorismus zwar wesentliche neue Inhalte erschloß und dem glänzend formulierte Betrachtungen zu ästhetischen Fragen gelangen, verzichtete andererseits fast gänzlich auf direkte gesellschaftliche Bezüge und nahm mehr und mehr seine Zuflucht in einer resignativen, skeptischen Haltung gegenüber menschlicher Entwicklung überhaupt.
Auch die Beiträge von Marie von Ebner-Eschenbach, deren «Aphorismen» mehr zum moralisierenden Sinnspruch neigen, und Wilhelm Raabe, der 1864 seine aphoristischen Notizen begann, vermögen keine neuen Höhepunkte zu setzen.

Der Bogen der klassischen deutschen Aphoristik führt von Lichtenberg bis Goethe. Begonnen hatte er mit der Zerstörung des Dogmas von einer rational funktionierenden Welt, mit der Erkenntnis, daß nichts Menschliches existiert, wenn es nicht durch Subjekte existiert. Die große Wende wird bezeichnet durch die Ahnung, die bürgerliche Gesellschaft könne nicht die *letzte* der Geschichte sein, weil sie das Individuum reduziere, statt es zu befreien. Die bürgerliche Gesellschaft als notwendig und überwindungsbedürftig zu erkennen war die Leistung Goethes, vollbracht durchaus mit der Methode der Aphoristik, wenn auch mit dem ausdrücklichen Ziel, im Aphorismus bereits objektive Gesetze zu formulieren. Heine nun begann einen neuen Weg. Er führte die abstrakten Gesetzmäßigkeiten, die Utopien und Symbole abermals ins subjektiv und historisch Konkrete.
Die vorliegende Anthologie ist diesen Bogen nachzuzeichnen bemüht. Zu dokumentieren war die Geschichte einer literarischen Gattung oder, wenn man so will, einer Gattung zwischen Literatur und Philosophie als Teil der Ideologiegeschichte, wobei nur Aphorismen von Schriftstellern, nicht die von Philosophen, wie sie sich in einer eignen Linie und Problematik darstellen, berücksichtigt wurden. Auf andere als historische bzw. chronologische Gliederungsprinzipien wurde von vornherein verzichtet, obwohl beispielsweise eine thematische Anordnung durchaus ihren eignen Reiz haben könnte. In dieser Anthologie wurde größter Wert darauf gelegt, das Bedürfnis nach witziger Belehrung, nach boshafter Scharfzüngigkeit, nach über-

raschender Formulierung zu befriedigen, keineswegs sollte ein gewichtiger Zitatenschatz zusammengetragen werden. Da unter Aphorismen nur Sätze verstanden sind, die von den Autoren selbständig oder in einem aphoristischen Kontext niedergeschrieben wurden, fehlen alle Sentenzen aus geschlossenen Werken.

Die aphoristische Methode harrt ihrer Wiederentdeckung und Handhabung, sie ist geeignet für jeden, der sein Verhältnis zum Ganzen und zur Gesellschaft von seinen konkreten Erfahrungen aus zu erfassen bemüht ist. Aphoristisches Denken verlangt nicht nach Veröffentlichung, es vermag aber beizutragen – durch jeden, der sich seiner bedient –, den «Weltanstoß ... unter die Kontrolle der Individuen» zu nehmen. In diesem Sinn möchte diese Anthologie schließlich ihren aktuellen Nutzen verstanden wissen.

Dietrich Simon

Textnachweis

Georg Christoph Lichtenbergs Aphorismen. Nach den Handschriften herausgegeben von Albert Leitzmann. In: Deutsche Literaturdenkmale. Berlin 1902–1908.
Band 123 (1764–1771)
Band 131 (1772–1775)
Band 136 (1775–1779)
Band 140/41 (1789–1793 und 1796–1799)
Georg Christoph Lichtenberg. Vermischte Schriften, neue vermehrte Originalausgabe. Herausgegeben von L. Ch. Lichtenberg und F. Kies. Band 1 und 2 (Aphorismen 1779–1789 und 1793–1796).

Johann Jakob Wilhelm Heinse. Sämtliche Werke. Herausgegeben von Carl Schüddekopf und Albert Leitzmann. Leipzig 1902–1925. Band 8, Abteilung 1–3 (Aphorismen). Herausgegeben von Albert Leitzmann. 1924/25.

Jean Pauls sämtliche Werke. Historisch-kritische Ausgabe. Herausgegeben von der Preußischen Akademie der Wissenschaften in Verbindung mit der Akademie zur wissenschaftlichen Erforschung und zur Pflege des Deutschtums (Deutsche Akademie). 2. Abteilung (Nachlaß). 5. Band («Bemerkungen über den Menschen»). Weimar 1936.

Friedrich Schlegel. Seine prosaischen Jugendschriften. Herausgegeben von Jakob Minor. 2. Band («Zur deutschen Literatur und Philosophie»). Wien 1906.

Novalis' Schriften. Die Werke Friedrich von Hardenbergs. Herausgegeben von Paul Kluckhohn und Richard Samuel. 2. nach den Handschriften ergänzte, erweiterte und verbesserte Auflage in 4 Bänden. 2. Band. Stuttgart 1965. 3. Band. Stuttgart 1968.

Friedrich Maximilian Klinger. Gesammelte Werke. Band 11 und 12 («Betrachtungen und Gedanken über verschiedene Gegenstände der Welt und der Literatur»). Königsberg 1809.

Johann Gottfried Seume. Sämtliche Werke in 8 Bänden. Leipzig 1839.

Johann Wolfgang von Goethe. Maximen und Reflexionen. In: Schriften der Goethe-Gesellschaft. Band 21. Herausgegeben von Max Hekker. Weimar 1907.

Heinrich Heine. Werke und Briefe in zehn Bänden. Herausgegeben von Hans Kaufmann. Band 7. Berlin 1962.

Friedrich Hebbel. Tagebücher. Historisch-kritische Ausgabe, von Richard Maria Werner. Band 1–4. Berlin 1913.

Marie von Ebner-Eschenbach. Gesammelte Schriften von Marie von Ebner-Eschenbach. Band 1–6. Berlin 1893. Band 1 (Aphorismen).

Wilhelm Raabe. Jahrbuch der Raabe-Gesellschaft. Herausgegeben von Karl Hoppe. Braunschweig 1960.

Inhalt